Cet ouvrage est publié à l'occasion de l'exposition
« MOMENTS DE MODE »
présentée à partir du 1er février 1986
au Musée des Arts de la Mode de Paris

Commissaire général : EDMONDE CHARLES-ROUX

MOMENTS DE MODE

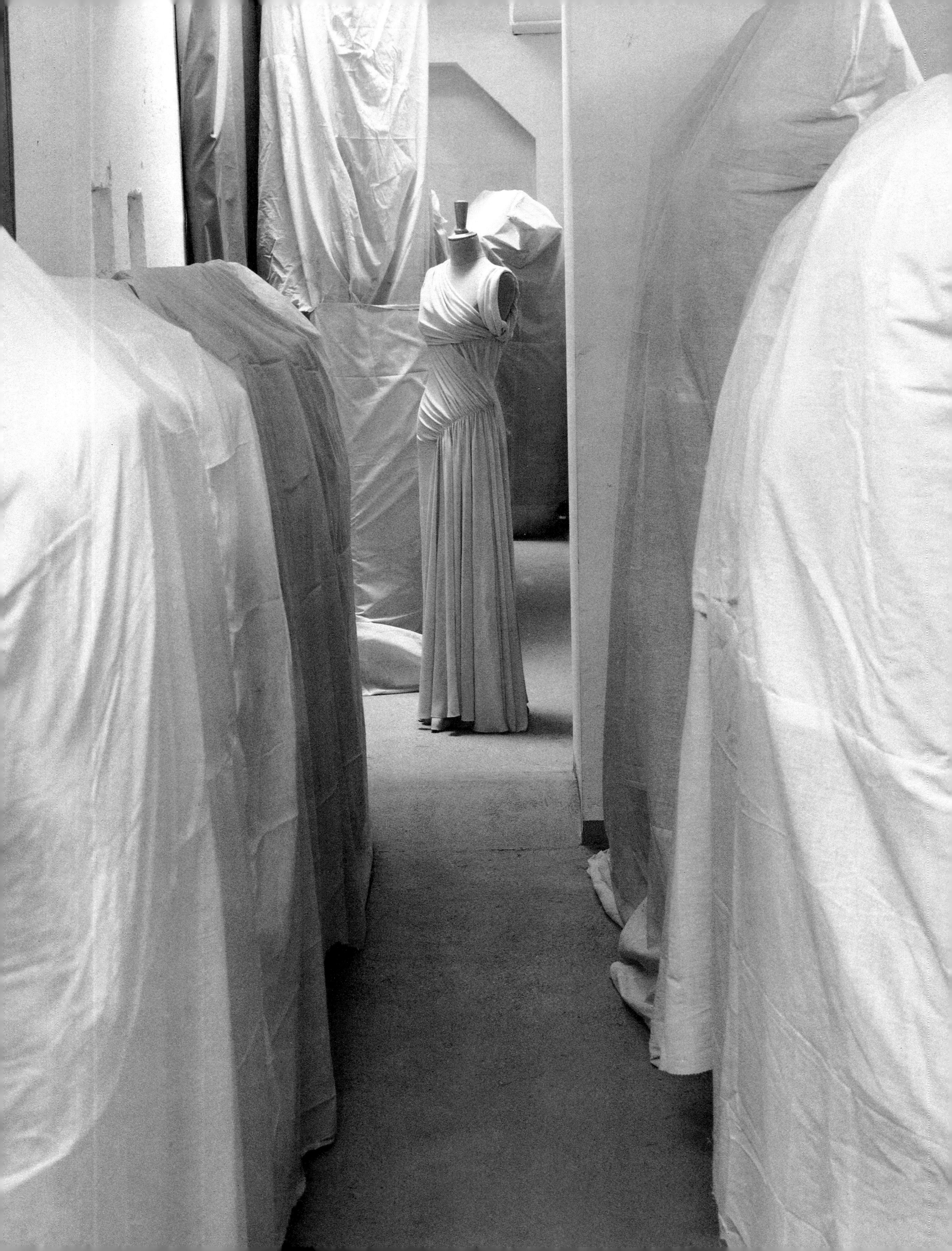

MOMENTS DE MODE

A TRAVERS LES COLLECTIONS DU MUSÉE DES ARTS DE LA MODE

PRÉFACE
EDMONDE CHARLES-ROUX

TEXTES
DOMINIQUE FERNANDEZ
PATRICK MAURIÈS
FRANÇOIS NOURISSIER

PHOTOGRAPHIES
DAVID SEIDNER

DESSINS
FABIO PALAMIDESE

MUSÉE DES ARTS DE LA MODE
HERSCHER

85

Nous tenons à exprimer toute notre gratitude aux membres de l'Académie Goncourt, qui ont eu l'obligeance de sélectionner pour nous les extraits de textes d'écrivains.

Nous remercions également pour leur précieuse collaboration :
CENTRAL COLOR, Paris; ICONOLAB, Paris; SARAH JENKINS, New York; SAMIA SAOUMA, Paris; YVES HABAS.

Imprimé en Suisse.

ISBN : 2-7335-0107-0
Dépôt légal : 0094-janvier 1986

SOMMAIRE

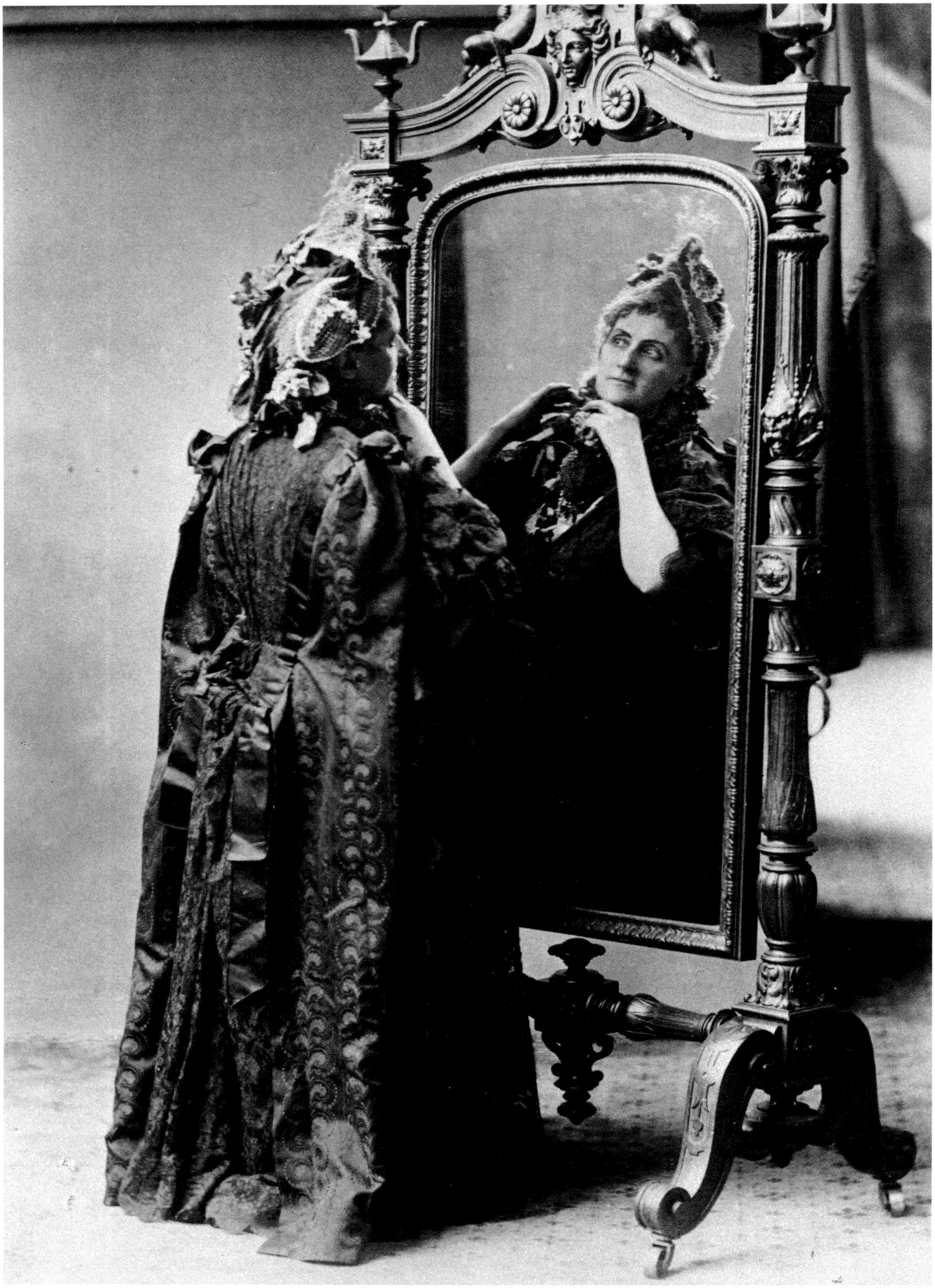

La comtesse de Castiglione photographiée le 1er août 1894 par Gaston Braun.

« ... la divine comtesse, qui termina sa vie en recluse, crut au-delà de toute raison à la jeunesse, à la beauté féminine, au prestige de la parure et au caractère irremplaçable du document photographique. »

E. C.-R.

PRÉFACE

A propos d'un musée, du Pavillon de Marsan, de la comtesse de Castiglione et de quelques incendies.

I

La Mode entre au Louvre. L'événement mérite que l'on s'y arrête tant il a valeur de symbole. La France est enfin dotée d'une institution dont on s'expliquait mal l'inexistence : voici qu'est né le Musée des Arts de la Mode.

Créé par Jack Lang, ministre de la Culture, en juin 1982, le musée ouvre ses portes en janvier 1986. Qu'est-ce à dire ? Que la création de modes en laquelle la France excelle — et ne laissons personne mettre en doute l'ancienneté de cette primauté car la Gaule, déjà, si l'on en croit César, avait séduit ses vainqueurs par la commodité, l'intelligence et l'inattendu de ses vêtements —, que cette faculté d'inventer, d'émouvoir, de plaire et d'inspirer, prend soudain une dimension nouvelle et qu'après bien des tribulations, bien des négligences aussi, allant parfois jusqu'à une forme de mépris que rien ne justifiait, la Mode est assimilée à la création artistique et le costume enfin jugé digne de figurer parmi les trésors du Louvre. Convenons qu'il en était temps.

Concevoir un musée relève de l'aventure. Il faut savoir gré à Robert Bordaz d'avoir mené l'opération à bien. Résumons les étapes d'une telle entreprise, ne fût-ce que par souci de la vérité.

Un jour d'hiver — c'était en 1980 —, les membres du Comité Colbert s'élancèrent à l'assaut des combles du Pavillon de Marsan, bravant le vertige, l'incommodité des échelles et la poussière des gravats. A l'issue de cette première exploration, il fut décidé qu'on ne trouverait nulle part ailleurs site plus exceptionnel ni cadre plus propice à l'installation d'un Musée du Costume.

Les choses en étaient là lorsqu'au premier semestre de 1981, Robert Bordaz, qui préside aux destinées de l'Union Centrale des Arts Décoratifs — association privée, appliquant à ses collections et à ses activités des règles qui sont celles des musées nationaux —, décida de renouveler l'expédition. Mais cette fois, il entraînait à sa suite le ministre de la Culture, ainsi que Claude Mollard, délégué aux Arts plastiques, Pierre Bergé et moi-même. Le projet fut jugé séduisant et l'accord du ministre donné.

On se mit au travail. Il s'agissait de mettre au point un plan muséologique ambitieux qui rendrait fonctionnel, et prêt à recevoir cinq niveaux d'exposition, deux niveaux réservés à la recherche et à la documentation et deux niveaux réservés à l'accueil et aux réceptions, l'espace haut perché que limitent les versants d'un toit fort pentu. Personnellement, j'avais jugé le lieu d'accès difficile et n'avais pas caché mes réticences. Mais, je ne sais pourquoi, ce fut le souvenir de Madame Colette qui, me revenant en mémoire, détermina mon adhésion. J'imaginais que ce vaste grenier lui aurait plu et qu'elle eût aimé qu'un Musée de la Mode en prît possession.

Elle avait le goût des bâtiments et savait ce qu'on pouvait en attendre.

L'élaboration du programme architectural fut confiée à Daniel Kahane et à Jacques Grange qui, sur les conseils de Jean Prouvé, optèrent pour la restauration des volumes d'origine, la création d'un escalier monumental, le respect de la charpente métallique et, en matière de décoration, l'utilisation de la pierre nue. Que de travaux en vue ! Que de modifications à infliger à la belle bâtisse qui, construite par Le Vau et terminée en 1666, porta d'abord le nom de Pomone, avant que d'abriter les appartements et de porter le nom de la princesse de Marsan, gouvernante des enfants de France. Il est vrai qu'il n'en était pas à une émotion près, notre futur musée. Comme si d'avoir assisté à l'agonie de la royauté ne lui eût pas suffi, il fallut que, badigeonné de pétrole, il fût, lors de la Commune, livré aux flammes et que, trois jours durant, selon Élisée Reclus, on les vît s'échapper en « sanglantes comètes » très précisément de ce point du toit sur lequel nous nous échinions.

Or les incendies du palais des Tuileries avaient été prophétisés, dix ans auparavant, par une des plus troublantes élégantes de l'époque : la comtesse de Castiglione. Sous le coup de la pire déconvenue de sa carrière — l'accès des salons impériaux venait de lui être interdit —, elle s'était écriée : « Tuileries maudites et destinées à la destruction des races souveraines... » Hasard ou prescience ? Nous ne le saurons jamais. Mais de ce signe venu de l'au-delà, ne retenons que ceci : la divine comtesse, qui termina sa vie en recluse, crut au-delà de toute raison à la jeunesse, à la beauté féminine, au prestige de la parure et au caractère irremplaçable du document photographique. Elle avait un côté *Nana.* C'était une femme à brusques dégoûts, une femme à se débarrasser de tout son vestiaire d'un coup. Elle eût fait de ces somptueuses donatrices comme on n'en voit plus... Ses portraits jaunis sont comme autant de témoignages d'une élégance à son image, désabusée et un peu perverse.

Les ruines du Pavillon de Marsan s'effacèrent du paysage parisien lors de sa reconstruction dès 1873. Mais insistons sur un détail significatif : avant qu'il eût affronté les turbulences de la Commune, les projets de restructuration n'avaient guère fait défaut à notre pavillon. Des plans concernant sa « modernisation » avaient dormi longtemps dans les cartons de Napoléon III, sans jamais avoir été réalisés. Encore un retard à rattraper.

Dès le deuxième semestre de 1982, ce fut à Daniel Janicot, le délégué général, qu'incomba la tâche de programmer les travaux et de veiller à la construction. Le chantier, ouvert en 1984, vient de se clore. Ainsi, moins de trente mois après qu'eut été annoncée la décision de créer un Musée des Arts de la Mode, ce musée existe. Situé à proximité du futur Institut de la Mode — organisme essentiel et dont on ne saurait minimiser l'importance —, il va offrir en permanence à la couture française passée et présente un lieu d'exposition doublé d'un lieu d'accueil.

L'ensemble architectural a été conçu pour qu'une fois terminé il ait une qualité équivalente à celle des grands ensembles étrangers, le Fashion Institute de New York ou le Costume Institute du Metropolitan Museum qui, sous l'impulsion de Diana Vreeland, a suscité un si vif intérêt. Il est urgent que le Pavillon de Marsan, avec ses salles de réunions, de conférences et de documentation, constitue dès à présent une sorte de « mémoire » à l'usage des amoureux de la Mode, des étudiants, des spécialistes, mais aussi des créateurs et des industriels dont les activités représentent à elles seules un volume annuel de sept milliards de francs d'exportations.

Le parti à adopter pour présenter nos *Moments de Mode* sous un angle aussi nouveau que possible a fait l'objet de longues discussions. Notre intention première avait été, on le sait — puisque la presse l'avait annoncé —, de traiter la Mode dans ses rapports avec la littérature. Les membres de l'Académie Goncourt acceptèrent d'apporter leur contribution à l'événement en sélectionnant des textes signés des plus grands écrivains français. Choisis dans des mémoires, des correspondances ou des romans, ils traitaient du costume, de l'élégance féminine, de la séduction et uniquement de cela. D'où une sorte d'anthologie particulièrement enrichissante, une apologie du goût français à travers les siècles et une manière de justification de la Mode qui, en ajoutant à l'intérêt de ce catalogue, en fait un ouvrage de référence tout à la fois moins frivole et moins sévère que ne le sont d'ordinaire ces sortes de publications. Les citations choisies servent d'illustrations aux trois études concernant respectivement le XVIIIe, le XIXe et le XXe siècle, confiées à trois auteurs fort différents : Dominique Fernandez, Patrick Mauriès et François Nourissier. La lecture de ces textes nous autorise à affirmer que l'étude de l'évolution du costume à travers les âges ne saurait être confondue avec un inventaire d'excentricités « amusantes » ou d'artifices sans signification, mais relève bien d'une des formes les plus mystérieuses de la création artistique. Elle est comme un miroir fragile qui, en reflétant fidèlement son temps, nous rend conscients de tous les changements de mœurs. Elle appartient indéniablement à un patrimoine culturel que nous avons le devoir de protéger et de conserver.

A propos de collections fabuleuses, d'une amazone et de la difficulté de bien faire valoir la beauté des robes.

II

L'exposition inaugurale présente cent douze robes et costumes choisis parmi les plus belles pièces des collections dont dispose le musée. La période historique, à laquelle nous nous sommes consacrés, s'étend de la fin du XVIIe siècle à 1940. Pourquoi s'arrêter là ? me direz-vous. Parce que l'Histoire en a décidé ainsi en faisant de cette date un tournant fatal qui transformait les mœurs, la vie, la carte de l'Europe et les rapports entre les nations. Rien, après la guerre, ne fut comme avant. Rien ne le sera jamais plus. 1940, date fatidique, apparaissait comme une borne noire, posée sur notre chemin. « Attention ! Danger ! Zone interdite. » Mais il faudra un jour y pénétrer, dans cette zone de malheur, et une exposition consacrée à ce que devint la Mode dans la France occupée sera riche d'enseignements et de surprises.

Venons-en aux cent douze merveilles qui forment ensemble ce que nous avons intitulé : *Moments de Mode*. Comment ne pas rendre hommage à celle à laquelle l'exposition doit l'essentiel de sa richesse ? Tantôt cerbère, tantôt bonne fée, Yvonne Deslandres, je l'ai toujours connue, veillant sur ses trésors. Elle était déjà là, je crois, en 1948, quand fut fondée l'U.F.A.C. (Union Française des Arts du Costume). Son patron, à l'époque, était le digne François Boucher, dont la voix coupante m'impressionnait terriblement. Il était coiffé « à l'amiral Marquis », la barbe taillée au carré, selon une mode ancienne que préconisait la *Coiffure française illustrée,* dans son édition de 1910. Un homme exigeant. Est-ce depuis ce temps-là que les réserves d'Yvonne Deslandres n'ont cessé de s'enrichir, et cela bien qu'elle n'ait jamais disposé d'un lieu d'exposition permanent, et que ses collections aient trop souvent changé d'adresse ? Hébergée tantôt ici tantôt là, jamais elle n'a renoncé à susciter des dons. Et quels dons ! Notons entre autres cent vingt robes, huit cents toiles et toute la bibliothèque de Madeleine Vionnet; cinquante robes de Paul Poiret; quatre-vingt-dix modèles donnés par Elsa Schiaparelli et j'en passe... Combien de beautés sauvées grâce à elle ! Combien de disparitions évitées ! On pouvait redouter la disparition pure et simple ou le départ vers les musées américains. Mais Yvonne Deslandres veillait et les collections de l'U.F.A.C., ce sont six mille cinq cents costumes allant du XVIIIe au XXe siècle, des chaussures, des ombrelles, des chapeaux, des éventails, des gants, des mouchoirs et quatre-vingt mille échantillons... Une richesse défiant toute description.

Et ce n'est pas tout.

Car à ces collections dont dispose le musée, s'ajoutent les collections de l'Union des Arts Décoratifs. Elles aussi ont de quoi faire rêver, car ce sont elles qui comptent les pièces les plus anciennes. Admirables les costumes d'homme du XVIIIe siècle ! Admirables, certes, mais fragiles, et Nadine Gasc, qui a une longue pratique du costume et qui connaît ces collections mieux que personne, en nous apportant son assistance scientifique s'est révélée indispensable. Là encore notons des dons qui n'ont point de prix. Je n'en citerai que deux : en 1974, Rébé, le célèbre brodeur, offrit aux Arts Décoratifs l'ensemble de son œuvre; un an plus tard, les robes de Nathalie Clifford Barney suivirent le même chemin. Les sœurs Callot, on le sait, furent les couturières préférées de celle qui eut sur Rémy de Gourmont « un pouvoir presque hypnotique »[1]. Ainsi les robes de l'« Amazone », et tout ce que portait la belle Sapho du 20 rue Jacob, tout ce que laissa en somme, comme témoignage de son goût, la folle amante de Liane de Pougy et de Renée Vivien, tout cela est dorénavant la propriété de l'Union des Arts Décoratifs.

La création de mode est une création vivante qui meurt de n'être pas portée. Elle est faite pour embellir plus que pour protéger. Elle peut signifier mille choses différentes : puissance ou autorité, luxe effréné ou austérité, humour, cosmopolitisme. De par la variété des événements auxquels elle se réfère et sa liaison étroite avec l'actualité, la Mode a une signification sociale et politique. « La Révolution de 1789, afin de marquer l'abolition des classes et des privilèges de la fortune, supprima les différences de costumes des députés de la Constituante... »[2], de même, sous l'Ancien Régime, on devinait le rang d'un gentilhomme au volume des dentelles qui garnissaient sa chemise. Mais une fois la Révolution passée, les députés remplacés et les gentilshommes disparus, comment faire revivre ce que signifiait leur costume ? Est-ce une indifférence à cet aspect-là des choses qui confère trop souvent aux grandes rétrospectives de Mode leur caractère funèbre ou glacé ? Il nous fallait trouver à qui confier la tâche de redonner vie à nos *Moments de Mode* et d'apporter aux espaces suspendus dont nous disposions ce quelque chose d'inexplicablement secret qu'ont parfois les greniers d'une vieille demeure familiale. Il nous fallait un lieu magique où l'on ne s'étonnerait pas de voir assemblés, comme par l'effet du hasard, de beaux habillements, prêts à resservir. Notre souhait était que le visiteur allât d'une époque à l'autre *comme par enchantement*. Car la déambulation faisait partie du programme. Notre propos était la Mode, ne l'oublions pas. Or la Mode a son itinéraire propre. La Mode bouge, la Mode ne s'arrête pas.

Une exposition répondant à ces impératifs exigeait une véritable « mise en théâtre ». Il nous fallait un metteur en scène. Ce fut Alfredo Arias assisté de son équipe de perfectionnistes acharnés.

1. Dans *les Mémorables* de Maurice Martin du Gard.

2. Pascale Saisset, dans son *Histoire du costume*.

Chacun s'empara du siècle de son choix : à Rostislav Doboujinsky et à Sabine Dutilh revinrent le XVIIIe siècle et ses prémisses, à Claudie Gastine le XIXe, à Fabio Palamidese le XXe siècle. Une telle structure, essentiellement théâtrale, peut surprendre dans un projet muséographique, et peut-être va-t-on nous suspecter d'irrévérence. On trouvera plus loin le récit par Alfredo Arias des trois actes et des nombreux tableaux qu'il a imaginés pour qu'une troupe de cent vingt mannequins racontent, chacun à leur tour et selon leur langage personnel, ce que furent les modes d'autrefois. Car c'est bien d'un récit qu'il s'agit, et d'un récit qui ne cherche ni à fixer ni à convaincre, mais seulement à montrer. Il adopte la démarche même de la Mode, œuvre en perpétuelle transformation.

Certains s'étonneront, je le sais, que ce soit sous le septennat du président François Mitterrand qu'un pareil effort ait été accompli, afin de redonner aux métiers d'art et au *luxe,* sous sa forme la plus parisienne, une place dans nos musées. Laissons les étonnés à leur étonnement. Le luxe... Fallait-il redouter ce mot ? Faut-il n'en souhaiter ni le partage ni la diffusion ? Tout esprit moderne ne peut que faire sienne la démarche actuelle des pouvoirs publics. A deux siècles de distance, deux écrivains, en adoptant cette même démarche, provoquèrent un étonnement non moins grand, tout en nous confortant dans notre plus intime conviction. Ce fut Diderot par l'article qu'il consacra au luxe dans l'*Encyclopédie :* « Je me flatte qu'il résulte de cet article que le *luxe* contribue à la grandeur et à la force des états et qu'il faut l'encourager, l'éclairer, le diriger. » Ce fut ensuite Aragon, en 1946, dans *Matisse, roman :* « ... Je ne m'arrête ici que sur ce mécanisme étrange, jamais décrit, la naissance du *luxe,* les mains patientes et légères qui touchent la toile et le papier, les mains habiles, longuement éduquées, qui font de ce qui n'était rien, ce qui a cette vertu pas encore comprise des hommes, cette vertu du *luxe* dont il faudra encore de grands bouleversements du monde pour que nous la comprenions... »

EDMONDE CHARLES-ROUX
de l'Académie Goncourt

LES COSTUMES

Notre connaissance de l'histoire du costume est tributaire du genre des vêtements que nous avons conservés, qui sont les seuls à apporter un commentaire adéquat aux textes et aux documents iconographiques. Contrairement à une opinion trop répandue, les vêtements étaient faits pour durer, aussi solidement que possible, mais ils étaient portés dans la majorité des cas jusqu'à l'extrême usure; c'est pourquoi nous manquons presque totalement, jusqu'à la période contemporaine, des habillements ordinaires utilisés dans la vie quotidienne.

Les pièces les plus anciennes, en soie le plus souvent, ont été conservées comme des reliques ou des souvenirs de personnages célèbres, ou encore parce qu'elles servaient périodiquement pour des cérémonies, de couronnement par exemple. Ces rares vêtements gardés dans les trésors des églises à l'abri de la lumière et de la poussière constituent des témoignages précieux sur les formes et les techniques anciennes.

Les costumes « civils » sont plus rares, ce qui donne un intérêt particulier aux pourpoints du XVIe et du XVIIe siècle recueillis par le Musée des Arts Décoratifs. C'est qu'en France, par malheur, on eut dès la fin du XIVe siècle la passion de la mode, et les élégants qui renouvelaient souvent leurs costumes prirent l'habitude de laisser à leurs domestiques, qui les vendaient à leur profit, les vêtements qu'ils ne voulaient plus porter. La coutume, du reste, ne s'est pas totalement perdue de nos jours.

Nous n'avons de séries cohérentes qu'à partir de la fin du règne de Louis XIV, le moment du reste où le goût français devint prépondérant dans la création des modes pour l'ensemble de la société occidentale. Ainsi peut-on suivre l'évolution du costume masculin, alors aussi recherché et fastueux que celui des femmes. Dans les dernières années du XVIIe siècle, il a conquis la découpe en trois pièces qu'il gardera jusqu'à nos jours : justaucorps ou habit endossé, avec des poches, veste ouverte en triangle sur le plastron blanc de la chemise, culotte serrée à la taille, où nous pouvons reconnaître la veste, le gilet et le pantalon de nos contemporains. L'habit à la française, ainsi qu'on l'appelait, était fait couramment de taffetas uni ou façonné, de faille, de velours à petit décor dit mignature, des coloris les plus délicats. Sous le règne de Louis XVI, la mode fut aux tissus rayés, tandis qu'un collet rabattu remplaçait le petit col dressé de la période précédente. Les habits de cérémonie étaient toujours brodés en pièce, comme les gilets, et exécutés par les maîtres tailleurs, corporation importante des métiers parisiens, qui refusèrent longtemps aux femmes le droit de s'établir dans leur branche dont ils entendaient se réserver les privilèges (elles n'obtinrent qu'en 1675 l'autorisation de fabriquer la lingerie et les costumes d'enfants). Les perruquiers exécutaient les perruques qui toutefois perdirent de leur importance au cours du siècle; chez eux, les hommes protégeaient du froid leurs crânes rasés avec des bonnets ou des mouchoirs de l'Inde — des mazulipatans — drapés en turban.

Les types de vêtements féminins étaient peu nombreux : depuis le XVIe siècle, les femmes enfilaient successivement une chemise à manches arrêtées aux coudes et à décolleté carré, un corps baleiné enfermant tout le buste, qui n'était pas une pièce de lingerie, un ou plusieurs jupons recouvrant les rembourrages de formes diverses qui soutenaient l'ampleur de la jupe. Un précieux exemple a été retrouvé de ces paniers articulés en arceaux mobiles que l'on plaçait sur les hanches. On posait sur ces dessous qui remodelaient la silhouette féminine une jupe et un manteau de robe de diverses coupes, le plus souvent du même tissu, parfois de couleurs assorties. Les plus anciennes robes que nous ayons conservées, dont on verra deux exemples, sont des robes volantes de l'époque de la Régence, portées sur des paniers circulaires en forme de cloche, dont le balancement est dans notre mémoire inséparable du talent de Watteau, bien qu'il n'en fut pas l'inventeur. Les plis groupés sur la nuque s'évasent jusqu'au sol et les manches arrêtées au coude s'ornent d'un poignet drapé en raquette. Cette forme évoluera vers la robe à la française, où l'ampleur est resserrée entre les deux omoplates, dégageant la finesse de la taille, tandis que les paniers placés sur les hanches écartent le manteau de robe en triangle sur la jupe. Seul le style du décor du tissu permet d'attribuer une date à ces robes dont il a été conservé de nombreux exemplaires, mais dont beaucoup ont été utilisées à une période récente pour recouvrir des fauteuils. Quand la robe ne comportait pas un décor d'agréments encombrants sur la parementure et la jupe, elle pouvait être troussée dans les fentes des poches : elle devenait ainsi le costume typique des soubrettes. Les femmes du commun portaient le plus souvent un costume en usage du reste dans toutes les classes de la société, composé d'un caraco à manches longues, avec une basque plus ou moins façonnée et une jupe ronde tombant aux pieds.

Lorsqu'une princesse jeune et coquette donna à la cour de France un entrain nouveau, la mode se diversifia. Tandis que les robes de cour devenaient des monuments surchargés de fleurs et de passementerie — il n'a survécu aucun exemple complet de ces constructions éphémères, ni de ces coiffures et de ces chapeaux de grande taille que le goût anglais avait mis à la mode — un autre courant se développa, en relation à la fois avec les recommandations des hygiénistes, la simplicité prônée par Jean-Jacques Rousseau et l'enthousiasme des artistes pour le néo-classicisme.

Ainsi vit-on naître dans la société parisienne la vogue des robes dites de simplicité, dont il y aura de multiples variantes. Elles sont de mousseline ou de cotonnade imprimée — l'impression sur étoffe a été autorisée en France en 1759 — mais leur caractère commun est d'être portées sans corps à baleines ni rembourrage déformant. Elles sont montées sur de petits corselets intérieurs de toile raide, afin de donner aux femmes qui les adoptent une sensation de sécurité.

Nous n'avons conservé que peu d'exemples des multiples propositions de la mode au temps de Marie-Antoinette, car leurs vogues furent brèves. Nous connaissons pourtant la robe à l'anglaise, au corsage baleiné ajusté dans le dos et dont l'ampleur rejetée en arrière repose sur un petit coussin posé sur les reins, dit tout simplement, dans le langage du temps, un cul. Les manches sont désormais en sabot, emboîtant le coude, et un fichu triangulaire enveloppe le décolleté, sous la jolie appellation de fichu menteur. La robe à la polonaise, ainsi appelée par allusion au partage de la Pologne en trois parties, a sa jupe de dessus drapée en trois pans par des cordons; la robe fourreau, elle aussi d'origine anglaise, est lacée dans le dos et se garnit d'une ceinture nouée d'une autre couleur, ainsi que les robes à la lévite ouvertes sur le devant comme un peignoir. La redingote, ou la demi-redingote, comporte un plastron boutonné, une collerette découpée en dents et des manches longues le plus souvent. La mode de ces tenues fut courte, elle ne survécut pas à la Révolution, qui vit le triomphe des robes chemises, dont la jupe froncée de mousseline ou de soie légère, avec ou sans traîne, était souvent ornée de broderie. Ces robes ajustées n'avaient plus de poches, ce qui entraîna l'apparition d'un nouvel accessoire, le ridicule ou réticule, promis à une longue carrière.

Lorsque les Français se réintéressèrent à la mode après la Révolution, les femmes restèrent fidèles aux robes droites, à taille courte, avec l'ampleur groupée dans le dos pour faciliter la marche. Sous le Directoire et le Consulat, les bas de soie qui apparaissaient sous les jupes transparentes furent garnis de décor d'entrelacs pour rappeler les sandales de l'Antiquité classique, mais le goût se fixa très vite sur les bas de fil ou de coton blanc avec un réseau ajouré sur le dessus du pied, tandis que les souliers renonçaient au talon.

La ligne resta sans grand changement sous l'Empire, les tissus employés furent plus lourds, afin de soutenir l'industrie lyonnaise renaissante. C'est aussi à cette période que les femmes élégantes commencèrent à porter des chapeaux; la forme la plus habituelle, jusqu'au Second Empire, sera celle de la capote, dont le large bord faisant auvent semble l'image même de la condition faite à la femme par le code Napoléon.

La cour impériale maintint, pour se conformer à la volonté formelle de Napoléon, des vêtements aussi somptueux que ceux de l'Ancien Régime : jamais les robes de fête, les uniformes civils et militaires ne furent plus riches et chargés de broderie. Mais la mode adoptée par la nouvelle classe dirigeante, la bourgeoisie, contrastait vivement avec ces consignes de faste : nous avons conservé assez de vêtements de cette période pour nous en faire une idée précise.

C'est le moment où le costume masculin courant va renoncer aux séductions dont il s'était paré pendant des siècles. Il adopte des formes figées, peu flatteuses pour la silhouette, la redingote, la jaquette, le complet veston, le frac pour le soir, noirs de préférence, portés avec le pantalon qui a cessé d'être collant. La touche de fantaisie du gilet de couleur disparaîtra peu à peu, tandis que le chapeau haut de forme devient pour plus d'un siècle la coiffure obligatoire. La mode est le privilège de la femme, le jardin secret où elle doit se parer pour la joie et la fierté de l'homme, dont la tenue respectable se proclame à l'abri des caprices de l'espèce inférieure.

La femme va donc proposer des formes nouvelles à ses vêtements. Entre la Restauration et le Second Empire les jupes reprennent de l'ampleur, la taille revient à sa place naturelle et sa finesse redevient un critère de beauté, d'où la réapparition d'un corset bustier de coutil blanc, beaucoup moins contraignant que l'ancien corps à baleines. Il donne au buste un galbe séduisant, et autorise les larges décolletés qui émergent du volume des manches à gigot, qui atteindront leur ampleur maximale vers 1830. Les contemporains y voient une inspiration médiévale qui n'est plus évidente à nos yeux. Nous sommes dans les folles années du romantisme, et les travestis orientaux sont aussi à la mode, comme les turbans; mais il s'agit plutôt de la fantaisie de quelques excentriques. L'idéal féminin, c'est d'arborer un air d'idéale séraphicité : plus jamais on n'a porté ces robes de mousseline ou de linon blancs, garnies des broderies les plus raffinées de toute l'histoire. Jamais les vêtements, faits dans les tissus les plus simples et les plus vaporeux, n'ont été fabriqués avec plus de soin, toutes les coutures étant gansées pour leur donner un aspect plus net. L'explication de ce phénomène est simple : depuis l'abolition du privilège des corporations, ce sont désormais des ouvrières qui exécutent ces travaux, qui décorent les mouchoirs et les guimpes des plus délicates arabesques : la comparaison avec les doublures des vêtements du siècle précédent, dont le travail grossier évoque plutôt celui d'un bourrelier, est révélatrice. Depuis le début du siècle le vêtement de sortie le plus habituel est le châle de cachemire qui se doit de faire partie de toutes les corbeilles de mariage, d'origine indienne, d'une légèreté incomparable, ou contrefaçon française.

Sous Louis-Philippe on voit disparaître la manche à gigot, tandis que les corsages s'allongent en pointe, et que les jupes se garnissent de volants, en commençant par le bas. Lorsque ces volants couvriront la jupe entière, ils seront souvent imprimés à disposition, pour faciliter l'organisation des robes dont l'ampleur n'a pas cessé de grandir, toujours en employant les cotonnades les plus légères. Pour soutenir ces jupes on multiplie les jupons, puis on met des crinolines très lourdes en tissu renforcé de crin; l'invention du jupon-cage aux cercles de baleine métalliques fixés par des sangles, permet d'acquérir à peu de frais la silhouette à la mode sous le Second Empire, celle d'une femme inaccessible, séparée du monde par la vaste circonférence de sa jupe. Napoléon III encourage vivement sa ravissante épouse à servir de mannequin vedette aux dernières créations de l'élégance parisienne.

Une impulsion nouvelle est donnée aux industries de la mode par Charles Frédéric Worth, le premier qui a l'idée de proposer à ses clientes à la fois des albums de modèles et des vêtements déjà réalisés présentés sur des mannequins vivants. De plus il fournit le tissu, et celles qui sortent de chez lui ont la certitude de ne rencontrer sur aucune autre la toilette que le maître a composée pour elles et qu'il a vendue à un tarif très supérieur au prix de revient. Il reste en France peu de vêtements de Worth de l'époque du Second Empire; seule une petite jaquette de velours violet permet d'évoquer la période durant laquelle il fut la seule griffe de réputation universelle. Il conquit très vite une clientèle internationale de femmes américaines pour lesquelles porter une robe avec ce nom prestigieux était la marque de la réussite sociale : c'est pourquoi dans les musées américains les toilettes de Worth sont très nombreuses.

A la crinoline succède la tournure, qui traduit un total changement de l'image idéale de la femme. Il s'agit d'un rembourrage placé sur les reins, sur lequel viennent se poser les plis relevés de la jupe de dessus. On porte avec ces robes des mantelets de proportions variées, souvent fabriqués avec les châles de cachemire dans lesquels on ne sait plus se draper; ces visites, pour parler le langage du temps, sont souvent garnies de passementeries assez encombrantes qui justifient pleinement le nom de style tapissier attribué à cette mode... Avec son chapeau minuscule placé sur le sommet du crâne, la femme évoque pour les caricaturistes la silhouette d'un oiseau fantastique. Elle semble brusquement sortie du cercle étroit de la vie mondaine où elle se confinait, et se mesure désormais aux demi-mondaines et aux comédiennes qu'elle rencontre aux courses, au théâtre, aux expositions ou chez son couturier. Néanmoins elle demeure pour nous parée du charme que lui ont prêté les peintres impressionnistes, qui ont su faire vivre les sottes figurines des journaux de mode.

La mode de la fin du siècle, que l'on continue à tort d'appeler la Belle Époque, est plus simple de ligne, en dépit de la présence de ces longs corsets qui donnent au corps la forme d'un S et font du déshabillage d'une femme une entreprise analogue au démantèlement d'une place forte. Les maisons de couture se sont multipliées mais Worth demeure la griffe la plus renommée, surtout pour les toilettes du soir, du goût le plus somptueux, qu'exécute pour les femmes du monde entier son fils Jean Philippe Worth. Un ensemble particulièrement caractéristique de ce goût a pu être regroupé, témoignage de la splendeur des tissus à décor façonné et de la majesté des formes. Le premier des Worth regrettait de ne pas avoir vécu au temps d'Elisabeth d'Angleterre; il en avait gardé le goût des toilettes de cour et il demeura le fournisseur de toutes celles qui subsistaient en Europe avant la première guerre mondiale, comme des héritières américaines qui venaient chercher sur le vieux continent la consécration d'un nom ancien.

Mais cette femme juponnée de soie, aux chapeaux perchés sur le sommet du crâne, aux cols hauts, commence à se sentir un peu prisonnière de son image officielle. Certes, il n'y eut jamais de suffragettes en France, mais il y eut, dès que l'accès aux études supérieures leur fut ouvert, des étudiantes, ainsi que des sportives qui ne pouvaient s'habiller comme des poupées oisives. A l'exemple de leurs sœurs anglo-saxonnes, ces femmes adopteront, à partir de 1885, le vêtement inventé chez Redfern par le couturier anglais Charles Poynter, le costume tailleur composé d'une jaquette, d'une jupe et d'un corsage en tissu uni, sans ornement. Lorsque le corsage eut été remplacé par un chemisier d'allure masculine, le costume tailleur fit partie de toutes les garde-robes : nous sommes depuis un siècle témoins de sa vogue constante.

Les dernières années du siècle vont voir cette confrontation entre deux courants : les derniers efforts d'une mode ornée sur un corps aux volumes stylisés, et le courant de simplification qui n'avait pu aboutir au temps du Consulat, car la société n'était pas prête à l'accepter.

Ce fut encore une fois un grand couturier qui créa la silhouette de la femme du XXe siècle dans les années 1910, sans corset cambré, sans lingerie volumineuse, dans une tunique souple arrêtée sous les seins par un lien. Paul Poiret croyait de bonne foi inventer une nouvelle odalisque : les emprunts aux costumes orientaux traditionnels, les turbans, les caftans faciles à endosser, les coloris éclatants lui semblaient un démarquage suffisant par rapport à la mode sans lendemain de la fin du XVIIIe siècle. Dans la brèche ouverte par le novateur passèrent les jeunes femmes impatientes qui voulaient proposer un style différent.

Il est certain que la première guerre mondiale favorisa une évolution inéluctable, car elle correspondait à un besoin profond de l'espèce féminine. Certes, toutes les femmes élégantes n'allèrent pas travailler en usine; mais le climat d'austérité, l'exercice des responsabilités sociales devaient imposer une modification de grande conséquence : l'adoption, pour la première fois de façon universelle, de robes plus courtes, au niveau de la cheville. En 1915, c'était chose faite, et Gabrielle Chanel proposait ses premiers ensembles en jersey, tandis que Jeanne Lanvin fabriquait ses délicieuses robes de style si joliment adaptées aux heures de repos du combattant en permission.

La haute couture, dans le grand développement qu'elle connaîtra entre 1920 et 1940, est dominée par des femmes qui ont bénéficié de l'absence des talents disparus dans la tornade. Si des changements apparaissent à chaque saison, ils concernent plus l'histoire de la mode que celle du costume. Chaque maison a son propre style, ses matériaux favoris, ses couleurs de prédilection et ses clientes lui demeurent fidèles, parfois une vie entière. Les couturiers créateurs d'une ligne nouvelle, d'un grand changement, sont moins nombreux et c'est pourquoi leur a été réservée une place de choix.

Pourtant, la révolution la plus frappante de la mode d'après guerre fut bien due à la volonté de la clientèle, qui refusa absolument de rallonger ses robes comme on le lui proposait. Les années folles virent les femmes avec des jupes coupées au genou, aussi courtes que les chevelures serrées en casque sur la tête sous les chapeaux cloches descendus jusqu'aux yeux.

Cette affranchie qui réclame le droit de se maquiller, d'aller prendre des bains de soleil sur les plages, de conduire sa voiture et de voyager ne réclame pourtant pas le port du costume masculin, même pour le sport. Aux heures du soir, elle se pare de courtes tuniques scintillantes, sur lesquelles elle pose des manteaux aux couleurs éclatantes, dont les décors sont empruntés au style Art déco alors triomphant. C'est une des rares périodes où la couture et les arts plastiques marchent la main dans la main.

Mais la crise mondiale de 1929 change profondément cet état d'esprit. La femme veut retourner à son image traditionnelle, tributaire de la volonté masculine : ses jupes rallongent, ses cheveux ont la permission de friser, et le corps perd l'aspect androgyne qu'il avait dû adopter de gré ou de force. Ces années d'avant-guerre sont parmi les plus brillantes de la haute couture, même si les ventes de robes diminuent.

Chanel demeure une des figures typiques de ce temps. Elle a inventé, avec une rare intelligence, beaucoup plus qu'une mode : le style, la manière d'être des femmes de son temps. Percevoir les aspirations diffuses de ses contemporaines, inventer les vêtements qui leur permettront de vivre dans un sentiment de sécurité, ce sera le génie de Chanel dès les années 20, aussi bien que dans les années 50. Elle impose à la femme lasse de siècles de contrainte ces tenues que l'on n'appelle pas encore décontractées, ces robes du soir indémodables dans lesquelles une élégante peut, pour la première fois, entrer sans aide. Elle est, avec Jean Patou, la créatrice de la petite robe noire faussement simple, car toujours d'une exécution raffinée, dans laquelle n'importe quelle femme se sentira toujours à son aise, et que toutes les classes de la société porteront entre les deux guerres, avec un collier de perles, vrai ou faux.

Bien différente apparaît la figure de Madeleine Vionnet, qui ne voulut jamais devenir une vedette de l'actualité, et vécut dans la bonne conscience de créer une œuvre exceptionnelle. Elle avait le génie de la coupe : travaillant avec un petit mannequin de bois, elle modelait le tissu sur le corps, dans tous les sens possibles, arrivant à des compositions d'une subtilité inégalée, qui ne prenaient forme que sur celles qui les portaient. Vionnet ne semble pas s'être beaucoup souciée des changements de ligne proposés par ses concurrents, mais ses robes les plus parfaites sont probablement celles de la fin de sa carrière, lorsque la mode était revenue aux robes longues pour le soir. Nous avons choisi de montrer, non pas ses fourreaux de mousseline de soie auxquels la coupe en biais prête une fluidité incomparable, mais ses tuniques de crêpe blanc toutes proches d'une inspiration classique, où le drapé reste libre et s'organise autour du corps de façon parfois inattendue. On sait que les clientes de Vionnet revenaient parfois à la maison de couture pour se faire expliquer la manière de placer ces robes dont la simplicité n'était qu'apparente : les créateurs d'aujourd'hui n'en ont pas retrouvé le secret.

Mais la figure qui incarne le mieux le climat dramatique de notre avant-guerre est Elsa Schiaparelli. Venue assez tard à la couture, elle était demeurée l'amie des peintres et des écrivains surréalistes qui lui suggéraient des idées. Génie baroque, elle sut insuffler à ses créations une extravagance de grand style, qui nous apparaît aujourd'hui comme le masque à la fois dérisoire et tragique que la vieille Europe adopte pour ne pas voir la réalité menaçante. Nous avons montré quelques-unes de ces vestes brodées qui soulevaient à chaque collection une grande curiosité, car elles étaient ordonnées autour d'un thème que les brodeurs, les dessinateurs de tissus et d'accessoires s'efforçaient d'illustrer : le cirque, représenté par deux boléros caractéristiques, les instruments de musique, les papillons. Nous ne présenterons pas cette fois les manteaux aux poches en forme de tiroirs ou de saucières, mais nous pouvons espérer ne pas donner du talent de Schiaparelli une idée fausse.

Le costume est un élément essentiel de la comédie humaine. Puissent les quelques aspects qui en sont ici évoqués nous aider à comprendre le sens des métamorphoses de la mode, qui ne sont ni caprices de ceux qui la portent, ni fantaisie sans conséquence des créateurs, mais expression lisible de l'histoire humaine.

Yvonne Deslandres
Délégué général de l'Union Française des Arts du Costume,
Conservateur au Musée des Arts de la Mode

VOYAGES

« Son âme était passée dans le tissu léger et s'y manifestait tout entière. »

Honoré de Balzac

Soieries, cotonnades imprimées, lainages, que de noms attrayants avez-vous empruntés au cours des siècles pour séduire la coquetterie des femmes...

Combien, aussi, ont trahi leur identité première, tel le droguet, simple tissu de laine — parfois mélangée suivant les lieux de production — et qui, dans la seconde moitié du XVIIIe siècle, devient la soierie la plus sophistiquée avec ses petits motifs de tons éclatants, dans laquelle seront coupés tant d'habits à la française.

La siamoise suivra le chemin inverse. Voulant imiter les mousselines de soie et coton apportées à Louis XIV par les ambassadeurs du Siam, elle deviendra une cotonnade rayée, flammée ou à petits carreaux, spécialité de Rouen, et dont l'emploi se partagera entre l'ameublement et la confection de doublures pour vêtements.

Si notre patrimoine est riche en échantillons textiles avant le XVIIIe siècle, il n'en est pas de même pour les costumes. A part le pourpoint de Charles de Blois (milieu du XIVe siècle) conservé au Musée Historique des Tissus de Lyon et considéré comme une véritable relique, nous ne possédons que quelques témoins des XVIe et XVIIe siècles. Seuls les tableaux, dessins, gravures et tapisseries ressuscitent notre passé. Constat dramatique si l'on se réfère aux collections étrangères, en particulier celles du Victoria and Albert Museum de Londres.

Même le XVIIIe siècle a souffert de cette désinvolture et bon nombre de robes ont été démontées pour servir de garniture de sièges. Combien de pékins, de dauphines, aux tons délicats de rose, bleu, vert, parsemés de fleurettes, ont été utilisés pour « habiller » un fauteuil de Jacob. En 1857, un journal fait paraître cet écho : « Vente à l'Hôtel Drouot d'une collection merveilleuse d'habits du XVIIIe siècle. Seuls les brocanteurs sont présents pour les acheter. »

La rupture établie entre tissu d'ameublement et tissu de mode nous épargnera la disparition de documents du XIXe siècle.

Dès lors, le fabricant se soumet aux exigences d'une mode dont les changements et les caprices l'entraînent à une émulation où la technique est de plus en plus maîtrisée. L'ampleur des robes nécessite des tissus de plus en plus légers. Et c'est une longue farandole avec en tête les cotons imprimés : les Jaconas, la Brillantine à bouquets perse; les mélangés soie et laine : les Barèges, le Chaly, la Palmyrienne à petits bouquets dont l'usage est réservé aux jeunes filles, le Gros du Danube, à carreaux satinés; les draps de laine Magenta, Solférino; les bourres de soie et laine font leur apparition dans le commerce et leurs noms s'inspirent de la nature : ce sont la Mousse, le Myosotis et l'Hirondelle. Tournons, virevoltons dans les grands bals avec la moire d'Alma ou Byzantine, les gazes Dona Maria et Dubarry et grisons-nous avec le tulle Illusion.

Toutes les régions se partagent cette production. L'Est règne sur les percales, les Jaconas imprimées et Rouen se spécialise dans une distribution meilleur marché, Elbeuf fournit les draps, Chambéry les gazes et Tarare les mousselines. Saint-Étienne est en pleine prospérité, rubans et passementerie ornent et même surchargent les toilettes de ville et du soir.

La soie reste l'apanage de Lyon, elle garde son empire et rien ne peut remplacer son toucher, son chatoiement et ce bruissement qui l'accompagne.

Edmond et Jules de Goncourt notent dans leur journal à la date du 22 janvier 1863 cette anecdote amusante et combien significative : « Le commerce moderne en est arrivé à ceci. Bracquemond racontait à Gavarni qu'il avait un ami, payé très cher dans un magasin du passage des Panoramas, pour imiter le sifflement de la soie en déroulant des rubans reteints. »

Quant au décor, pas de nouveauté et surtout pas d'extravagance, le passé reste la source d'inspiration. Une série de robes de Worth, datant des vingt dernières années du siècle et appartenant toutes à la même femme, peut nous servir d'exemple.

Trois sont en velours (noir, blanc, rouge) à motifs ondés dont le dessin est directement issu des soieries datant de 1740-1750. Deux en satin abricot, dont une à semis de papillons, rappellent les abeilles du Premier Empire. Mais la plus curieuse est, sans aucun doute, celle où le décor est la copie presque servile des velours ottomans du XVIIe siècle, où l'on retrouve la jacinthe, l'œillet et la tulipe. On ne peut s'empêcher d'évoquer les recherches entreprises, quelques années plus tard, par Mariano Fortuny.

Ce type de donation donne aussi matière à réflexion : neuf robes du soir s'échelonnant dans le temps, quelle aubaine pour une histoire du costume et celle d'un couturier ! Mais qui était cette femme ?

Si l'on met ces robes sur un mannequin, on a certes des points de repère — la place de la tournure sous le flot de jupons ou la présence du pouf — mais pour que la robe soit parfaitement présentée il faut être attentif au tour de poitrine et à celui de la taille qui ont évolué d'une robe à l'autre. Soudain, on se rend à l'évidence : les couleurs ont suivi ce changement, d'abord éclatantes puis plus austères; ces robes vous ont raconté la vie d'une femme. Mais le visage reste l'énigme, même si vous pensez qu'elle devait être brune en vous référant aux tons des robes, vous ne pouvez que l'imaginer, le mystère est là.

Avec ce siècle le nombre des couturiers va croître et chaque femme, selon sa personnalité, choisira celui ou celle qui lui donnera l'image qu'elle croit avoir d'elle-même.

C'est ainsi que nous avons la chance de posséder des robes de tous ceux qui ont illustré ou illustrent encore la Haute Couture. Il nous reste à les conserver : peu de lumière, une température et une hygrométrie constantes et un soin quotidien. Chaque type de robe est un cas particulier. Ce « monde » réclame une attention méticuleuse.

Si au cours des temps le couturier a changé le corps de la femme et son reflet, il n'en est pas moins vrai qu'en 1985, à travers une collection, se dégagent une permanence de la vie mêlée de nostalgie avec et surtout la part du rêve.

NADINE GASC
Conservateur, Chef du
Département Textile et Mode

TROIS ACTES...

ET LES MAQUETTES PRÉPARATOIRES D'UNE EXPOSITION

Épousant l'architecture du musée, l'exposition s'articule sur trois étages. Cent vingt mannequins « racontent » la mode depuis le XVIIIe siècle jusqu'à 1940.

PREMIER ACTE : « LE XVIIIe SIÈCLE »

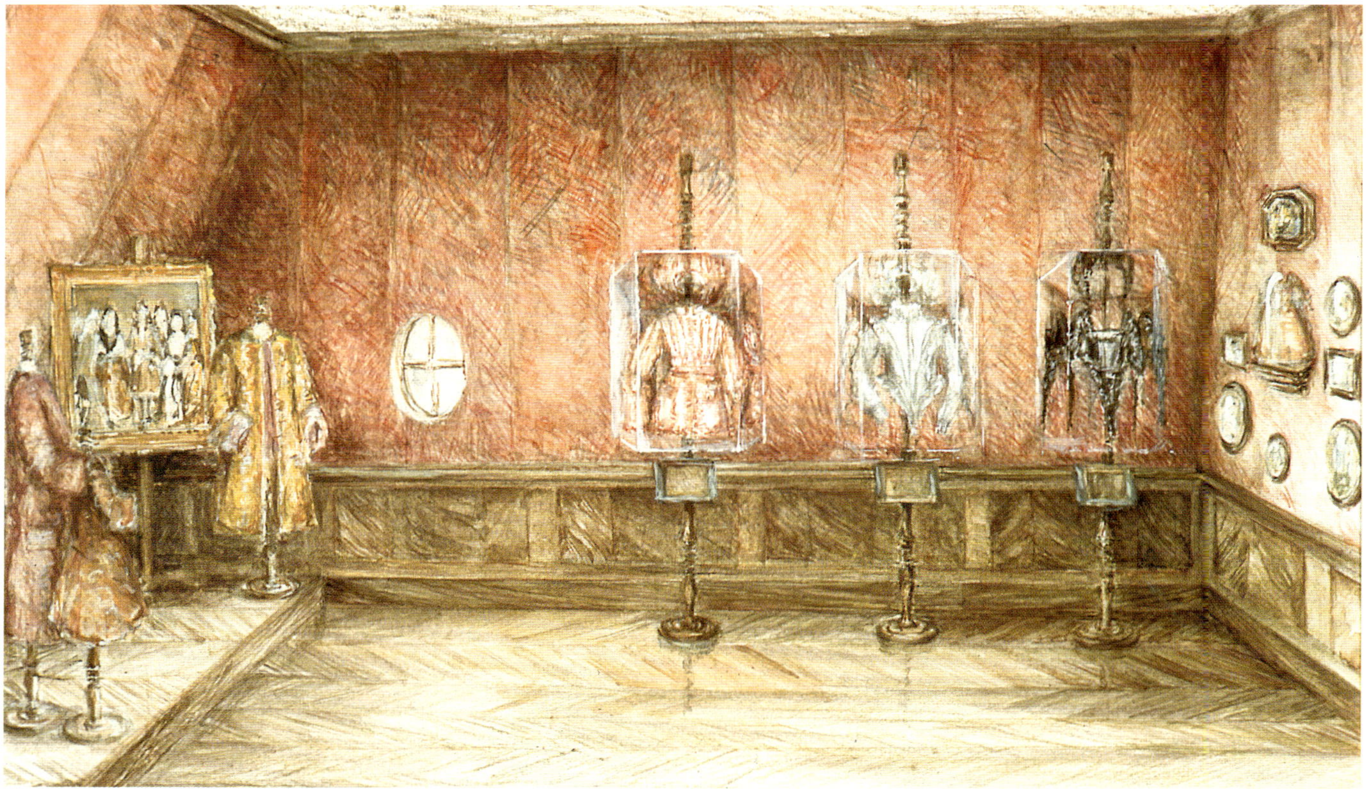

PROLOGUE

Une salle d'un musée traditionnel : tentures rouges, boiseries en acajou, pénombre.
Pourpoints, gants, mouchoirs.
Chaussures : toute une série de reliques antérieures au XVIIIe siècle.

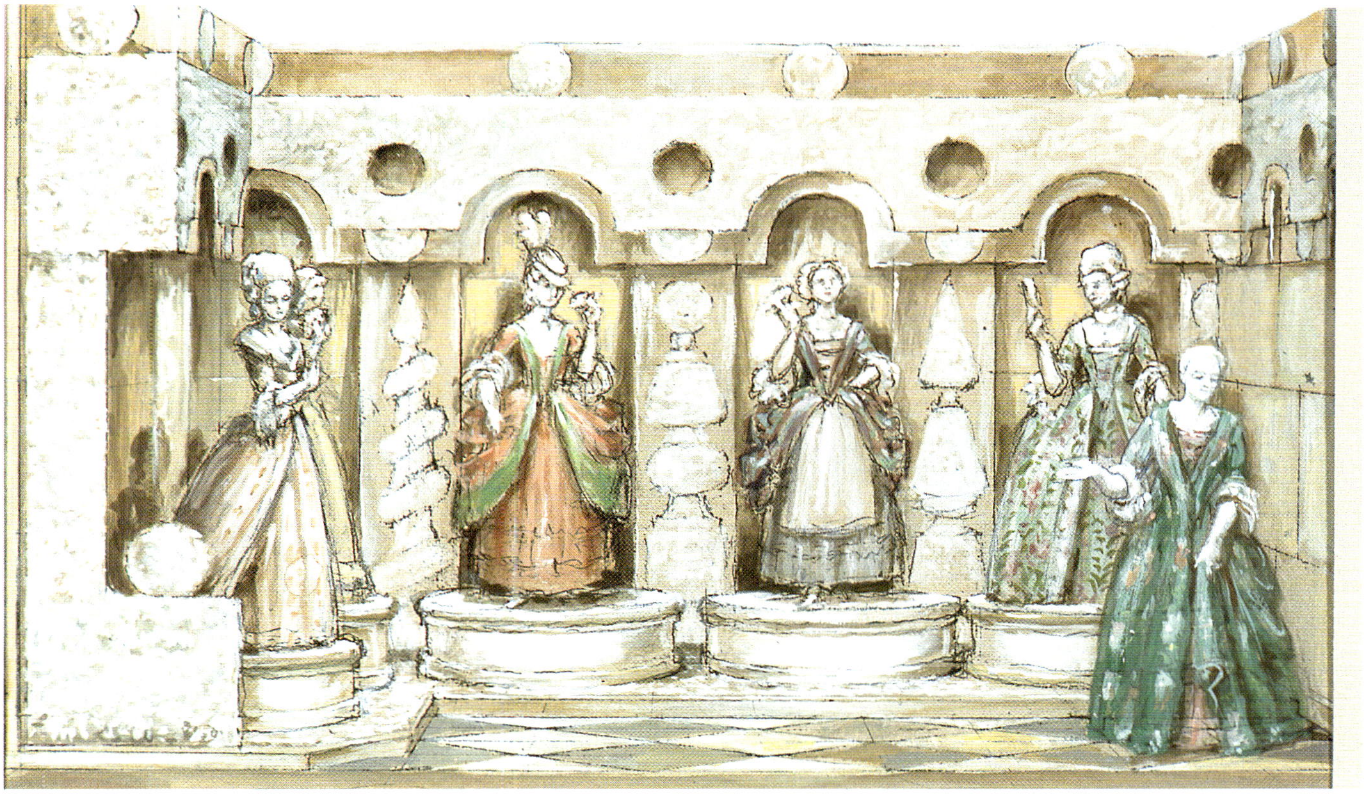

LE JARDIN

Un homme en costume Régence, une femme en robe « volante » nous invitent dans un jardin à la française en verre translucide.
Cinq femmes aux visages de porcelaine et dont les attitudes représentent une allégorie des sens, portent les cinq principaux types de robes XVIIIe : robe « volante », « à la française », « à la polonaise », « à l'anglaise » et jupe au « casaquin ».
Ces femmes bougent au rythme d'une musique muette.

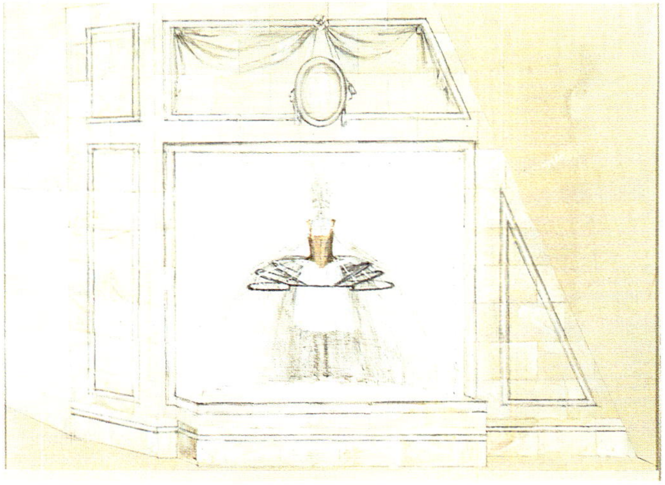

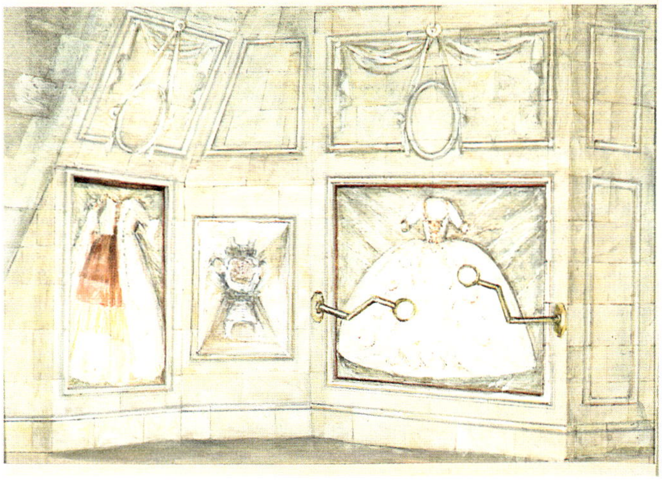

CE QUE CACHE UNE ROBE

L'extérieur d'abord :
robe de cour brodée, épinglée comme un papillon.
Des loupes permettent d'apprécier la richesse de la broderie.

L'intérieur ensuite :
une série de matériaux divers. Un patchwork.

La structure enfin :
le corset. La carcasse du Grand Panier.

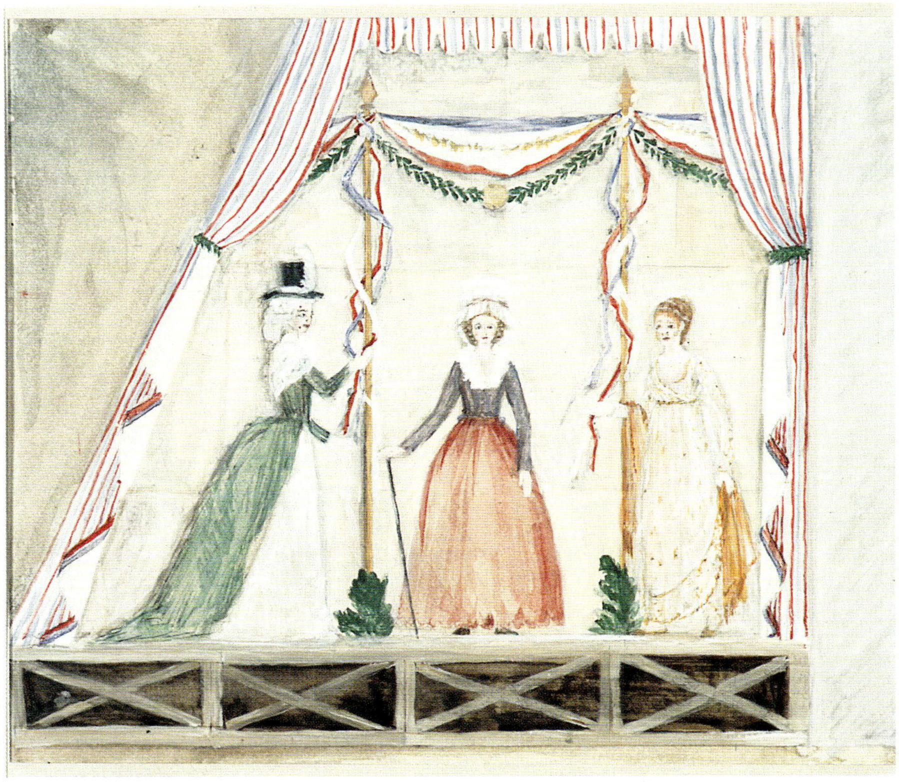

LA RÉVOLUTION

Dans un décor d'image d'Épinal, trois mannequins en bois coloré portent une robe type « merveilleuse », une robe redingote et un costume populaire de cette époque.

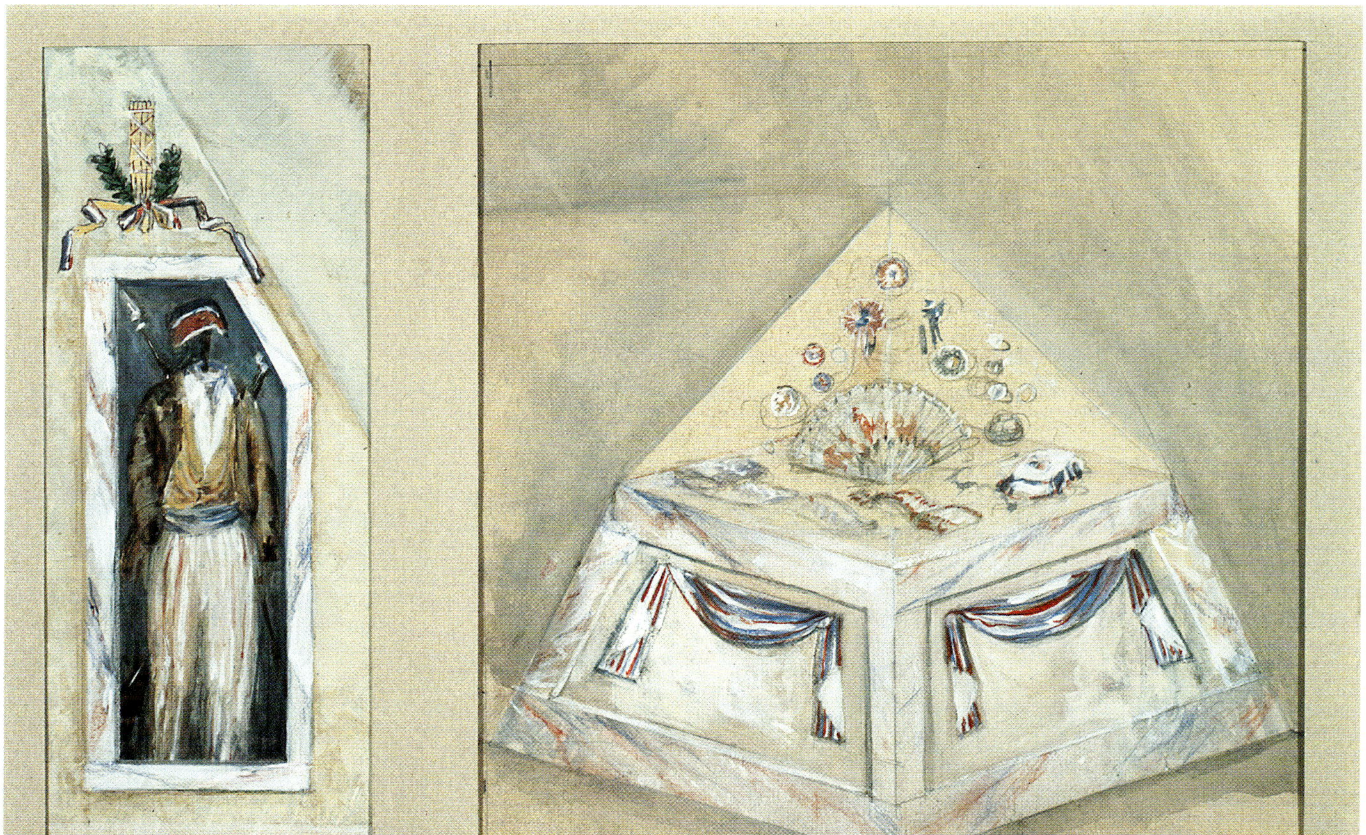

Dans une vitrine, un mannequin en costume de garde national.

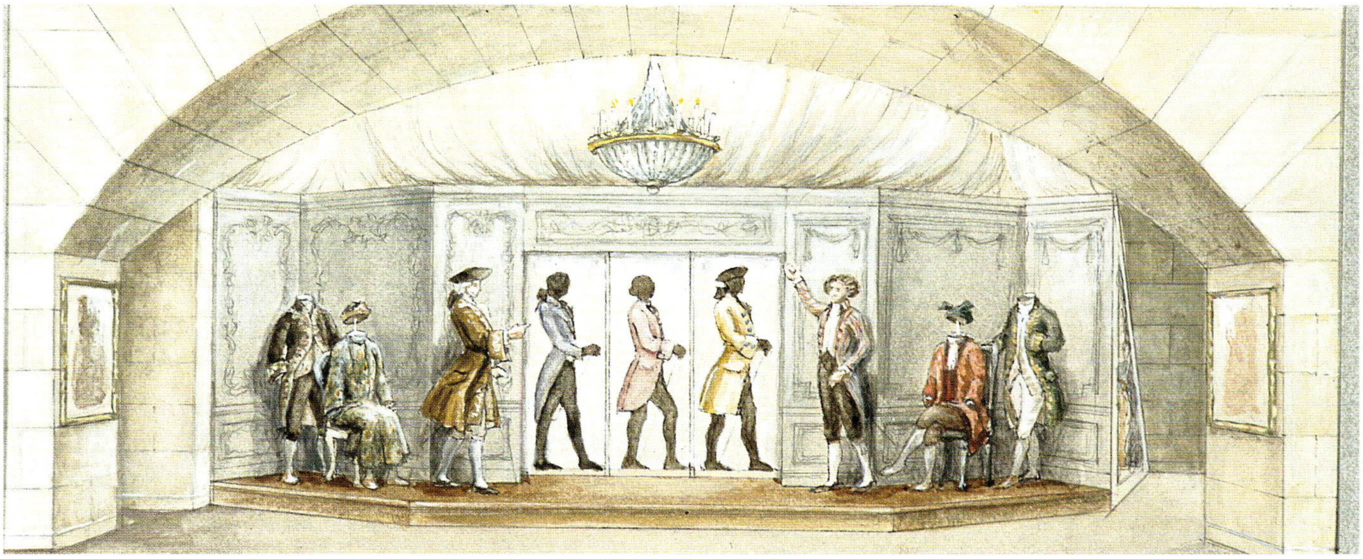

LE PETIT THÉÂTRE
DES HOMMES

Des panneaux de boiseries recréent une scène où défilent dix silhouettes portant différents types de costumes d'homme du XVIIIe siècle.
La scène est encadrée par deux figures de cire, l'une en costume Régence, l'autre en « demi-converti », illustrant ainsi le début et la fin de ce siècle.
Des personnages fantomatiques, sans tête ni mains, en vêtements d'intérieur ou dans des habits de cour, regardent ce défilé.

Le rideau tombe

Entracte

DEUXIÈME ACTE : « LE XIXe SIÈCLE »

LES ORIENTALES

Des femmes élégantes jouent à s'habiller en Orientales.
Deux mannequins en terre cuite, agenouillés sur des piédestaux, habillés de caftans, drapés dans des cachemires.

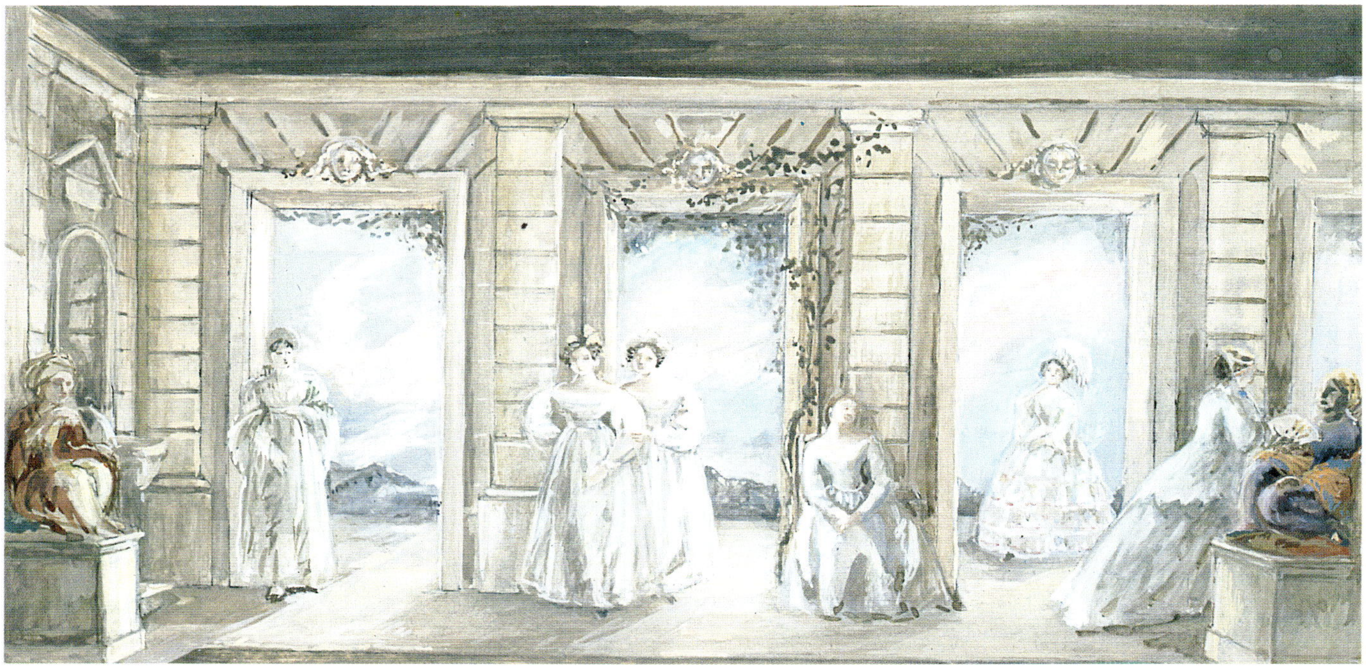

L'ORANGERIE

Une galerie aux lignes néo-classiques, où des portes s'ouvrent sur un ciel crépusculaire.
Huit femmes au teint pâle, à l'air rêveur, s'abandonnent à leur mélancolie.
Elles portent des costumes retraçant les changements de modes de 1820 à 1860 : robes « papillons », robes du matin, d'après-midi ou du soir, pour la promenade ou l'intérieur.
Crinolines recouvertes par des mousselines claires.

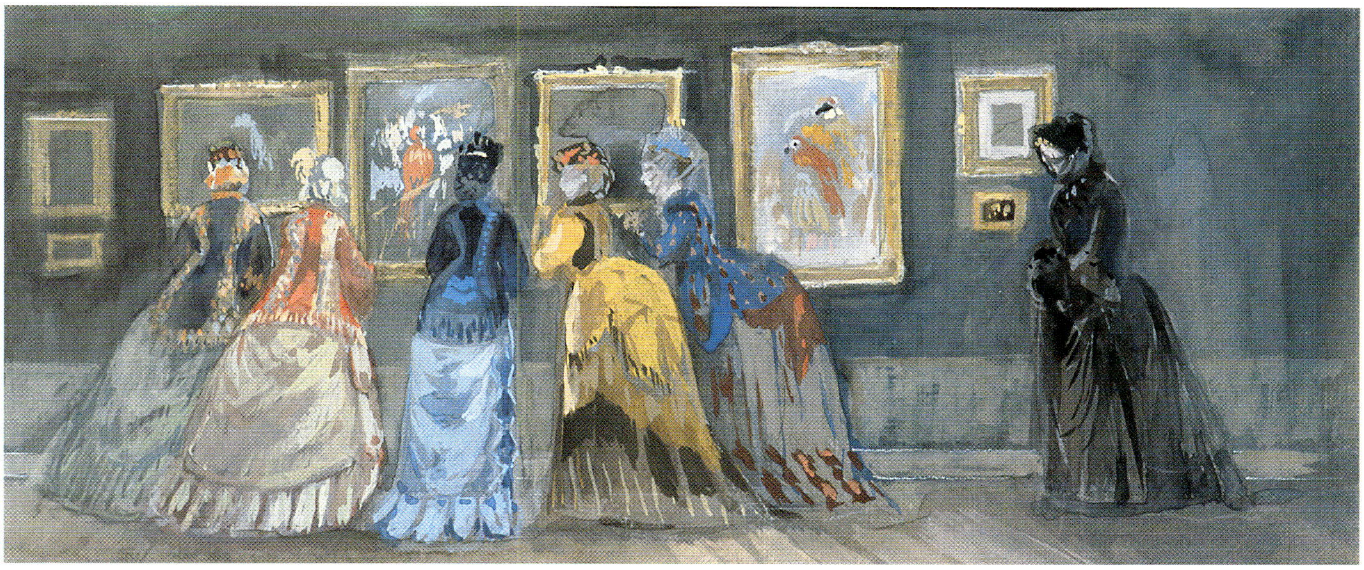

LES PERROQUETS

Au mur, des oiseaux au plumage coloré, figés dans des tableaux.
Un groupe de sept femmes aux visages voilés, couronnées de chapeaux criards, regardent extasiées.
Elles portent des « visites », manteaux dont les mélanges de velours, broderies, passementeries et rubans ressemblent à d'étranges plumages.
Au cours des années 1860-1885, les « visites » se raccourcissent, tandis que les jupes passent de la crinoline à la « tournure ».

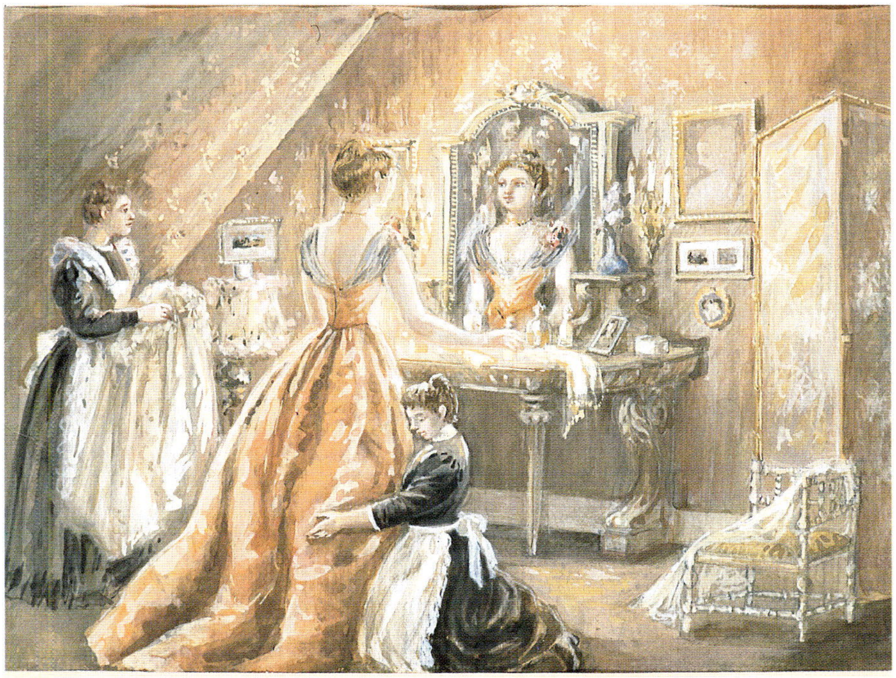

WORTH

A TRAVERS UN MIROIR SANS TAIN

Devant une psyché, la femme au visage de cire ressemble à une vierge.
Elle vient de mettre une robe couleur flamme à grande traîne. Elle va à l'Opéra.
La femme de chambre agenouillée à ses pieds donne à la scène un caractère religieux.

PHOTOGRAPHIE

La lumière opaque rentre par une verrière.
Devant une toile peinte, trois femmes aux visages effacés posent sur un escalier.
L'une de profil est en robe rouge.
L'autre en rose monte l'escalier.
La troisième en noir regarde du haut des marches.

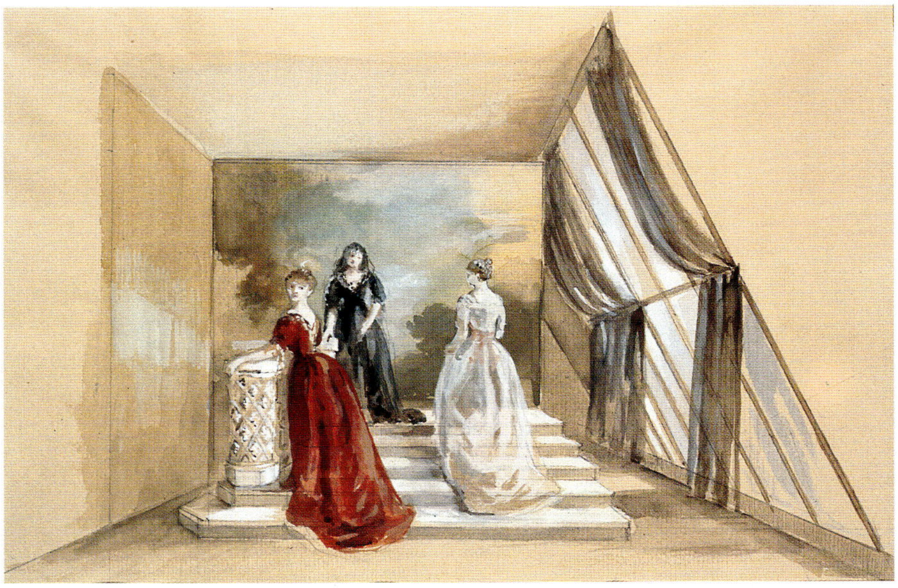

Le corps d'une femme en marbre blanc-rose glacé, en robe Empire brodée, surplombe le vide comme un ange.

Entracte

TROISIÈME ACTE : « XXe SIÈCLE »

Ouverture sur une foule de chapeaux 1900-1916 décorés de plumes, de fleurs et d'animaux.

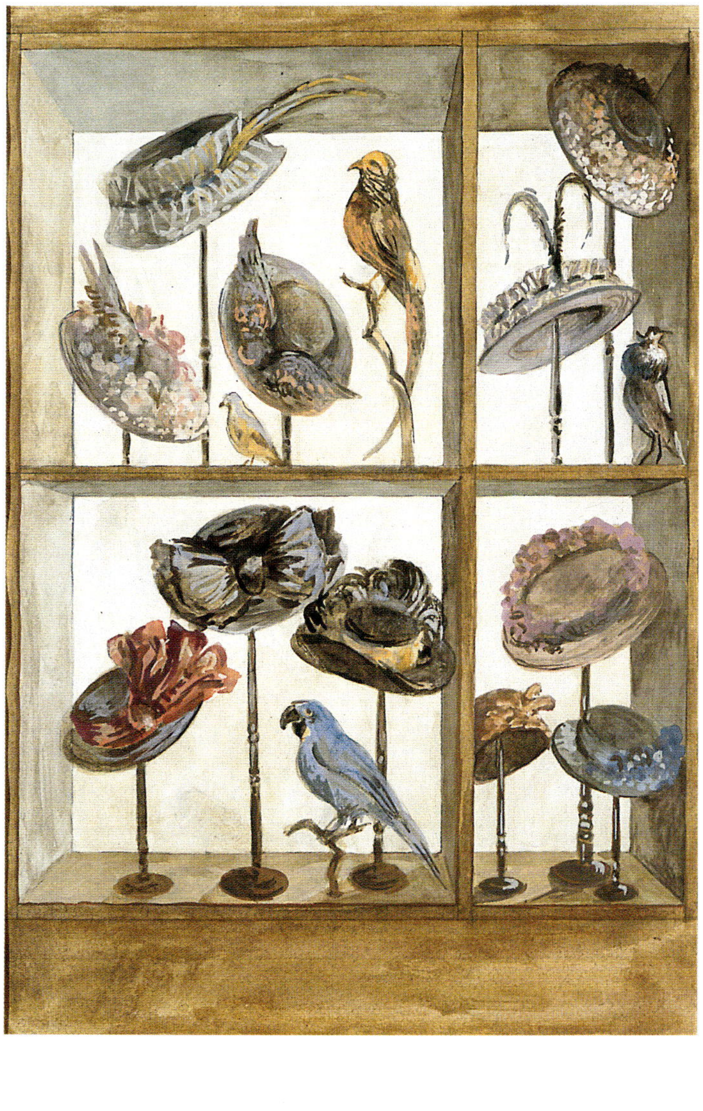

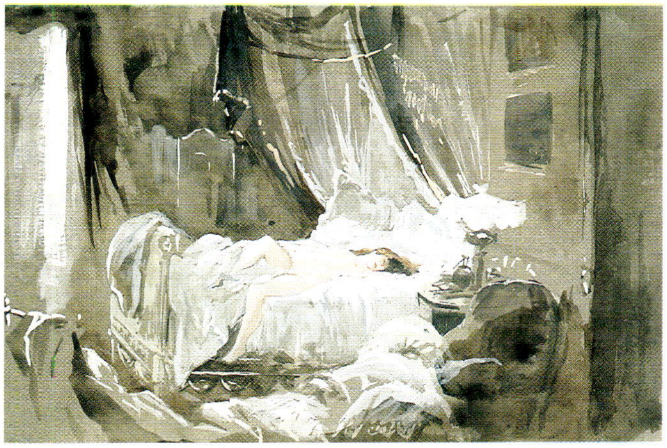

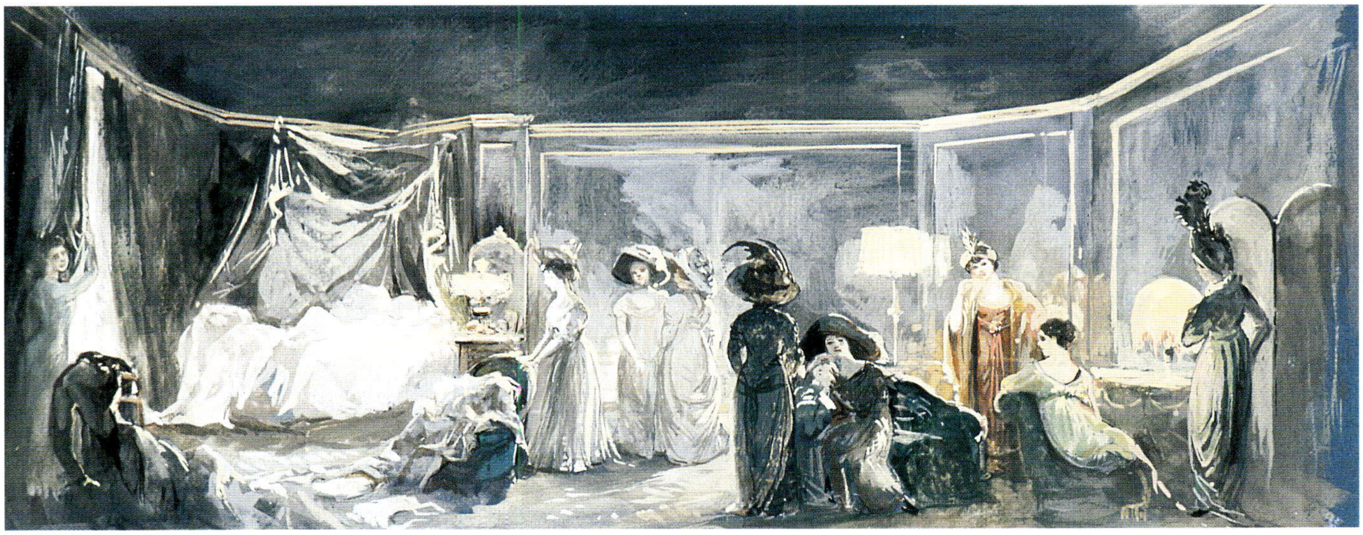

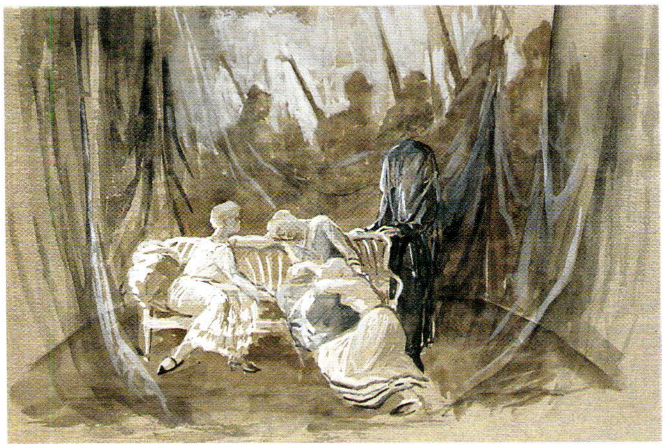

MIROIRS

Les murs et le sol de la chambre et du salon reflètent indéfiniment de pâles personnages féminins.
Une femme en costume de cérémonie de mariage entrouvre une fenêtre. Le soleil pénètre dans la chambre où repose une jeune femme. Éparpillés sur le sol autour du lit, la robe, les chemises, le couvre-corset, le corset, les jupons, la culotte, les bas, les chaussures.
Une dame curieuse, dans une robe du soir couleur champagne, regarde la scène.
Dans le salon, ici et là, elles parlent entre elles. Elles portent des robes « Dœillet », « Callot Sœurs » ou bien « Poiret », vert-jaune doré, en crêpe indien rouge, ou encore mauve. Elles sont coiffées de chapeaux grands ou petits, ou de turbans. Dans un coin, à l'écart, trois jeunes filles sagement habillées de robes claires style Directoire conversent près de la fenêtre.
Une femme solitaire, une veuve, regarde l'horizon.

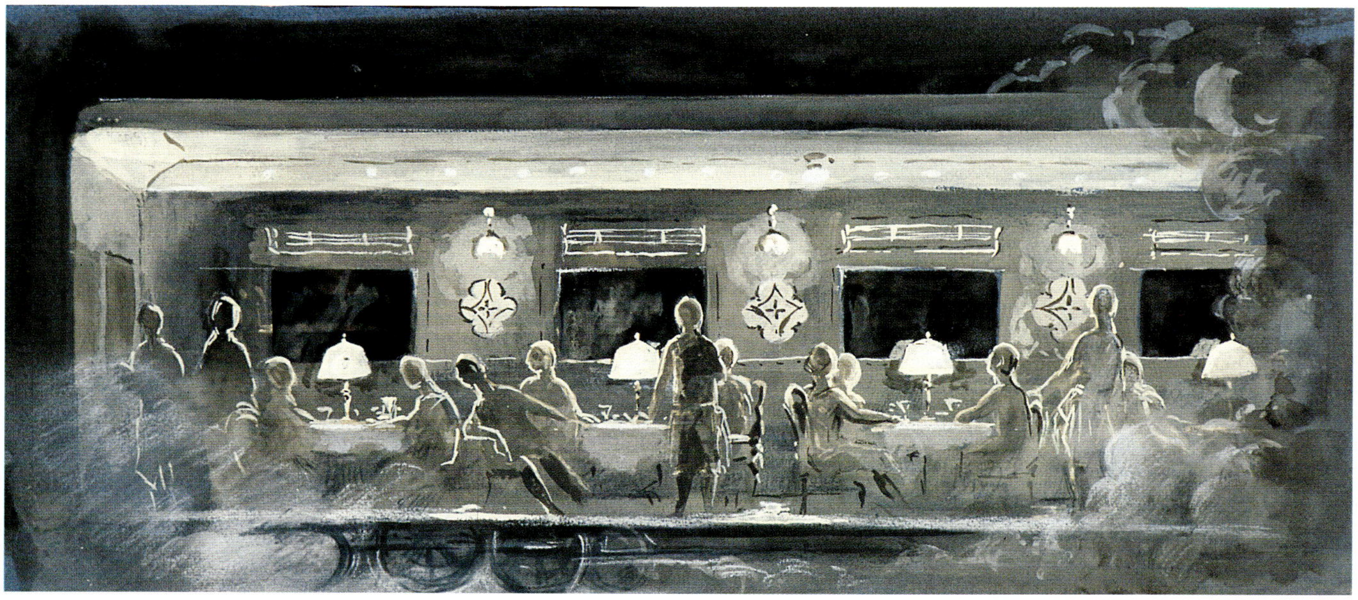

L'ORIENT-EXPRESS

Le train fend la nuit.
Des mannequins en bois stylisés, telles des sculptures africaines, déploient une série de robes brodées 1925. Le wagon Pullman en acajou évoque une boîte à bijoux. Bijoux d'étoffes chatoyantes ou brodées de fils d'or, de perles ou de paillettes nacrées.

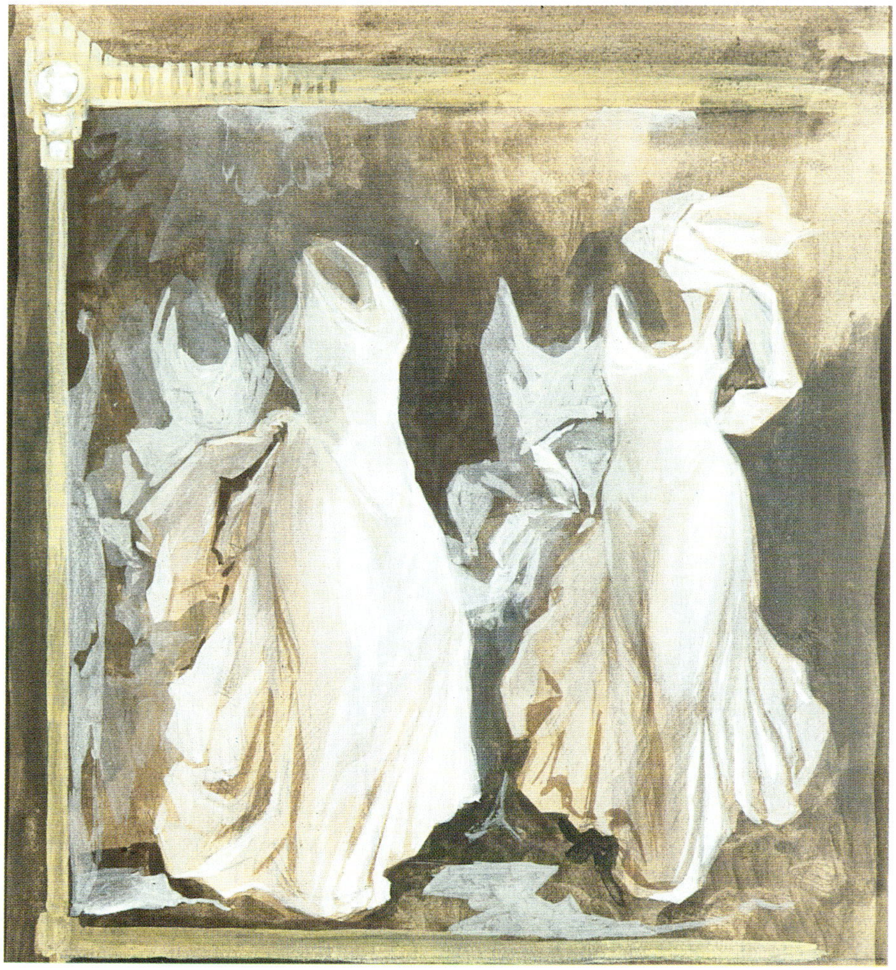

VIONNET-CHANEL 1930

Sur des corps transparents qui semblent flotter dans l'air, se drapent, se moulent les tissus légers de Madeleine Vionnet.
Sur d'autres, les tulles, les dentelles noires et les paillettes mauves de Chanel reposent avec une élégance absolue.

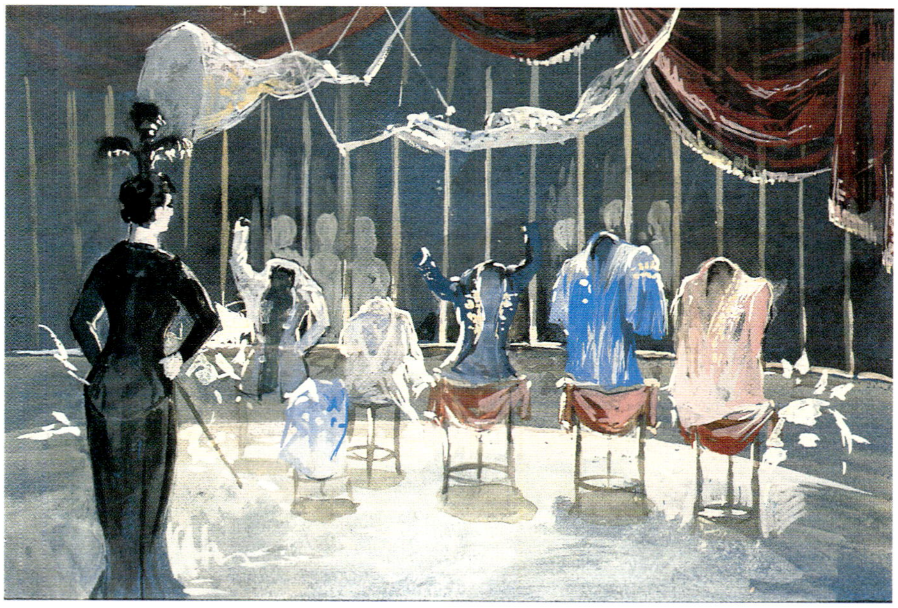

LE CIRQUE-FINAL
1938-1940-1950

A l'intérieur d'une cage dorée, couronnée de draperies rouges, la dompteuse en costume de velours vert et broderies d'or essaie d'apprivoiser des animaux fantastiques : robes, vestes, capes et boléros sortis de l'imagination d'Elsa Schiaparelli.
Robe orientale brodée d'or et de perles.
Robe en queue de pie, décorée de châtaignes en vison.
Vestes avec des applications imitation vitrail, des poches en fleurs, ou des boutons représentant le char du soleil.
Cape incrustée de talismans.
Boléros brodés de chevaux de cirque ou d'éléphants.

Le rideau tombe

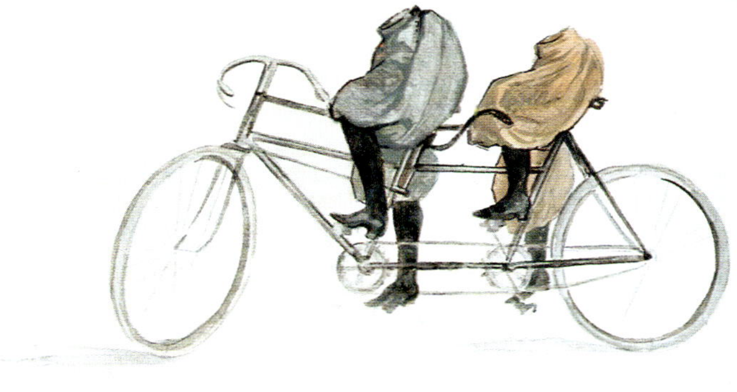

TANDEM-INTERMÈDE
Des jambes de femmes habillées de robes culottes pédalent frénétiquement.

ALFREDO ARIAS

Les maquettes préparatoires ont été exécutées par : ROSTISLAV DOBOUJINSKY (« Le jardin » et « Le petit théâtre des hommes ») et SABINE DUTILH pour le premier acte, CLAUDIE GASTINE pour le deuxième acte, et FABIO PALAMIDESE pour le troisième acte.

XVIIIe SIÈCLE

L'ÂGE D'OR DE LA FEMME

D'abord j'avais seulement une robe de chambre de drap noir, fermée par-devant avec des boutonnières noires qui allaient jusques en bas, et une queue d'une demi-aune, qu'un laquais me portait, une petite perruque peu poudrée, des boucles d'oreilles fort simples, et deux grandes mouches de velours aux tempes. J'allai voir M. le curé de Saint-Médard, qui loua fort ma robe, et me dit que cela avait bien meilleure grâce que tous ces petits abbés avec leurs justaucorps et leurs petits manteaux qui n'imprimaient point de respect; c'est à peu près l'habit de plusieurs curés de Paris. J'allai ensuite voir les marguilliers qui m'avaient loué un banc vis-à-vis la chaire du prédicateur, et puis je fis toutes les visites de mon quartier, la marquise d'Usson, la marquise de Menières et toutes mes autres voisines; je ne me mis point d'autres habillements pendant un mois, et ne manquai point d'aller tous les dimanches à la grand-messe et au prône de M. le curé, ce qui lui fit grand plaisir. J'allais, une fois la semaine, avec M. le vicaire, ou M. Garnier, que j'avais choisi pour mon confesseur, visiter les pauvres honteux, et leur faire quelques charités. Mais, au bout d'un mois, je défis trois ou quatre boutonnières du haut de ma robe, pour laisser entrevoir un corps de moire d'argent, que j'avais par-dessous; je mis des boucles d'oreilles de diamants, que j'avais achetées, il y avait cinq ou six ans, de M. Lambert, joaillier; ma perruque devint un peu plus longue et plus poudrée et taillée en sorte qu'elle laissait voir tout à plein mes boucles d'oreilles, et je mis trois ou quatre petites mouches autour de la bouche ou sur le front. Je demeurai encore un mois sans m'ajuster davantage, afin que le monde s'y accoutumât insensiblement et crût m'avoir vu toujours de même, ce qui ne manqua pas d'arriver.

Quand je vis que mon dessein réussissait, j'ouvris aussitôt cinq ou six boutonnières du bas de ma robe, pour laisser voir une robe de satin noir moucheté, dont la queue n'était pas si longue que celle de ma robe; j'avais encore par-dessous un jupon

« *J'avais une robe blanche à fleurs d'or, dont les parements étaient de satin noir, les rubans couleur de rose, des diamants, des mouches. On me trouva assez jolie; monseigneur voulut que je demeurasse dans sa loge, et me fit part de la collation qu'on lui servit; j'étais à la joie de mon cœur.* »

Quelle aimable personne parle ainsi ? Un homme, l'abbé de Choisy, qui mourut en 1724, octogénaire, en laissant des mémoires où il racontait les principaux épisodes de sa carrière de travesti. Habillé et élevé en fille par sa mère, il avait gardé le goût du déguisement. Il se fit appeler Mme de Sancy, puis Mme la comtesse des Barres, se décrivant lui-même, en traits qu'il imaginait séduisants, sous « *des corsets brodés et des robes de chambre or et noir, avec des parements de satin blanc, avec une ceinture busquée et un gros nœud de rubans sur le derrière pour marquer la taille, une grande queue traînante, une perruque fort poudrée, des pendants d'oreille, des mouches, un petit bonnet avec une fontange* ». Les psychanalystes s'étant penchés sur son cas, les gros mots d'« immaturation érotique », de « fétichisme », d'« inversion » ont accablé de leurs syllabes pédantes l'ombre légère de l'abbé. Lui-même avait fort bien compris ce goût de s'habiller et de vivre en femme. Il plaît aux hommes, comme à Dieu, explique-t-il, d'être aimés et adorés. « *Or comme c'est la beauté qui fait naître l'amour, et qu'elle est ordinairement le partage des femmes, quand il arrive que des hommes ont ou croient avoir quelques traits de beauté qui peuvent les faire aimer ils tâchent de les augmenter par les ajustements des femmes, qui sont fort avantageux.* »

Rien de trouble ou d'ambigu dans le comportement de l'abbé. Il voulait plaire, et comme les femmes plaisent plus que les hommes, et qu'autour d'elles flotte une atmosphère plus alanguie d'amour, il préféra endosser l'apparence de leur sexe. Pourquoi plaisent-elles plus ? Parce que vêtements, parements, bijoux, nœuds, mouches mettent en valeur ou rehaussent leur beauté. L'homme ne peut compter que sur lui-même. La femme, c'est l'art, ou l'artifice, ajouté à la nature. Ce n'est pas d'être femme qui attirait l'abbé de Choisy, mais bien de se pomponner, de s'orner, de s'agrémenter par toutes les ressources de la toilette. De ce bizarre ecclésiastique, on a dit que c'était un personnage du XVIIIe siècle égaré dans le XVIIe. Oui, même si la plus grande partie de sa longue existence s'est déroulée sous le règne de Louis XIV, même si, élu à l'Académie française en 1687, il y a côtoyé Racine et Boileau, même si Bossuet, La Rochefoucault et Mme de La Fayette ont été de ses amis, l'abbé de Choisy, par la hardiesse de son choix, appartient de plein droit au siècle qui, entre des préoccupations plus graves, a divinisé la Femme et la Mode. Plus bel hommage ne pouvait être rendu à ces deux idoles que le désir de faire disparaître la rudesse et la trivialité d'un corps masculin sous la redondance gracieuse des breloques et des falbalas.

Si l'abbé, au lieu d'habiter la France, avait vécu en Orient, il n'aurait pas eu besoin de se travestir. La mode virile occidentale a toujours été pauvre en inventions et en couleurs. Rien à voir avec le faste des costumes orientaux, qui arracha au spirituel prince de Ligne, en voyage dans les provinces de Crimée où il accompagnait la Grande Catherine, ces exclamations enthousiastes :

« Ah ! bon Dieu ! quel train ! quel tapage ! que de diamants, d'or, de plaques et de cordons, sans compter le Saint-Esprit ! Que de chaînes, de rubans, de turbans et de bonnets rouges, fourrés ou pointus ! ceux-ci appartiennent à des petits magots qui remuent la tête comme ceux de votre cheminée, et qui ont le nez et les yeux de la Chine. Ils s'appellent des Lesghis, et sont venus en députation, ainsi que plusieurs autres sujets, des frontières de la grande muraille de cet empire chinois et de celui de Perse et de Byzance. C'est un peu plus imposant que quelques députés du Parlement, ou des États d'une petite ville qui viennent de 20 lieues, par le coche, à Versailles, pour faire une sotte représentation.

« Louis XIV aurait été jaloux de sa sœur Catherine II, ou il l'aurait épousée pour avoir tout au moins un beau lever. Les fils des rois du Caucase, d'Héraclius, par exemple, qui sont ici, lui auraient fait plus de plaisir que cinq ou six vieux chevaliers de Saint-Louis. Vingt archevêques, quoiqu'un peu malpropres, avec des barbes presque jusqu'aux genoux, sont plus pittoresques que le petit-collet d'un aumônier du roi. L'escorte d'oulans d'un grand seigneur polonais qui va voir son voisin à une demi-lieue de chez lui, a meilleur air que les hoquetons à cheval qui précèdent le triste carrosse et les six rosses d'un homme à rabat et à grande perruque : et les sabres étincelants, avec des poignées en pierreries, sont plus imposants que les gaules blanches des grands-officiers du roi d'Angleterre.

« Quand je rencontre des détachements de Circassiens, beaux comme le jour, dont la taille, enfermée dans des corps, est plus serrée que celle de madame de L... ; quand je trouve ici des Mourzas mieux mis que la duchesse de Choiseul aux bals de la Reine, des officiers de cosaques ayant plus de goût que Mlle Bertin pour se draper, et des meubles et vêtements dont les couleurs sont aussi harmonieuses que celles de madame Lebrun dans ses tableaux, je ne reviens pas de mon étonnement » (Lettres de 1787).

Mme Vigée-Lebrun, comme peintre, la duchesse de Choiseul, comme grande dame de la cour, et Mlle Bertin, comme couturière, étaient trois arbitres de la mode. Nous retrouverons bientôt deux d'entre elles. Au siècle de la Femme, innombrables furent celles qui régnèrent, par leur toilette ou leur esprit, sur leurs contemporains. Celles qui tenaient un salon, comme Mlle de Lespinasse, dont le petit appartement, rue Saint-Dominique, se remplissait tous les soirs d'une foule de diplomates et de gens de lettres, ou la roturière Mme Geoffrin, qui recevait le lundi les artistes, le mercredi les écrivains et les savants. Celles qui éblouissaient l'Europe par leur talent d'épistolières : la marquise du Chatelet, la marquise du Deffand, Mme d'Épinay. Celles qui laissèrent des livres, comme la comtesse de Genlis, dont les mémoires nous confirment quelle humble sujétion ces souveraines imposaient à leurs visiteurs. *« Dans la bonne compagnie, les femmes étaient traitées par les hommes avec presque tous les usages respectueux prescrits pour les princesses du sang; ils ne leur parlaient, en général, qu'à la tierce personne; ils ne se tutoyaient jamais entre eux devant elles. »* Domination absolue d'un sexe sur l'autre, dont les frères Goncourt, dans leur ouvrage fondamental *la Femme au XVIIIe siècle* se sont faits les historiens émerveillés. L'abbé Galiani, malicieux observateur napolitain des mœurs parisiennes, déclarait de son côté : *« Le vrai mérite des femmes et de leur société consiste en ce qu'elles sont toujours plus originales que les hommes; elles sont moins factices, moins gâtées, moins éloignées de la nature, et par cela plus aimables »* (Lettre à Mme d'Épinay du 2 février 1771).

Qu'on accepte cette explication, ou qu'on attribue l'âge d'or de la Femme à l'exubérance de ses atours, le XVIIIe siècle appartient à Vénus autant que le XVIIe appartenait à Mars. Le voyage d'Italie ne conduit plus les peintres vers Rome ou Florence, rudes cités aux monuments solennels, mais vers Venise, couchée sur les eaux, où ils

de damas blanc, qu'on ne voyait que quand on me portait la queue. Je ne mettais plus de haut-de-chausses; il me semblait que cela ressemblait davantage à une femme, et ne craignais point d'avoir froid : nous étions en été. J'avais une cravate de mousseline, dont les glands venaient tomber sur un grand nœud de ruban noir, qui était attaché au haut de mon corps de robe, ce qui n'empêchait pas qu'on ne me vît le haut des épaules qui s'étaient conservées assez blanches par le grand soin que j'en avais eu toute ma vie; je me lavais tous les soirs le col et le haut de la gorge avec de l'eau de veau et de la pommade de pieds de mouton, ce qui faisait que la peau était douce et blanche.

Ainsi, peu à peu, j'accoutumai le monde à me voir ajusté. Je donnais à souper à madame d'Usson et à cinq ou six de mes voisines, lorsque M. le curé me vint voir à sept heures du soir; nous le priâmes de souper avec nous; il est bon homme, il demeura.

— Désormais, me dit madame d'Usson, je vous appellerai madame.

ABBÉ DE CHOISY, *Mémoires*

demandent au Titien le secret de ses complaisantes odalisques. Rubens aussi, récemment découvert, les inspire. François Lemoine, ayant reçu la commande du salon d'Hercule au château de Versailles, annonça qu'il ferait l'apologie du courage et de la hardiesse. En fait, il négligea les Travaux et les Vertus de son héros pour installer au milieu du plafond, à la place d'honneur, la fiancée et la récompense du demi-dieu : la jeune Hébé, couronnée de roses. Nouvelle époque, nouvelles mœurs. Les douceurs de la séduction ont détendu les ressorts de l'énergie. Que le guerrier cède à l'amant, la vaillance à la volupté ! Les femmes immortalisées par les peintres ne sont plus les austères religieuses de Philippe de Champaigne, dont les cornettes et les scapulaires avaient la rigidité d'un uniforme, mais les espiègles et piquantes oisives lancées sur des escarpolettes, plongées dans la mousseline, enfouies dans les coussins ou embarquées pour Cythère par Watteau, Fragonard, Boucher, Lancret et autres Nattier.

Place à la débauche vestimentaire ! Les Goncourt ont décrit avec force détails toutes les sortes de robes, de chaussures et de coiffures qui attifaient les femmes, et en particulier ces fameux poufs, qui changeaient leur tête en paysage, en plate-bande, en bosquet, en volière, en château fort. Le « pouf au sentiment » permettait à une élégante de mettre dans ses cheveux ce qui lui tenait le plus à cœur : un perroquet, une poupée, un moulin à vent, une cascade. On vit même, façonnée par l'illustre perruquier Beaulard, une flotte de bateaux en chiffons qui voguaient sur une mer faite de bouillons de gaze. Chaque événement historique fournissait l'occasion d'une nouvelle étoffe, d'un nouveau ruban, d'un nouveau bonnet, d'une nouvelle nuance de couleur, jusqu'à ce « caca Dauphin » inventé pour la naissance du fils de Marie-Antoinette.

Ce primat de la mode au XVIIIe siècle est moins frivole qu'il ne paraît d'abord. Il faut le mettre en rapport avec le culte des sens prôné par les philosophes, et surtout avec la religion de la vue. A l'ère des Lumières correspond la célébration de l'œil. Selon Addison, si admiré de Voltaire et de Montesquieu, *« la vue est le plus parfait et le plus agréable de tous nos sens. Il nous procure infiniment plus d'idées, il converse avec ses objets à une plus grande distance, et il agit plus longtemps que les autres, sans que cette action le rebute ou le fatigue. La vue peut être considérée comme une espèce de toucher plus délicat et plus étendu, qui se répand sur une infinité de corps, embrasse les plus vastes figures, et qui atteint à quelques-unes des parties les plus éloignées de l'Univers ».*

A la suite du procès du père Girard, paraissent les rubans à la Cadière, *dont il existe trois échantillons dans les portefeuilles de la Bibliothèque impériale : dans l'un on voit la Cadière donnant un petit coup sur la joue du Révérend; un autre montre la Cadière et le père Girard en buste, séparés par une pensée. Et des éventails succèdent aux rubans. De l'incendie qui avait brûlé trente-deux rues à Rennes, en 1721, il était sorti des bijoux et des parures de femmes, faits des pierres calcinées et des vitrifications du feu. Quand vient Law et son système, on invente les galons « du système ». Un terme, le terme « d'allure » court-il tout à coup de bouche en bouche, en 1730 ? vite, ce sont des éventails et des rubans* à l'allure, *si goûtés qu'on les porte même pendant le deuil pris à la cour pour la mort du roi de Sardaigne. Le passage du Rhin effectué par le maréchal de Berwick et les troupes du roi, le 4 mai 1734, est célébré par les* taffetas du passage du Rhin, *ondés comme l'eau d'un fleuve, et par les* rubans du passage du Rhin, *qui font voir, dessiné grossièrement et comme tatoué sur la soie, un mousquetaire blanc ou bleu de ciel entre une tente blanche et une tente couleur rubis ou émeraude.*

Sur le goût de la reine Marie Leczinska pour le jeu du quadrille, il naît des rubans nommés quadrille de la Reine. *En 1742, l'apparition d'une comète amène toute une mode* à la comète. *Quelques années après, la venue d'un rhinocéros en France met toute la mode* au rhinocéros.

En 1768, la débâcle de la Seine fait paraître chez les modistes les bonnets à la débâcle. *Linguet est-il rayé du tableau des avocats ? On ne vend plus que des étoffes, des rubans* rayés. *Que dans un Mémoire Beaumarchais immortalise la silhouette de Marin, la mode invente aussitôt le* quesaco *que Mme du Barry est presque la première à porter.*

EDMOND ET JULES DE GONCOURT,
la Femme au XVIIIe siècle

Justification idéologique de la mode, dont l'essor s'explique aussi par l'histoire économique de la France. Pierre Gaxotte *(le Siècle de Louis XV)* a rappelé comment le premier capitalisme avait conquis les campagnes. Les paysans, habitués de tout temps à occuper les mois d'hiver par des travaux de filature et de tissage, formaient une main-d'œuvre éparse à laquelle les grossistes commencèrent à s'intéresser en leur offrant des gains plus élevés. Ils leur distribuèrent la matière première, leur fournirent des outils et des métiers plus perfectionnés. La Flandre, la Picardie, la Champagne et la Haute Normandie furent les régions les plus touchées par cette première révolution industrielle. Des commissionnaires parcouraient les villages, répartissaient les commandes, apportaient modèles et dessins, ramassaient et payaient les articles finis. Parfois ils réussirent, pour économiser le temps et les transports, à regrouper ouvriers et machines dans quelques bâtiments. Des manufactures de drap et de coton furent ainsi fondées à Sedan, à Amiens, à Rouen, à Reims, à Louviers, à Mulhouse, à Orléans. A Lyon, des grèves opposèrent dès 1744 ouvriers soyeux et maîtres marchands.

A ce tableau de l'évolution sociale, on doit ajouter celui des progrès techniques. D'Angleterre arrivaient les machines nouvelles : la navette volante, à ressorts et à raquettes, permettant à un homme seul de conduire le métier à tisser, la machine à cylindre pour imprimer en couleur et en relief le velours de satin, les calandres pour lustrer et noircir les tissus, le jenny qui remplaça le rouet pour filer le coton. Le gouvernement appela d'Angleterre l'industriel Holker qui rationalisa à Rouen la fabrication du coton. Mutations aussi dans le commerce : un marchand de Bordeaux créa le premier magasin de soieries à succursales multiples.

Les philosophes, qui ne dédaignaient pas d'aller enquêter sur place, notèrent avec émotion les bouleversements survenus dans l'industrie textile. Grâce au *Discours préliminaire* de l'*Encyclopédie* les noms de certains ouvriers sont passés à la postérité. « M. *Barrat, ouvrier excellent dans son genre, qui a monté et démonté plusieurs fois, en présence de M. Diderot, le métier à bas, machine admirable* », les ouvriers en soie Bonnet et Laurent qui « *ont monté et fait travailler sous les yeux de M. Diderot un métier à velours et un autre en étoffe brochée* ». Les gens du monde, les grands seigneurs, la cour elle-même s'intéressèrent aux supports techniques de la mode. On connaît l'anecdote rapportée, ou inventée, par Voltaire. Louis XV soupait à Trianon. La conversation étant tombée sur la chasse et la poudre à fusil, on s'aperçut que personne ne savait de quoi se composait cette poudre. « *Et notre poudre, à nous autres femmes,* remarqua Mme de Pompadour, *savons-nous mieux comment elle est faite ? Et le rouge que nous mettons sur nos joues ? Et nos bas de soie ?* » A l'instant on envoya trois valets chercher les tomes de l'*Encyclopédie*, on y découvrit le secret des diverses poudres, comment fonctionnait un métier à bas, et Mme de Pompadour apprit à distinguer le rouge des dames romaines, celui d'Espagne et celui de France.

Si l'article *mode* de l'*Encyclopédie* est assez sévère, mais surtout pour les complications excessives des poufs et des bonnets, l'article *luxe* (dû à Diderot lui-même) célèbre un bien qui enrichit la collectivité. « *Avec un commerce aussi étendu, une industrie aussi universelle, une multitude d'arts perfectionnés, n'espérez pas aujourd'hui ramener l'Europe à l'ancienne simplicité; ce serait la ramener à la faiblesse et à la barbarie. Je prouverai d'ailleurs combien le luxe ajoute au bonheur de l'humanité; je me flatte qu'il résulte de cet article que le luxe contribue à la grandeur et à la force des états et qu'il faut l'encourager, l'éclairer et le diriger* ». L'abbé Galiani, ami de Mme d'Épinay et des philosophes, disait de son côté : « *Détruisez-vous les demoiselles, le luxe tombera, tomberont les arts voluptueux et la primauté de la France, c'est cela qui fait le pivot de son commerce, de sa richesse, de sa considération. Vous avez des vices énormes, il est vrai, mais ils sont tels que toute l'Europe voudrait les acquérir, et payer très cher les leçons de ses maîtres* » (Lettre à Mme d'Epinay du 4 juin 1774).

Vices et excès de la mode, tout le monde les raille. Galiani lui-même se gausse des dames qui « *se coiffent sur vingt-deux pouces de hauteur et quinze de largeur, sauf panaches, brimborions, saucissons et autre attirail. Le visage, au milieu de toute cette atmosphère, a l'air d'un nombril* » (Lettre du 7 avril 1775). Et Decourchamp, dans les *Souvenirs de la marquise de Créquy* : « *Vous dire ce que ces pauvres femmes se laissaient mettre sur la tête, ce serait impossible à cause du désordonné, de l'informe et de l'inexplicable configuration de tous ces gazillons chiffonnés qu'on appelait des poufs* ».

La duchesse de Choiseul, en décrivant à Mme du Deffand les servitudes de son lever, juge fort bien leur ridicule. « *Je viens de m'arracher de mon lit pour achever une frisure commencée d'hier; quatre pesantes mains accablent ma pauvre tête. Ce n'est pas le pire pour elle; j'entends résonner à mes oreilles, le fer, les papillotes; il est trop chaud... Quel ajustement madame mettra-t-elle donc aujourd'hui ? Cela va avec telle robe... Angélique, faites donc le toquet; Marianne, apprêtez le panier (vous entendez bien que c'est la suprême Tintin qui ordonne ainsi). Elle a beaucoup de peine à nettoyer ma montre avec un vieux gant, elle me fait voir que le fond en est toujours noir. Ce n'est pas tout. Un militaire pérore de l'expulsion des jésuites; deux médecins parlent, je crois, de guerre, ou se la font peut-être; un archevêque me montre une décoration d'architecture; l'un veut attirer mes regards, l'autre occuper mon esprit, tous obtenir mon*

C'est ici le vrai domaine du changement et du caprice. Les modes *se détruisent et se succèdent continuellement quelquefois sans la moindre apparence de raison, le bizarre étant le plus souvent préféré aux plus belles choses, par cela seul qu'il est plus nouveau. Un animal monstrueux paraît-il parmi nous, les femmes le font passer de son étable sur leurs têtes. Toutes les parties de leur parure prennent son nom, et il n'y a point de femme comme il faut qui ne porte trois ou quatre rhinocéros; une autre fois on court toutes les boutiques pour avoir un bonnet au lapin, aux zéphirs, aux amours, à la comète. Quoi qu'on dise du rapide changement des* modes, *cette dernière a presque duré pendant tout un printemps, et j'ai ouï dire à quelques-uns de ces gens qui font des réflexions sur tout, qu'il n'y avait rien là de trop extraordinaire eu égard au goût dominant dont, continuent-ils,* cette mode *rappelle l'idée.*

DIDEROT, *Encyclopédie*, article « Mode » (de Jaucourt)

L'allégorie règne dans la coiffure qui devient un poème rustique, un décor d'Opéra, une vue d'optique, un panorama. La mode *demande des parures de tête aux jardins, aux serres, aux vergers, aux champs, aux potagers et jusqu'aux boutiques d'herboristerie : des groseilles, des cerises, des pommes d'api, des bigarreaux et même des bottes de chiendent jouent sur les cheveux ou sur le bonnet des femmes. La tête de la femme se change en paysage, en plate-bande, en bosquets où coulent des ruisseaux, où paraissent des moutons, des bergères et des bergers. Il y a des bonnets au* Parterre, *au* Parc anglais. *Cette folie prodigieuse des accommodages composés, machinés, arrangés en tableaux, dessinés en culs-de-lampe de livres, en images de villes, en petits modèles de Paris, du globe, du ciel, le coiffeur Duppefort l'a peint d'après nature dans la comédie des* Panaches, *lorsqu'il parle d'élégantes voulant avoir sur la tête le jardin du Palais-Royal avec le bassin, la forme des maisons, sans oublier la grande allée, la grille et le café; lorsqu'il parle de veuves lui demandant un catafalque de goût et des petits Amours jouant avec des torches d'hyménée, de femmes désirant porter tout un système céleste en mouvement : le soleil, la lune, les planètes, l'étoile poussinière et la voie lactée; d'amantes qui veulent se montrer aux yeux de leur amant coiffées d'un bois de Boulogne garni d'animaux, ou d'une revue de la Maison du Roi. Et comment crier à l'exagération, à la caricature ? Ne dit-on point que Beaulard vient d'imaginer et de mettre sur la tête de la femme d'un amiral anglais la mer ! une mer de Lilliput, faite de bouillons de gaze, une mer avec une flotte microscopique, bâtie de chiffons, l'escadre de Brimborion !*

Edmond et Jules de Goncourt, *la Femme au* XVIIIe *siècle*

Le rôle d'une jolie femme est beaucoup plus grave que l'on ne pense : il n'y a rien de plus sérieux que ce qui se passe le matin à la toilette, au milieu de ses domestiques; un général d'armée n'emploie pas plus d'attention à placer sa droite ou son corps de réserve, qu'elle en met à poster une mouche, qui peut manquer, mais dont elle espère ou prévoit le succès.

Montesquieu, *Lettres persanes*, CX

attention. Vous seule intéressez mon cœur. On me crie de l'autre chambre : "Madame, voilà les trois quarts; le roi va passer pour la messe... — Allons ! vite ! vite ! mon bonnet, ma coiffe, mon manchon, mon éventail, mon livre; ne scandalisons personne. Ma chaise, mes porteurs; partons !" — J'arrive de la messe; une femme de mes amies entre presque aussitôt que moi; elle est en habit; mon très petit cabinet est rempli de la vastitude de son panier » (Lettre de décembre 1762).

Aussi comprend-on la fierté de Mme d'Épinay à décrire à M. de Lubière la simplification apportée dans la mode sous l'influence britannique. Les « cafés », explique-t-elle, sont le dernier cri à Paris. Le « café » est une manière de rassembler chez soi un très grand nombre de gens sans dépense, sans cérémonie et sans gêne. On dresse un buffet, avec du vin, de la bière, de l'orgeat, de la limonade, des oranges et des biscuits. « *La maîtresse de maison qui tient le café est vêtue à l'anglaise : robe simple, courte, tablier de mousseline, fichu pointu et petit chapeau* » (Lettre de février 1765).

Pour se faire une idée équitable de la mode au XVIIIe siècle, et du rang social qu'y occupaient ses artisans, quand ils savaient garder le juste milieu entre les foucades du luxe et la modération du goût, pas de meilleur moyen que d'évoquer la figure de cette Mlle Bertin citée par le prince de Ligne. Née à Abbeville, d'un cavalier de la maréchaussée, elle entra à seize ans comme ouvrière chez Mme Fagelle qui tenait à Paris le magasin de modes du *Trait-Galant*. Baptisée Marie-Jeanne, elle comprit qu'en prenant un nom de fleur qui était aussi celui de la couleur du plafond de Lemoine pour le salon d'Hercule, elle plairait davantage et réussirait plus vite. Aussi se fit-elle appeler Rose Bertin. A force de porter aux dames des cartons remplis de fanfreluches, elle connut d'illustres clientes, la duchesse de Chartres, la princesse de Lamballe. George Lenôtre a retracé les étapes de cette étonnante carrière. Le duc de Chartres s'entícha d'elle, en vain. Pour triompher de sa résistance, il projeta de l'enlever. Un jour qu'elle était en conférence avec la comtesse d'Usson, on annonça le duc de Chartres. La comtesse se précipita au-devant du grand seigneur, la petite modiste s'installa dans un fauteuil. « *Mademoiselle, vous oubliez que vous êtes devant Son Altesse ! — Non, madame, assurément je ne l'oublie pas. — Eh ! Comment donc vous conduisez-vous ainsi ? — Ah ! c'est que madame la comtesse ne sait pas que, si je le voulais, je serais ce soir duchesse de Chartres.* » Et, devant le duc coi, elle poursuivit : « *Oui, madame, on m'a offert tout ce qui peut tenter une pauvre fille, et parce que je l'ai refusé on m'a menacée de rien de moins que de m'enlever. Que monseigneur n'oublie pas son rang et je me souviendrai de l'extrême distance qui existe de lui à moi.* »

L'anecdote fit le tour de Paris et gagna à la jeune fille les faveurs de la reine. Elle faisait payer à Marie-Antoinette 48 livres « *un chapeau de paille très fine, garni avec beaucoup de rubans de taffetas bleu* », 72 livres « *un chapeau de paille jaune, garni de satin bleu et formant turban, une plume plate bleue autour de la forme, un panache de deux plumes bleues de côté* » et 280 livres « *une bonnette, de linon batiste, bordée d'une très haute dentelle de fil, un fichu d'organdi très fin drapé dessus* ». Rose Bertin, devant une cliente qui faisait la difficile, disait à une de ses ouvrières : « *Présentez donc à Madame les échantillons de mon dernier travail avec Sa Majesté.* » Au marquis de Toulongeon, qui lui reprochait ses prix trop élevés, elle rétorquait : « *Ne paie-t-on à Vernet que sa toile et ses couleurs ?* »

Elle ouvrit son propre magasin *au Grand Mogol*, rue Saint-Honoré. Beaumarchais ayant publié un libelle contre un certain gazetier Marin, provençal, en l'interpellant par cette pointe : « *Quès aco Marin ?* », Rose Bertin lança le Quès aco. Innombrables furent les poufs qui sortirent de ses ingénieuses mains : à l'Iphigénie, à la sultane, à la carmélite, à l'inoculation, au trésor royal. Le 8 février 1779, Marie-Antoinette fit à Paris une entrée solennelle pour fêter la naissance de sa fille, Madame Première. La pompe royale défila sous les fenêtres de la modiste qui s'était mise au balcon avec ses trente ouvrières. La reine, le roi et toute la cour à leur suite la saluèrent du fond de leurs carrosses : apothéose de la chapelière qui par son talent s'était élevée au rang des grands artistes.

Nous entrons dans le règne des artistes en tout genre, des modistes de génie, aussi bien que des cordonniers sublimes, uniques pour monter un pied et le faire valoir, lui donner la petitesse, la grâce, la tournure, la « lesteté » si vantée, si goûtée, si souvent chantée par le dix-huitième siècle.

EDMOND ET JULES DE GONCOURT,
la Femme au XVIIIe *siècle*

Peut-être serait-il temps de s'aviser que les deux traits principaux de la mode au XVIIIe siècle furent aussi les deux caractéristiques de l'architecture, de la peinture, de la sculpture et des arts décoratifs de ce temps. D'abord la courbe. Paniers étaient appelées ces amples robes arrondies sur des cerceaux de bois. Qu'on regarde les tableaux de Boucher, de Fragonard, de Watteau, de Greuze : c'est à qui trouvera le moyen le plus habile d'éviter la ligne droite. Le corps de la femme, tout en lignes sinueuses, dicte sa loi à toutes les formes : timidement, et seulement en discrètes volutes, dans l'architecture encore soumise à la rigidité des canons classiques (église Saint-Sulpice de Servandoni, place Royale de Gabriel), encore que Ledoux, pour la saline d'Arc-et-Senans, déploie les pavillons en demi-cercle devant le bâtiment principal. Mais partout ailleurs les lignes ondulent et serpentent. La bergère Louis XV au dossier incurvé et aux bras rembourrés remplace l'austère fauteuil Louis XIV. Le sculpteur Falconet fournit des modèles de « biscuits » délicatement chantournés. C'est le siècle de la musique, de la mélodie, des arabesques dessinées avec grâce par les violons, et aussi de la danse, du ballet, qui multiplient les virevoltes et les tourbillons circulaires.

Mouvement : tel est le second mot clef, et de la mode et des arts. A l'esthétique figée du XVIIe siècle succède l'esthétique mouvante, mobile, agitée du XVIIIe. La comparaison des deux portraits de Louis XIV et de Louis XV par le même peintre, Hyacinthe Rigaud, qui vécut assez longtemps pour embrasser les deux règnes, illustre avec éclat cette mutation. Le décor, le costume, le velours, l'hermine, la couronne, le sceptre, la traîne de fleurs de lys sont les mêmes. Mais, comme l'a remarqué Gaxotte, dans le portrait de Louis XIV tout est posé, solide, immobile; dans celui de Louis XV tout bouge, le manteau se relève, la draperie s'agite, le personnage tient à peine en place. On pourrait de même comparer un tableau de Poussin et un tableau de Watteau : si le premier de ces peintres exprime admirablement les scènes de repos, d'accablement, de sommeil, de mort, le second excelle dans la représentation des fêtes. Quelle animation dans *l'Enseigne de Gersaint!* Le vêtement, commun à la mode et à la peinture, n'est plus seulement au XVIIIe siècle un moyen de recouvrir le corps. Il contribue, par le bouillonnement des linges et le désordre général de la toilette, à rendre la vivacité, la mobilité, la variété d'expression des sentiments intérieurs. Comme le disent les Goncourt, *« la beauté n'est pas l'envie de cette femme qui gesticule au lieu d'agir, qui lorgne pour regarder, qui marche en voltigeant. Elle ne craint rien tant que la majesté... La grande victoire n'est plus de plaire ni de séduire : il faut avant tout piquer par la mine, par une légère irrégularité des lignes, par la fraîcheur, l'enjouement, l'étourderie, par tout ce qui sauve de l'admiration ou du respect. »*

La femme ne semble pas tenir à cette robe immense, si lâche, et qui va en s'évasant si largement autour d'elle. Et elle a trouvé le secret d'être voilée sans être habillée dans ce costume sans adhérence, débordant à droite et à gauche, roulant sur les lignes du corps ainsi qu'une onde, détaché de ses membres et cependant suivant ses mouvements à peu près comme la mule avec laquelle joue le bout de son pied.

EDMOND ET JULES DE GONCOURT,
la Femme au XVIIIe *siècle*

Courbe et mouvement : on aura reconnu les deux signes distinctifs du baroque. Au lieu d'exprimer un état des choses et des êtres, l'art doit rendre l'aspect fugitif, l'instant passager. L'instable exalté aux dépens du durable, le précaire préféré au solide, le moment déclaré plus précieux que l'éternité : tel est le nouvel évangile qui a conquis une grande partie de l'Europe. Mais n'est arrivé en France que tardivement, après un siècle d'hésitations et de refus — et sous une forme subalterne : la mode, le mobilier. Dès la première moitié du XVIIe siècle, avec Bernin et Borromini, l'Italie avait adopté les lignes courbes et mouvantes, qui, de la péninsule, s'étaient propagées à l'est vers l'Allemagne, l'Autriche et la Bohême, à l'ouest vers l'Espagne, le Portugal et l'Amérique du Sud. La France de Louis XIV avait résisté : on sait comment Bernin, invité par le roi à construire la façade du nouveau Louvre et auteur d'un projet de façade ondulante, fut poliment reconduit dans son pays natal. Et c'est Perrault qui reçut

La femme prend l'habillement usuel du dix-huitième siècle : la grande robe venue des tableaux de Watteau, la grande robe partant du dos, presque de la nuque, où elle fronce comme un manteau d'abbé, du reste libre dans son ampleur, presque sans forme, flottant comme une large robe de chambre ou comme un domino étoffé qui laisserait échapper les bras nus d'engageantes de dentelles.

EDMOND ET JULES DE GONCOURT,
la Femme au XVIIIe siècle

le soin d'élever une colonnade droite, régulière, rectiligne, symétrique. La France ne s'ouvrit à la courbe et au mouvement qu'au siècle suivant, quand la révolution qui avait bouleversé les arts majeurs se fut étendue aux arts mineurs. Ainsi s'explique que Paris, très en retard sur le reste de l'Europe pendant tout le XVIIe siècle en ce qui concerne l'architecture, la sculpture, la peinture murale, ait pris au siècle suivant la tête du mouvement artistique, celui-ci étant limité désormais à la décoration : robes, poufs, bergères, porcelaines. Et même tableaux « mondains », qui furent parfois de la grande peinture (Watteau) mais dépourvue d'ambition. Rien de comparable avec les fresques d'un Pozzo, d'un Tiepolo.

L'influence italienne avait fini par arriver jusqu'aux bords de la Seine, mais lorsqu'il n'était plus temps d'inspirer de grands travaux. La France adapta à sa mesure le nouveau style. Ne pouvant construire des palais comme le château de Pommersfelden ou la Résidence de Würzburg en Allemagne, ni des églises comme Saint-Nicolas de Prague ou San Lorenzo de Turin, ne pouvant arquer saint Sébastien sous les flèches ni coucher en pâmoison la bienheureuse Albertoni, elle se contenta de poser des mouches sur la gorge des belles, d'élargir leurs paniers « en gondole » ou « en guéridon », d'orner leurs robes de dessins en chenille et en plumetis relevés de gros nœuds, d'épanouir des pivoines et des coquelicots sur les brocarts et sur les damas. Tous ces extraordinaires vêtements que Bernin avait sculptés dans le marbre pour habiller sainte Thérèse, les modistes de Paris les exécutèrent en bonne et véritable étoffe. De parements mythiques ils tombèrent au rang de réalistes parures. On mesure la distance qui sépare le génie des deux pays, en mettant côte à côte les conquêtes de la statuaire et les réussites de la confection. Sculpture et couture, ciseau au singulier et ciseaux au pluriel, c'est peut-être le même élan créateur, mais ce ne sont pas les mêmes résultats. Aux uns les saintes, les martyrs, les extases, aux autres les reines, les duchesses, les amusements. Le baroque ne triompha en France que dans la version miniaturisée, galantisée, édulcorée du rococo.

La Duthé était dernièrement à l'Opéra avec une robe de soupirs étouffés, *ornée de* regrets superflus; *un point au milieu, sa* candeur parfaite *garnie en* plaintes indiscrètes, *des rubans et* attentions marquées, *des souliers* cheveux de la Reine, *brodés de diamants en* coups perfides, *et les* venez-y voir *en émeraudes, frisés de* sentiments soutenus, *avec un bonnet de* conquête assurée *garni de plumes* volages *et de rubans* œil abattu; *un chat sur le col de couleur de gueux nouvellement arrivé.*

MARQUIS DE VALPONS,
Une toilette en 1786

Brève victoire, avant la réaction de la fin du siècle et le retour à la ligne droite dans les arts (néo-classicisme) et à la sévérité vestimentaire dans la mode d'après 1789. Le pantalon, qui tombe droit et dont la ligne est rendue encore plus verticale par les rayures de l'étoffe, remplace dans le costume masculin la culotte bouffante et les basques juponnées : pas de symbole plus éloquent. Plus de paniers ni de poufs. Le siècle de la Femme s'achève sur la revanche de l'homme : les valeurs de séduction s'effacent devant les valeurs militaires.

Typique est le cas d'Anne Josèphe Terwagne, fille d'un cultivateur de Liège, qui vint à Paris toute jeune et, sous le nom de Théroigne de Méricourt, fut une vedette des clubs révolutionnaires. Elle s'exhibait en amazone, un chapeau à la Henri IV sur l'oreille, un sabre au côté, deux pistolets à la ceinture et une cravache à la main, jusqu'au jour où dans les jardins des Tuileries celle qui avait voulu, selon le mot des Goncourt, *« faire sortir son sexe du ménage, pour le faire entrer dans la patrie »* fut saisie par les tricoteuses et fouettée publiquement, avant de devenir folle et de mourir internée à la Salpêtrière. Aucune femme, en ces temps héroïques, qui ne voulût jouer au guerrier. Le 27 brumaire an II, une troupe de jeunes beautés coiffées du bonnet phrygien, vêtues de pantalons et armées jusqu'aux dents se présentèrent à l'Assemblée. Le procureur Chaumette les harangua en essayant de les renvoyer à leurs fourneaux. *« Femmes imprudentes, qui voulez devenir des hommes, n'êtes-vous pas assez bien partagées ? Que vous faut-il de plus ? »* Et de leur rappeler que leur vraie force résidait dans l'amour. Mais l'époque avait changé. Au début du siècle, l'abbé de Choisy rêvait de s'identifier à une femme. Les femmes, maintenant, s'abandonnent aux fantasmes de la virilité. Mars a repris l'avantage sur Vénus.

Il y a bien une mode révolutionnaire, mais qui déféminise et désérotise la femme. A la place des paniers et des traînes, voici des jupes plates et des corsages nommés « pierrots » (terme masculin !), sortes de petites casaques relevées en pointe par-derrière. Le ton est à l'uniforme et au tricolore. Selon Jean Robiquet *(la Vie quotidienne au temps de la Révolution)*, les robes *à la Circassienne* étaient rayées des couleurs nationales, et le *négligé à la patriote* comportait une redingote bleu de roi, un col rouge liséré de blanc, deux petits collets bordés de rouge, des poignets blancs et une jupe blanche. Il y avait des robes « à la Camille française », « à la Constitution », et les pierres de la Bastille fournissaient la matière des bijoux. Mme de Genlis fit graver sur son fragment de pierre le mot *Liberté*. La cocarde devint l'ornement universel. Le marquis de Mesnon, au printemps de 1791, écrivit à sa femme restée dans leur château des Ardennes pour lui annoncer l'envoi d'un cadeau. *« Je t'ai acheté un joli chapeau à la dernière mode qu'on appelle "à la Liberté", et comme les rubans gommés se gâtent à la pluie, j'y ai fait mettre un joli bourdalou d'or avec des franges. »* A partir de 1792, la veste étroite, à revers très courts, appelée carmagnole, commença à faire fureur, et le bonnet rouge fut de rigueur.

La couleur rouge s'était imposée partout; la fin du siècle baignait dans un lac ardent. Mlle Bertin, débarquée d'Abbeville, avait choisi de se rebaptiser Rose. Désormais ce n'était plus une fleur qui donnait à la mode sa couleur, mais le pourpre sang éclatant. Peut-on encore parler de mode ? D'ailleurs, après le triomphe des Jacobins, le commerce qui vivait de l'élégance fut contraint de fermer boutique. L'artisanat des piqueuses, brodeuses, dentellières, plumassières, formières et garnisseuses se dispersa, emporté dans la tourmente. *« Je ne sais si je m'abuse,* écrivit alors un journaliste, *mais je ne serais pas étonné que dans vingt ans ne se trouvât pas un seul ouvrier à Paris qui sût faire un chapeau ou une paire de souliers. »* S'il n'avait tenu qu'à l'auteur de ces lignes, sans doute la prédiction se serait-elle vérifiée. Le nom du journaliste ? Nul autre que Marat, principal instigateur des massacres de septembre. Les têtes qu'il faisait tomber sous la guillotine n'avaient plus besoin de chapeaux.

Mademoiselle Théroigne est dans le négligé le plus galant; elle a des pantoufles de maroquin rouge, des bas de laine noire, un jupon de damas bleu, un pierrot de bazin blanc, un fichu tricolore et un bonnet de gaze couleur de feu surmonté d'un pompon vert... Le Petit Gautier l'appelle charogne ambulante. *C'est que Théroigne portait une idée : elle était, dans la Révolution, le parti de la femme... Elle voulait hautement, et la première, faire sortir son sexe du ménage, pour le faire entrer dans la patrie.*

EDMOND ET JULES DE GONCOURT,
Théroigne de Méricourt

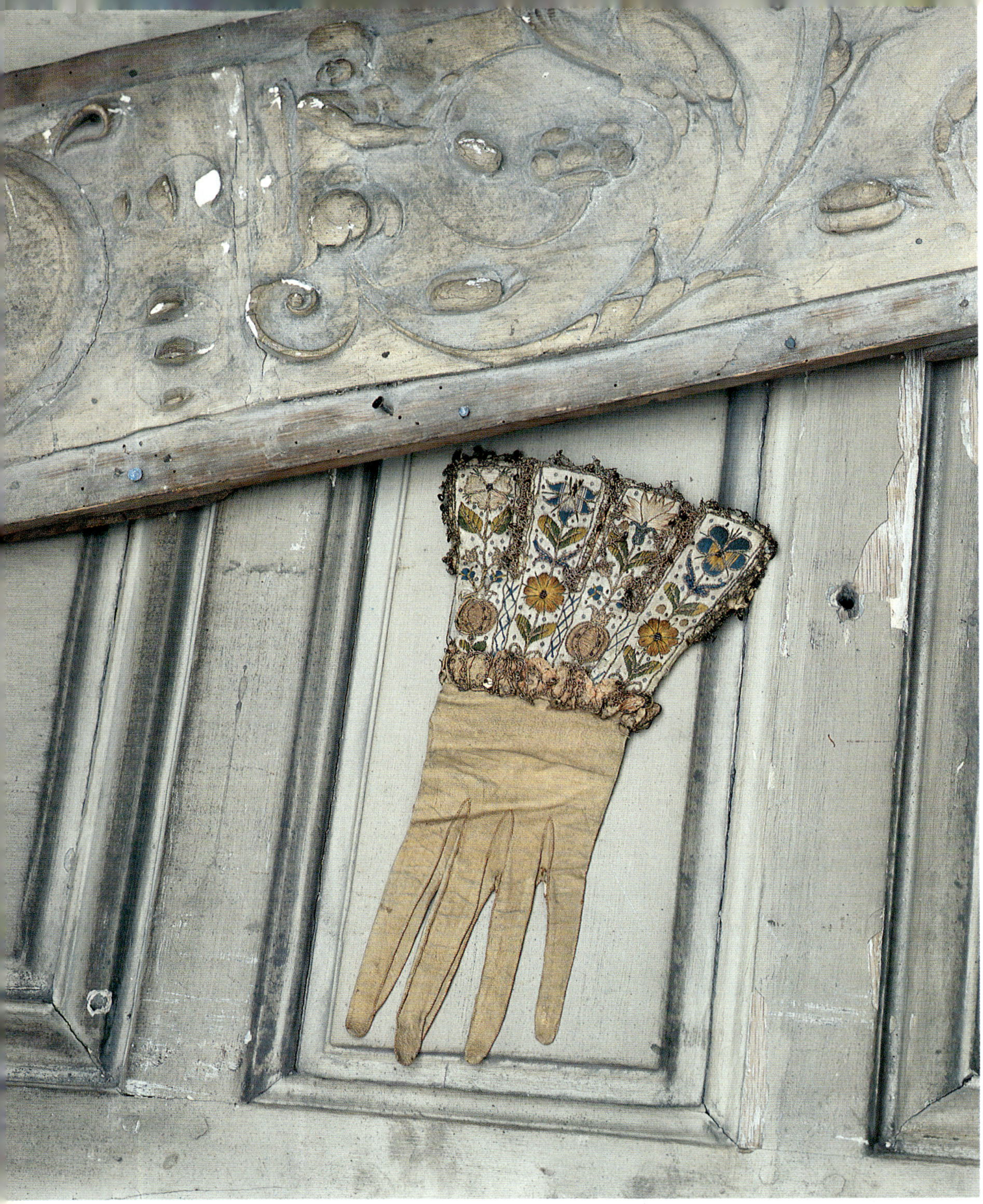

I

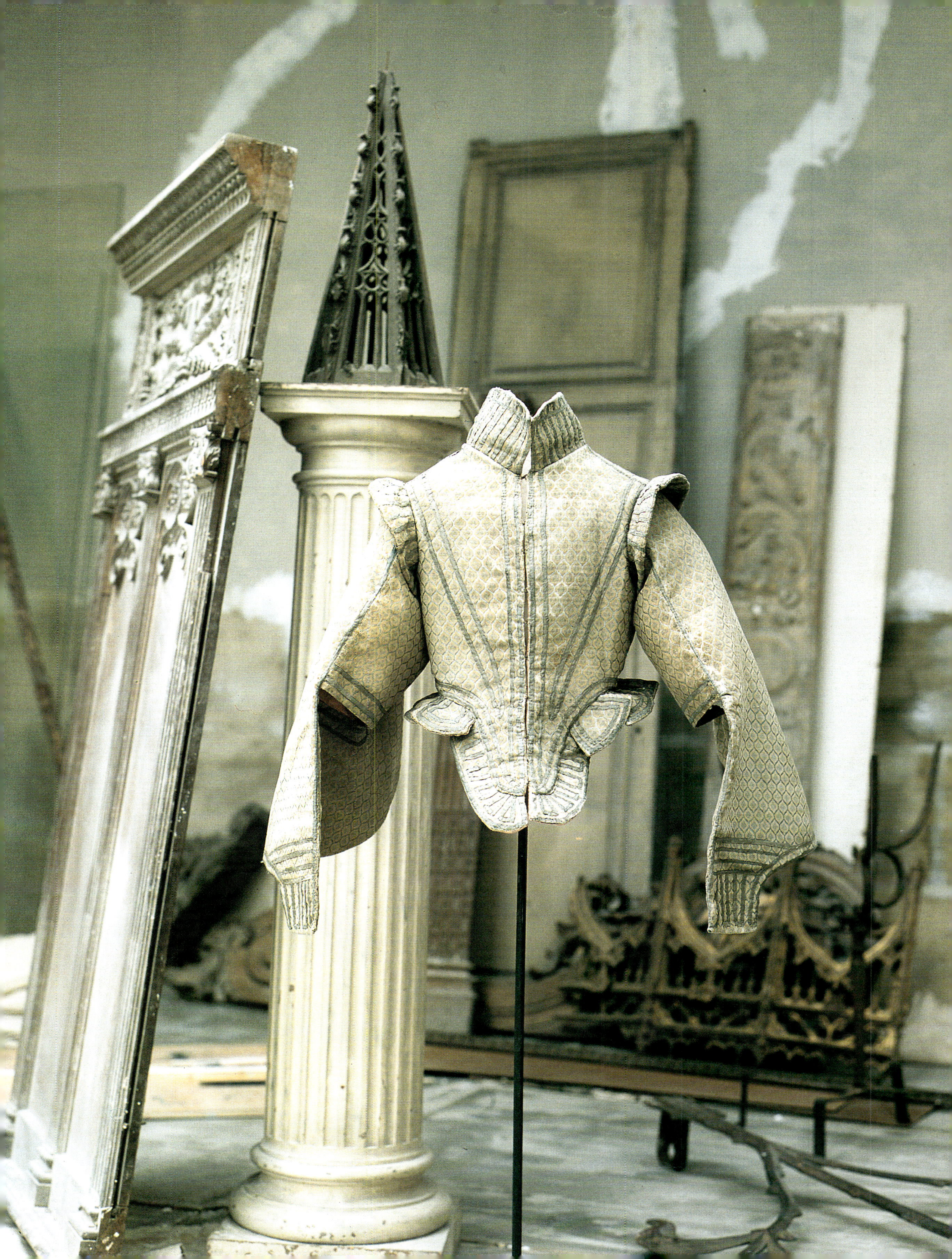

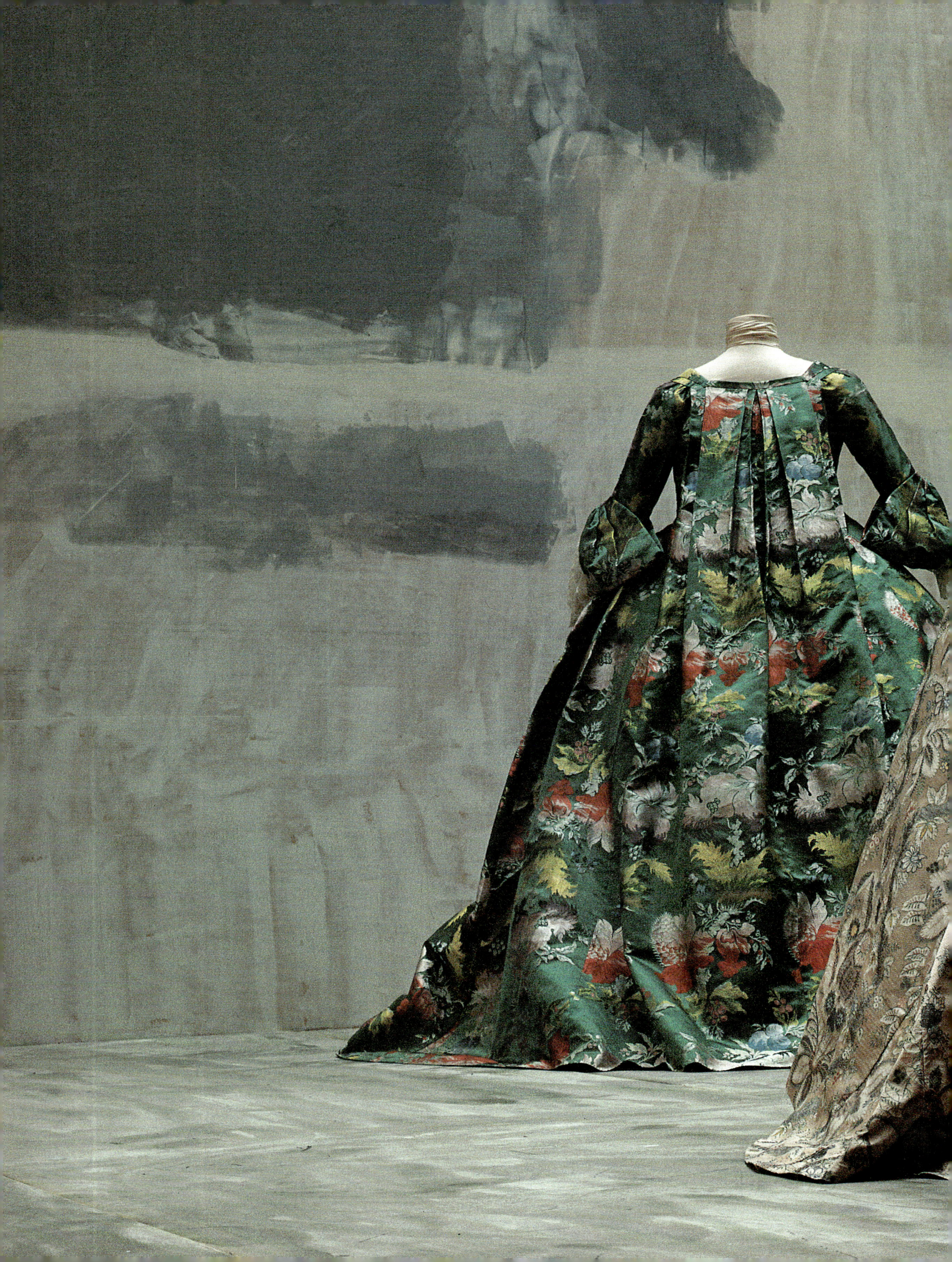

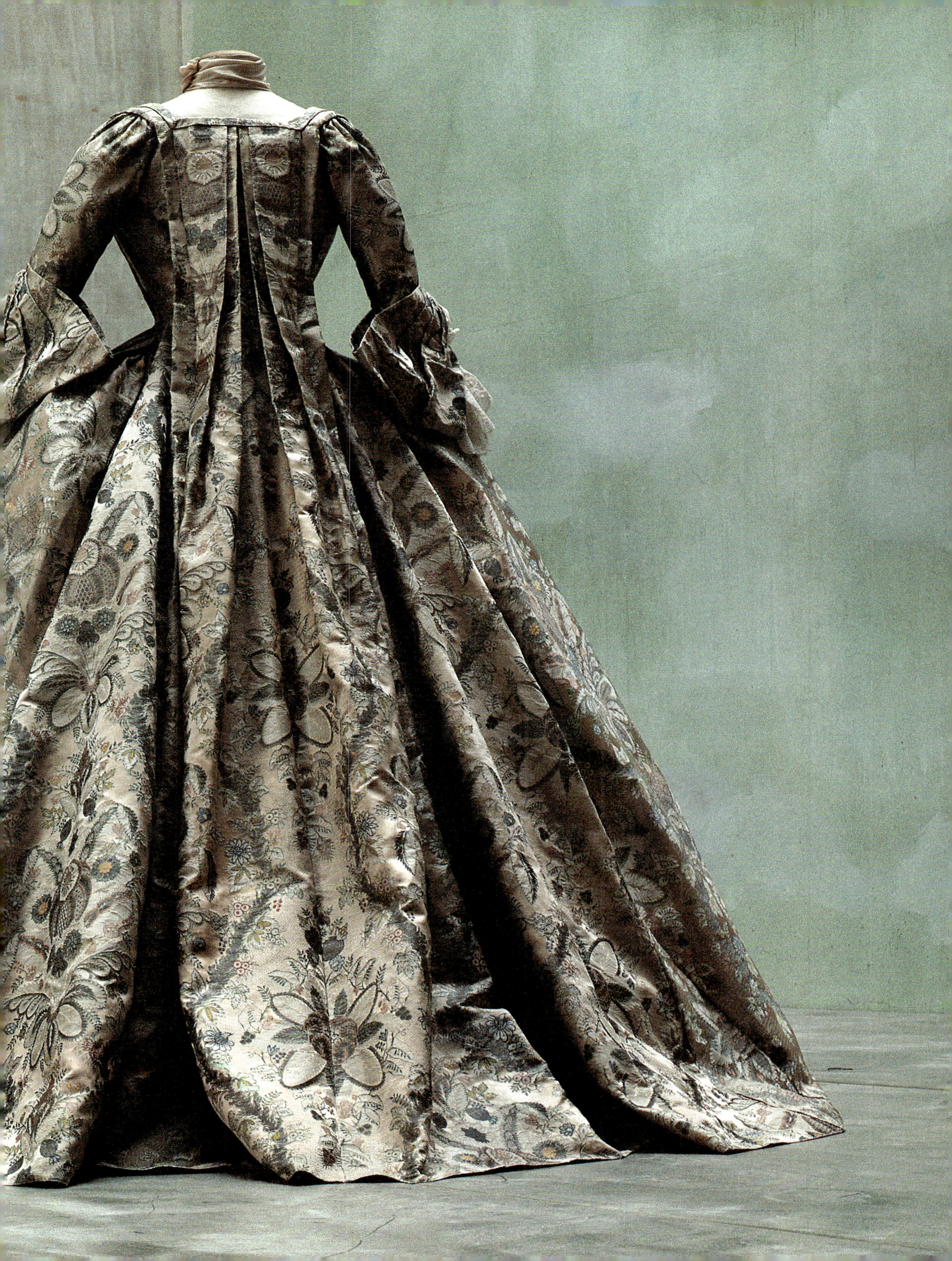

Pages précédentes : 6,5

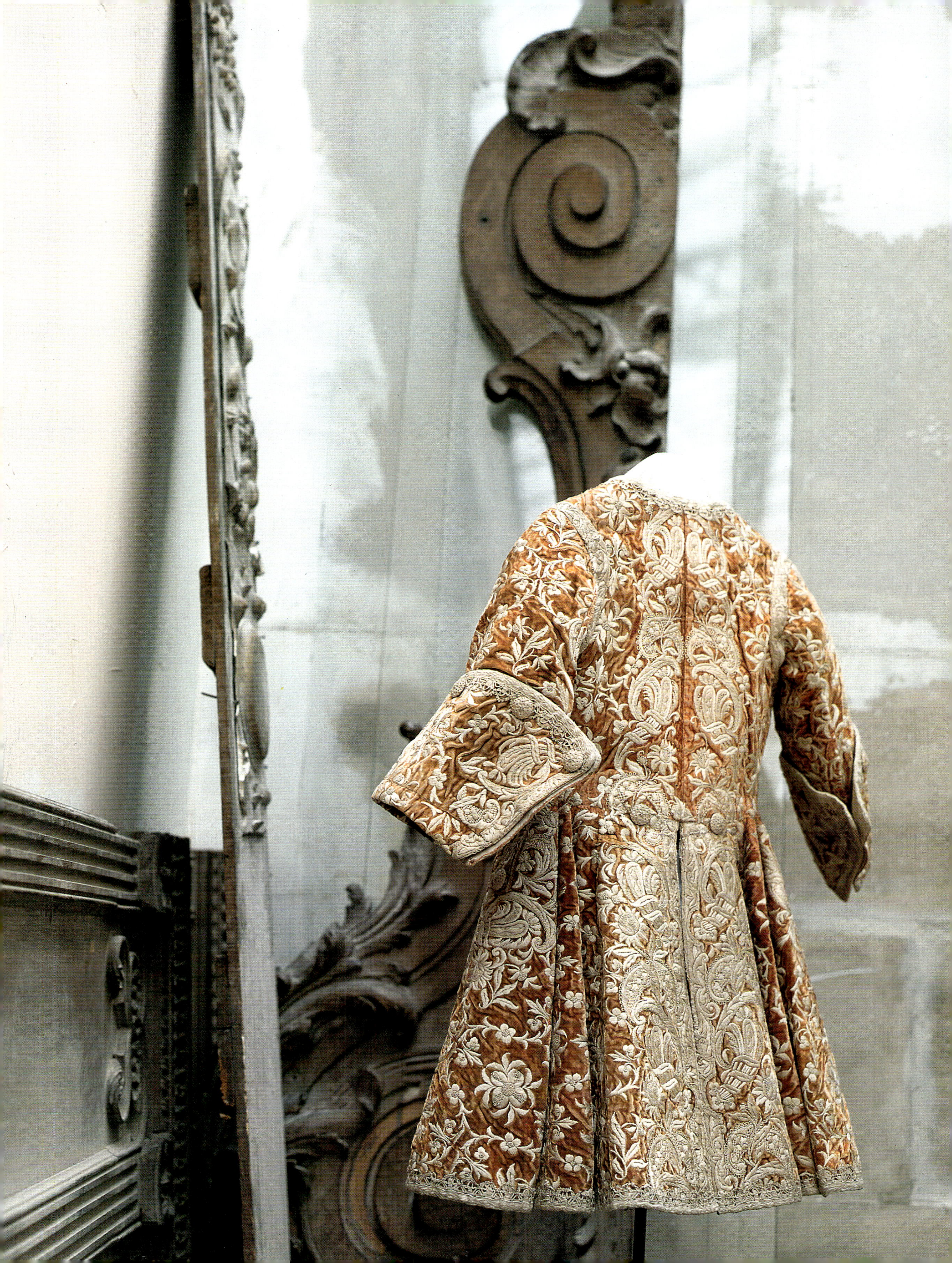

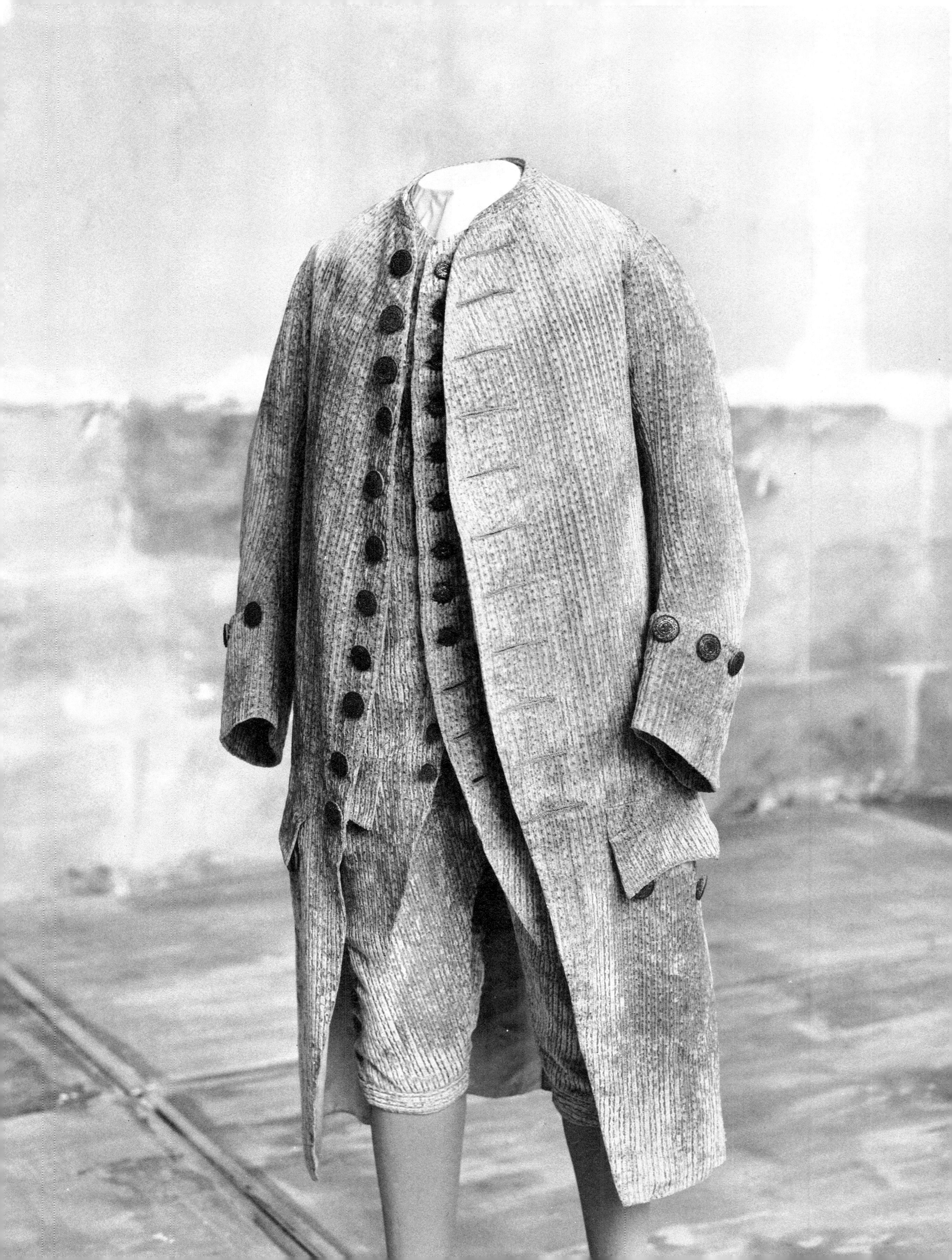

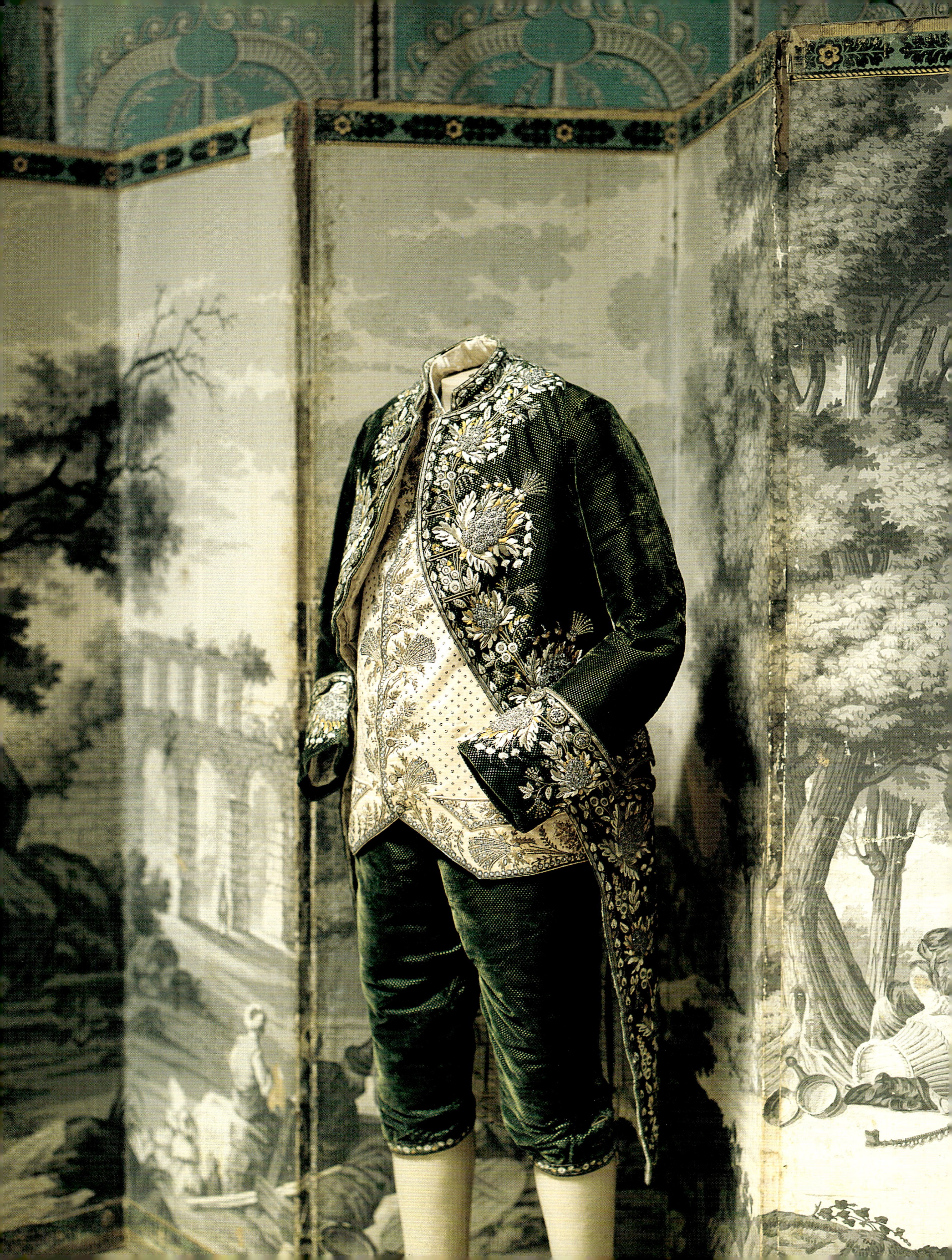

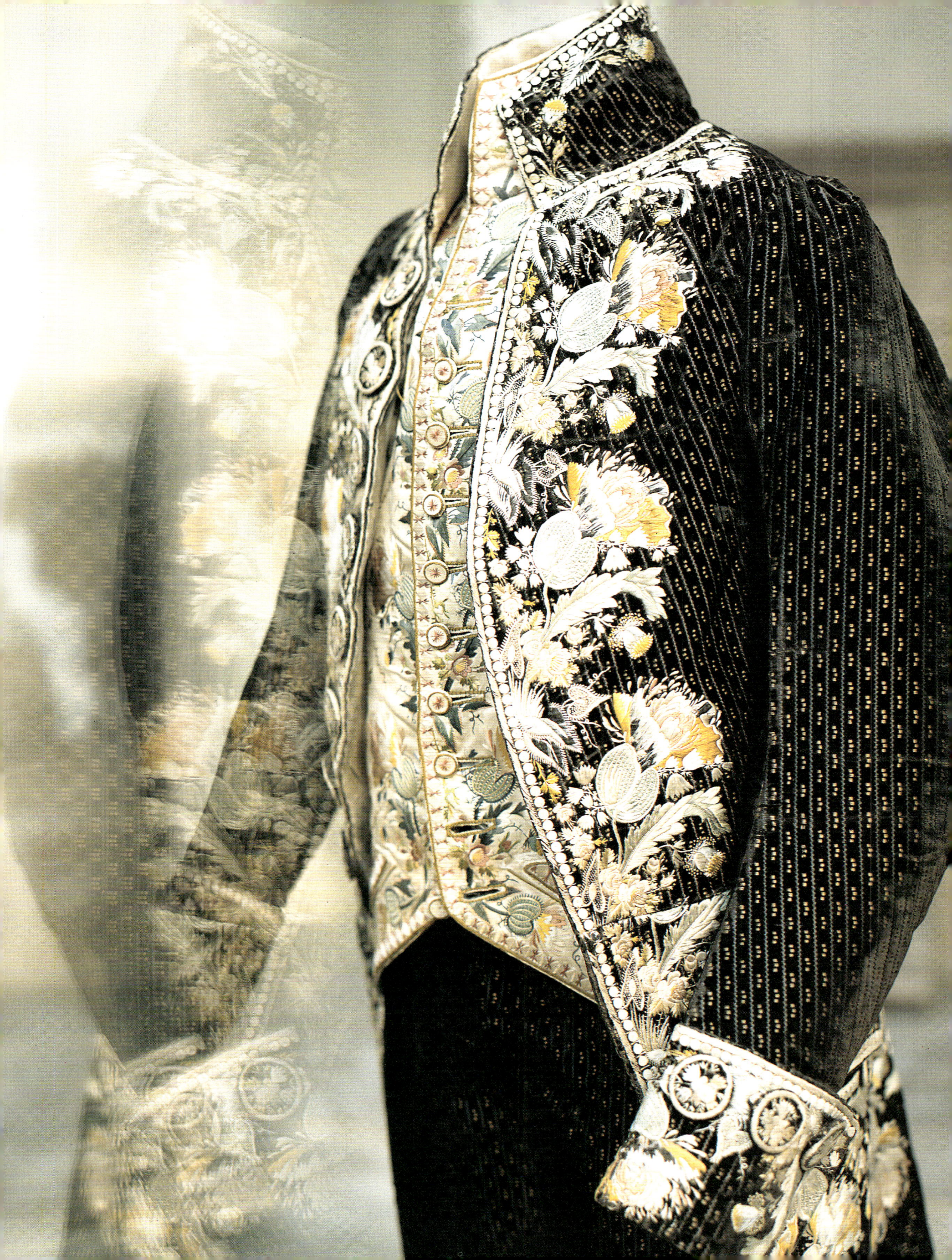

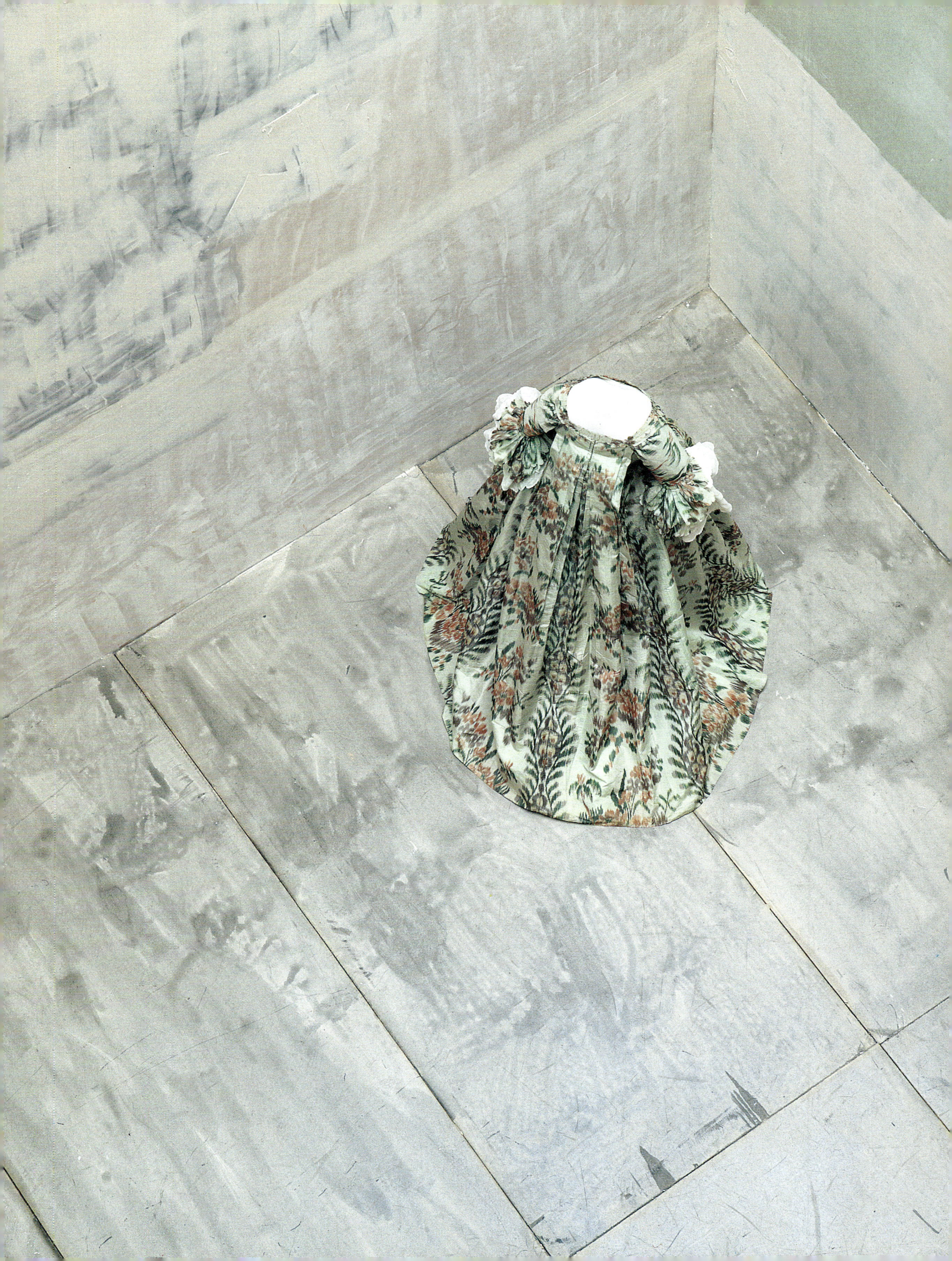

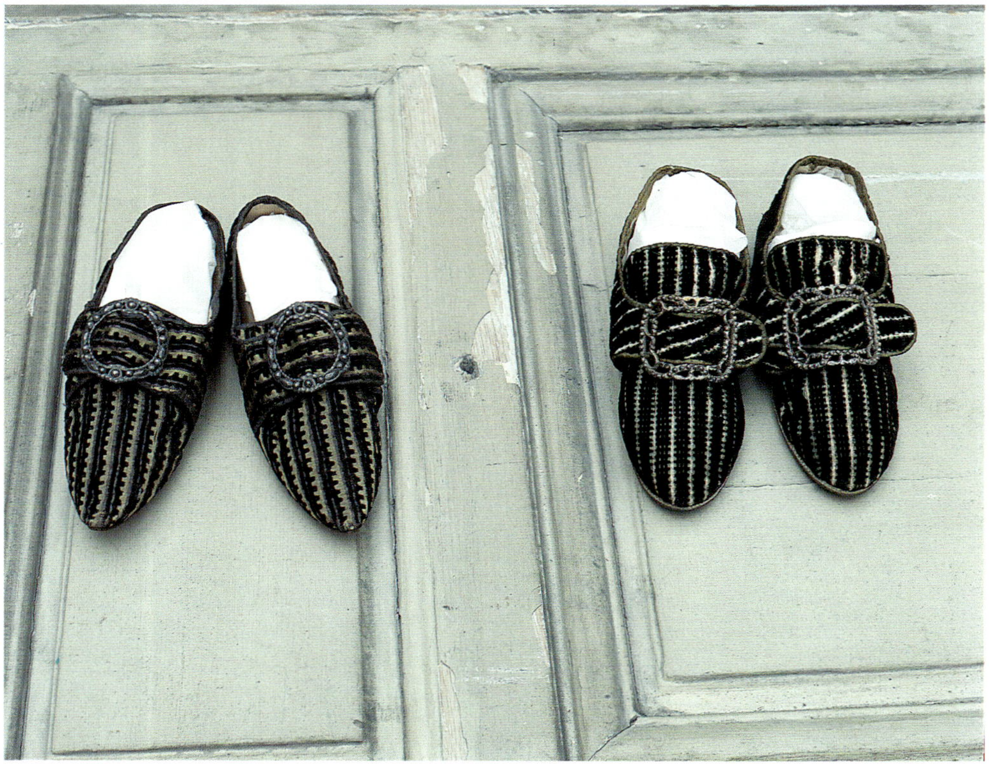
II

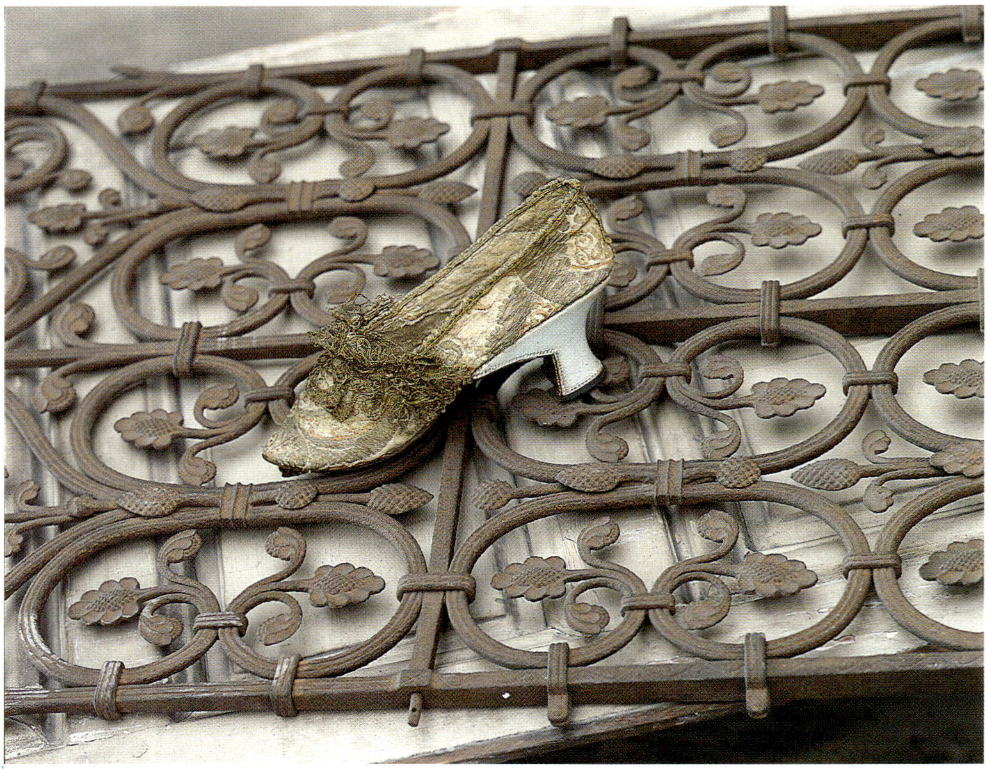
III

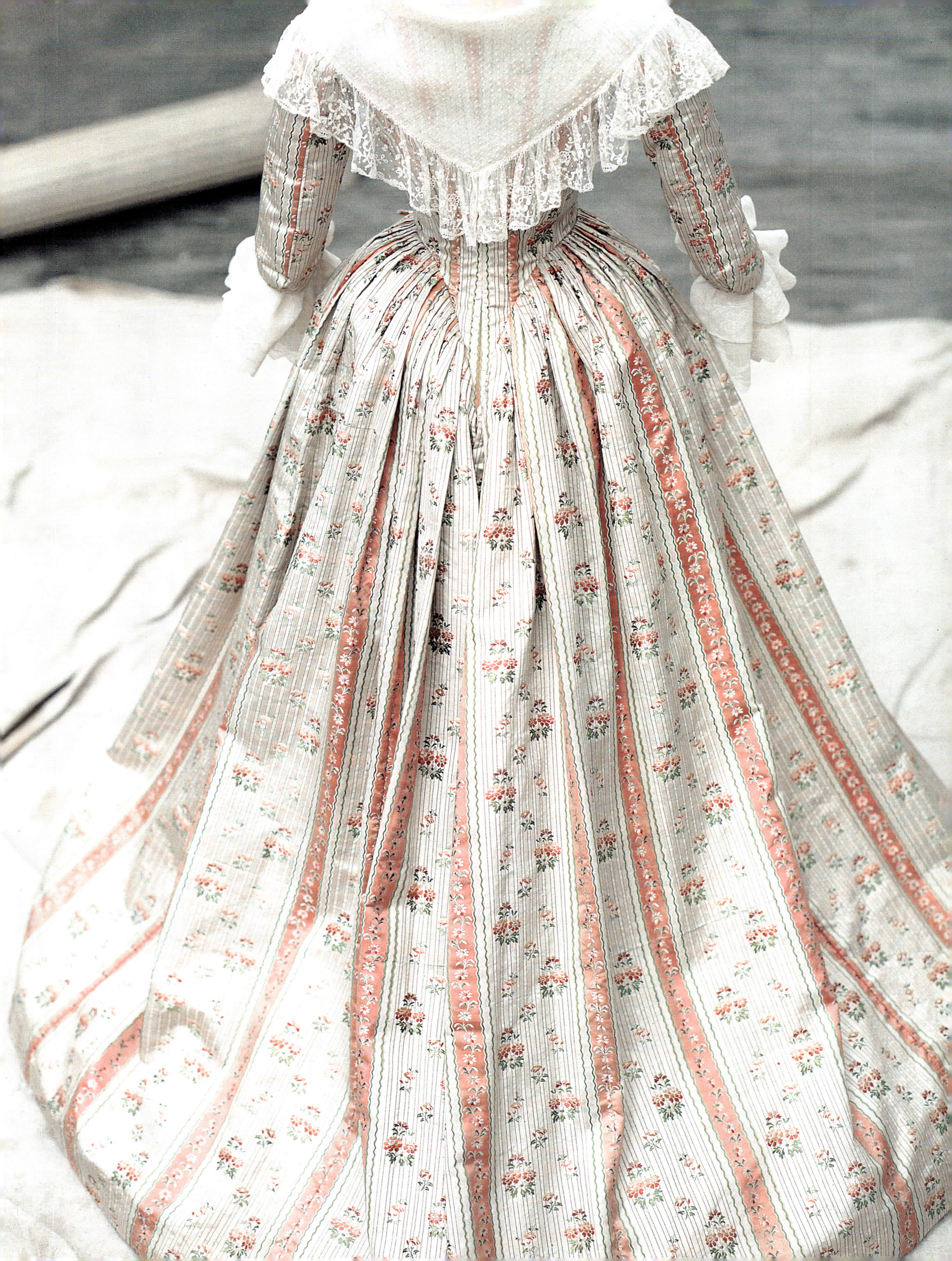

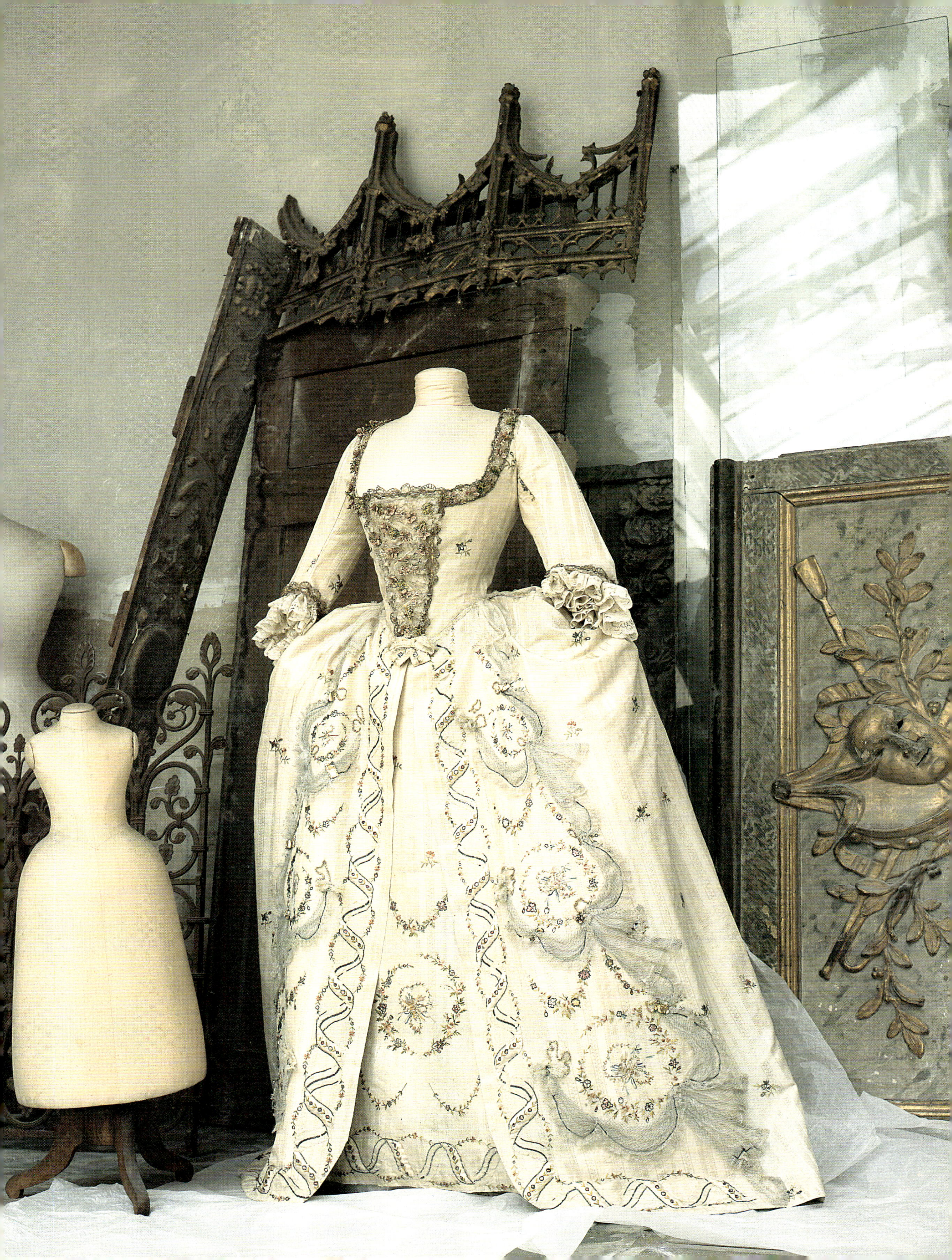

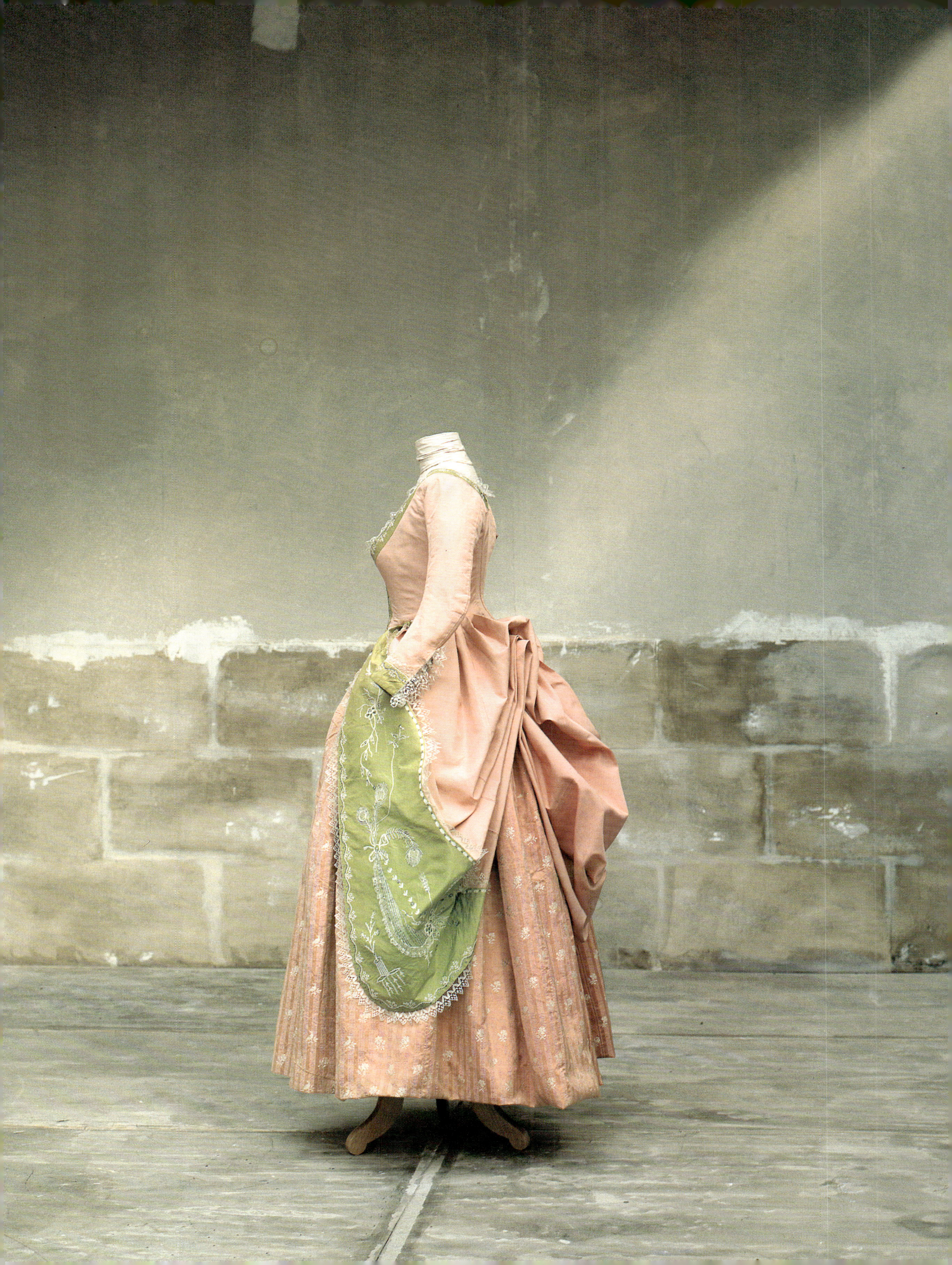

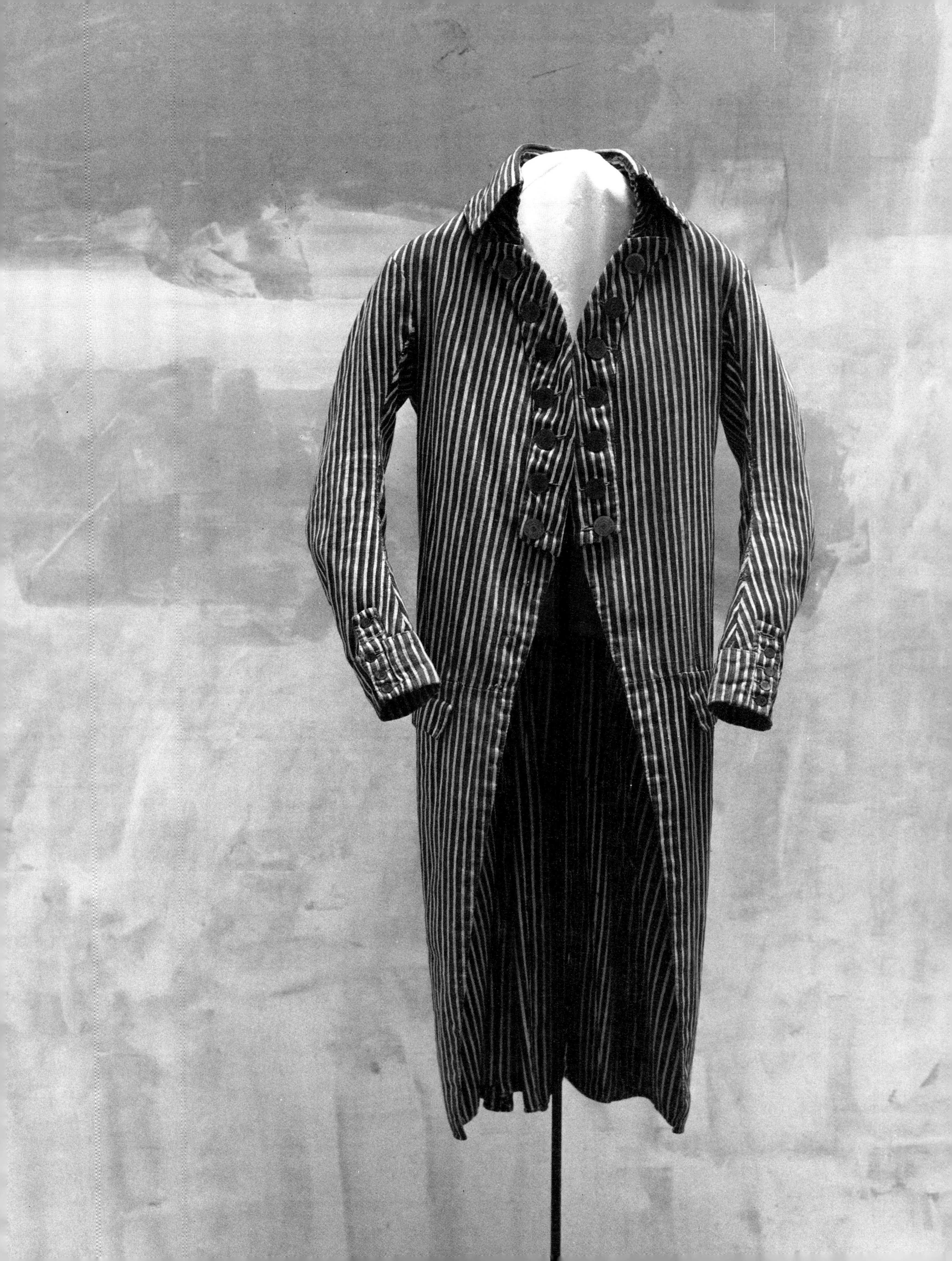

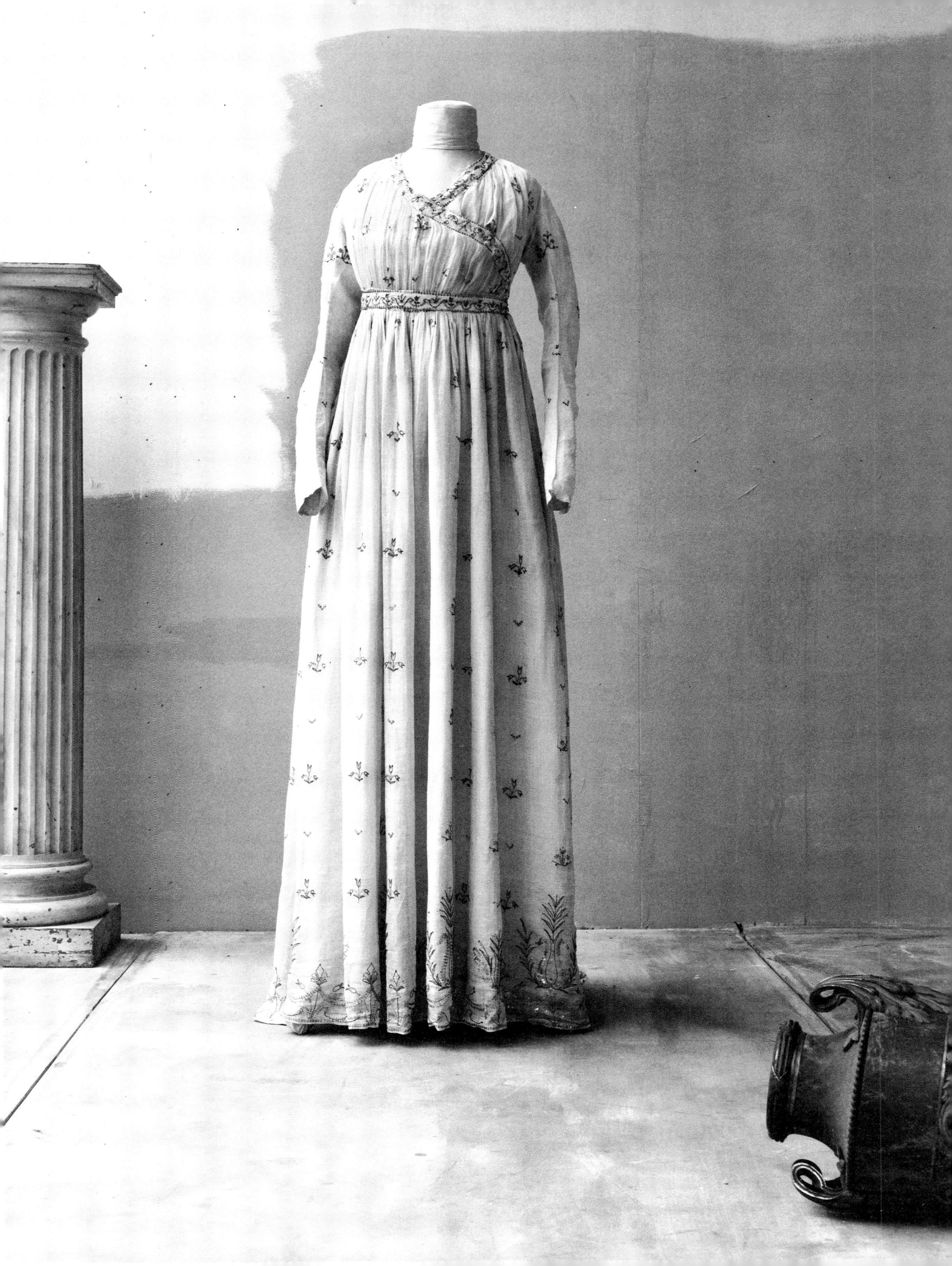

I

GANT A CRISPIN
Fin XVIe siècle

Crispin en satin brodé de tiges de fleurs stylisées.

SOIE, MÉTAL (OR).

BRODERIE AU PASSÉ PLAT ET EMPIÉTANT. COUCHURE DE FIL D'OR, REHAUTS DE CANNETILLE.

Inv. U.C.A.D. 13031

II

SOULIERS D'HOMME
Vers 1760

Velours coupé façonné à fines rayures vertes et blanches ou vertes et mauves. Larges brides ornées de boucles.

SOIE, ARGENT.

Dépôt du Musée de Cluny 14059

III

SOULIER DE FEMME
Vers 1770

Lampas rose et argent bordé de dentelle or.

SOIE, MÉTAL (OR).

Dépôt du Musée de Cluny 14055

Les notices ont été rédigées par NADINE GASC pour les costumes de l'U.C.A.D., et par YVONNE DESLANDRES pour les costumes de l'U.F.A.C.

1

POURPOINT
Vers 1595

Velours ciselé violet sur fond de satin blanc à décor de branches tronquées terminées par des fleurs stylisées (Italie). Une ganse, de même ton, souligne les découpes du pourpoint dont l'intérieur des manches aurait été, semble-t-il, cousu à une période ultérieure.
SOIE.

Ancienne collection Burgihliat, Lyon.
Don de M. C. Côte, 1928.
Inv. U.C.A.D. 26690

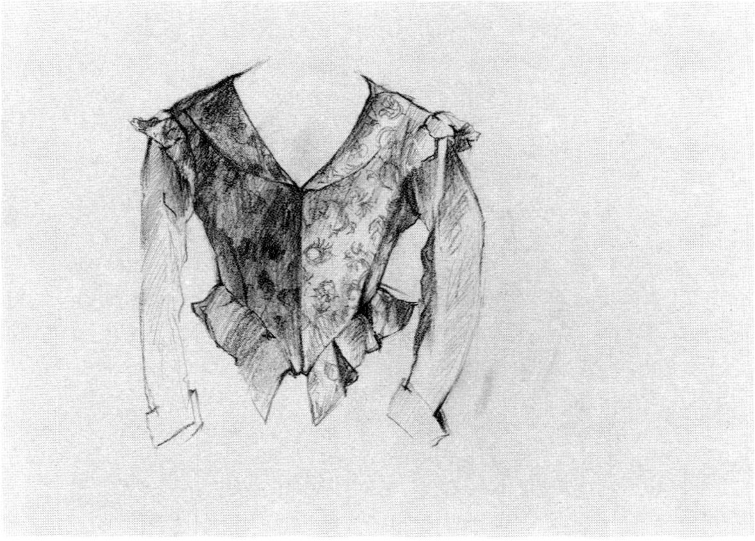

2

CORPS DE JUPE
Vers 1615

Velours frisé beige et bleu à décor géométrique (Italie). Une garniture faite par un ruban d'un ton de bleu-vert, travaillé en une ou plusieurs rangées souligne la forme du corsage, les fausses manches, le petit col droit ainsi que les basques et la fermeture lacée du dos partant du haut des manches.
SOIE.

Don de M. F. Doistau, 1907.
Inv. U.C.A.D. 13631

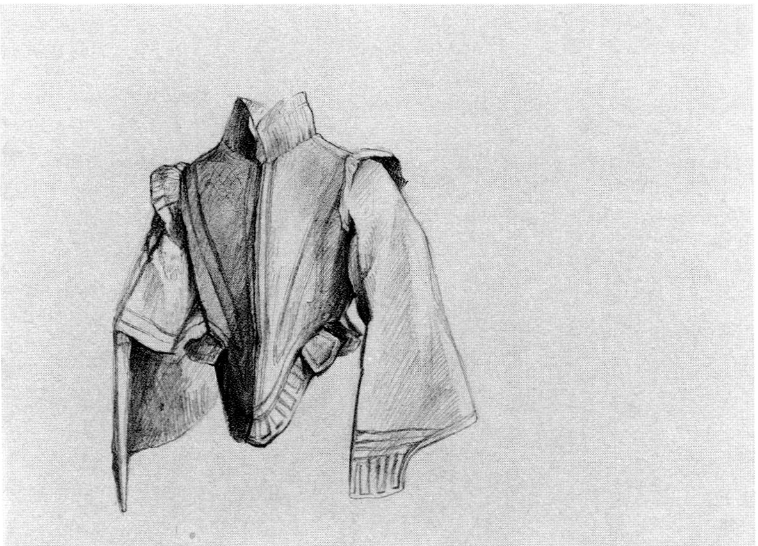

3

POURPOINT TAILLADE
Vers 1620

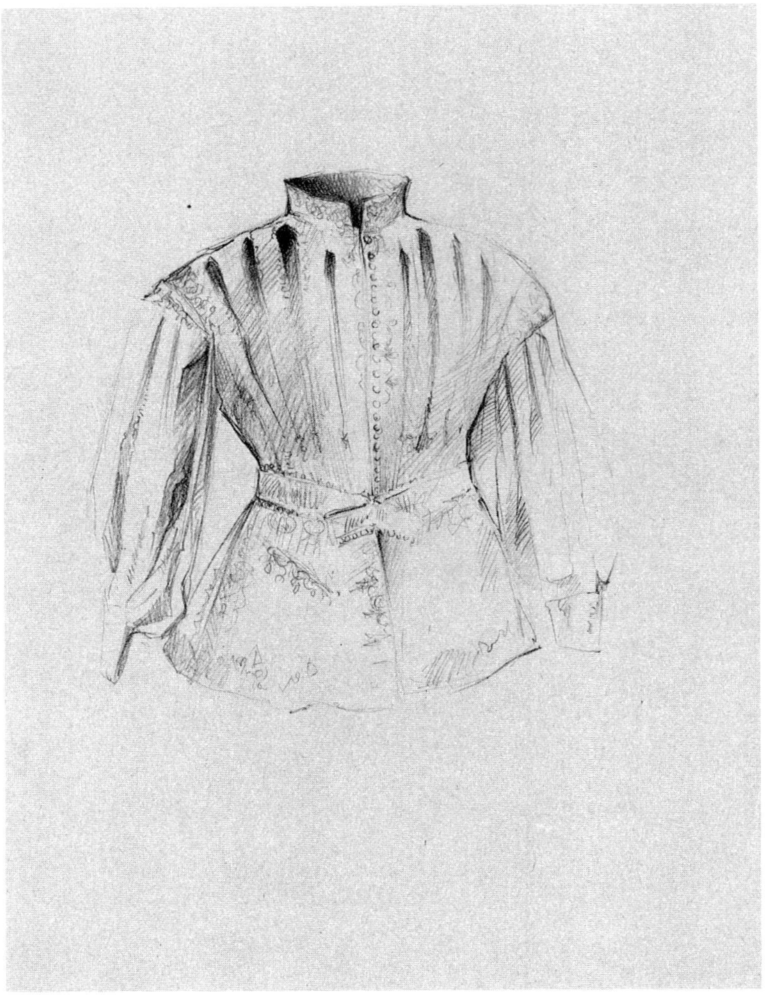

Satin broché saumon à décor de fleurons et rinceaux. Ces mêmes motifs sont repris en broderie sur certaines parties du pourpoint dont la fermeture se fait jusqu'à la taille par une série de petits boutons et un laçage dans le dos. Un cordonnet et une crête gerbe bordent les crevés.

SOIE.

BRODERIE AUX POINTS LANCÉ ET DE NŒUD.

Achat fait à la vente Richards, 1887.
Inv. U.C.A.D. 3732

4

JUSTAUCORPS, VESTE, CULOTTE
Vers 1695

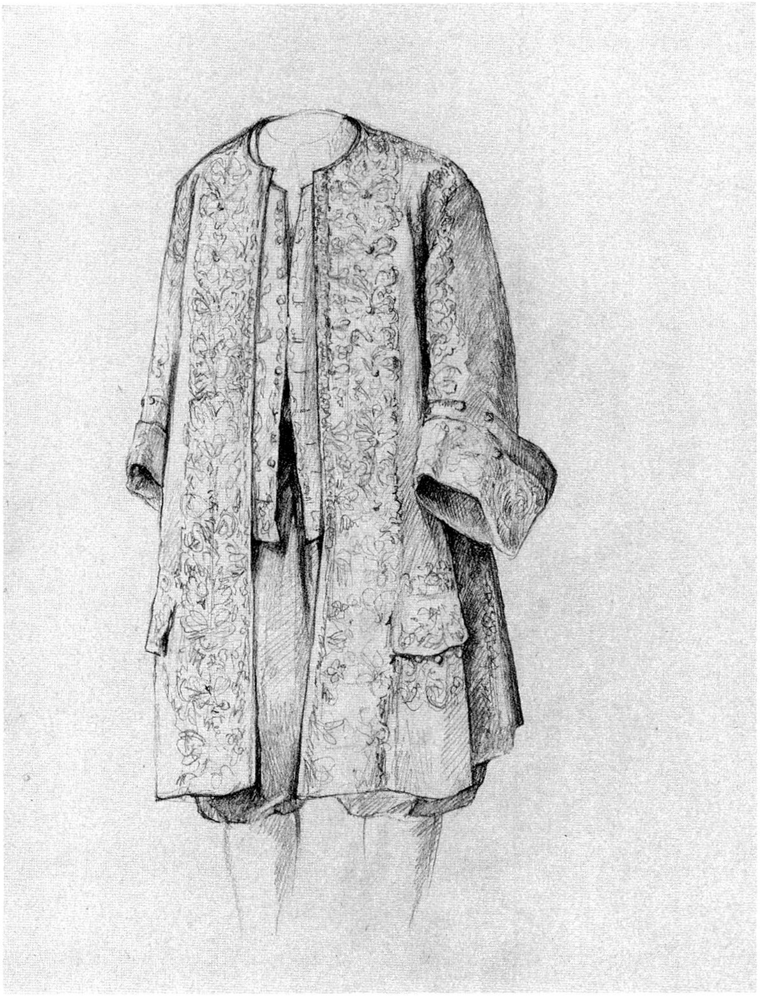

Serge marron brodée d'un décor continu (polychrome) formé de fleurons, nœuds et fleurs stylisées épousant les découpes du justaucorps.
Veste en taffetas rouge, avec application de satin, brodé de branches fleuries et d'entrelacs sur fond de résille (blanc, noir).
Les revers de la veste se boutonnent sur les larges parements du justaucorps.

LAINE, SOIE, LAME DE CARTON ET CORDELETTE RECOUVERTES DE SOIE.

BRODERIE D'APPLICATION, POINTS COUCHÉ ET LANCÉ.

Dépôt du Musée de Cluny, 1935.
Inv. 204 ABC

5

ROBE VOLANTE
Vers 1720-1725

L'ampleur du dos est donnée par trois doubles plis creux partant de l'encolure.
Manches à parement en raquette.
Lampas broché beige rosé à décor de bouquets de fleurs et feuillages stylisés. De part et d'autre de ce motif central, sur un fond imitant la dentelle, tiges montantes parsemées de fleurettes (polychrome, argent).
SOIE, MÉTAL (ARGENT).

Don de Mme L. Mormant, 1902.
Inv. U.C.A.D. 10103

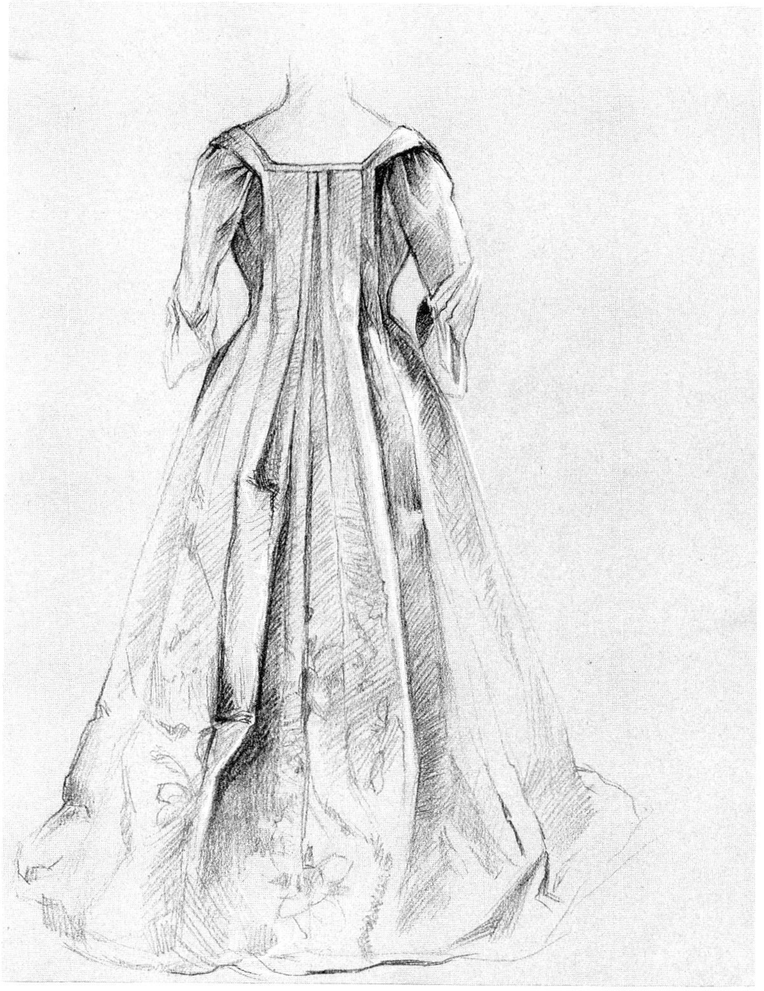

6

ROBE VOLANTE
Vers 1730-1735

Lampas vert émeraude à motif de branches et fleurs baroques (polychrome).
SOIE.

Acquisition Mme Salles, 1959.
Inv. U.F.A.C. 59.31.1

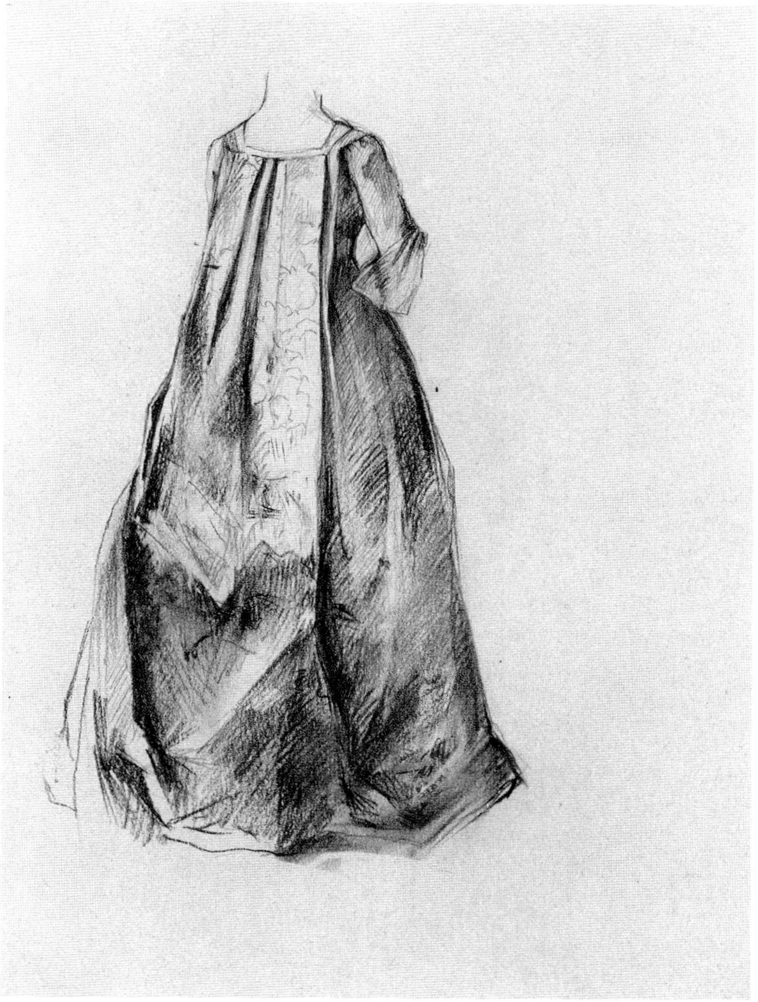

7

ROBE A LA FRANÇAISE
Vers 1770-1775

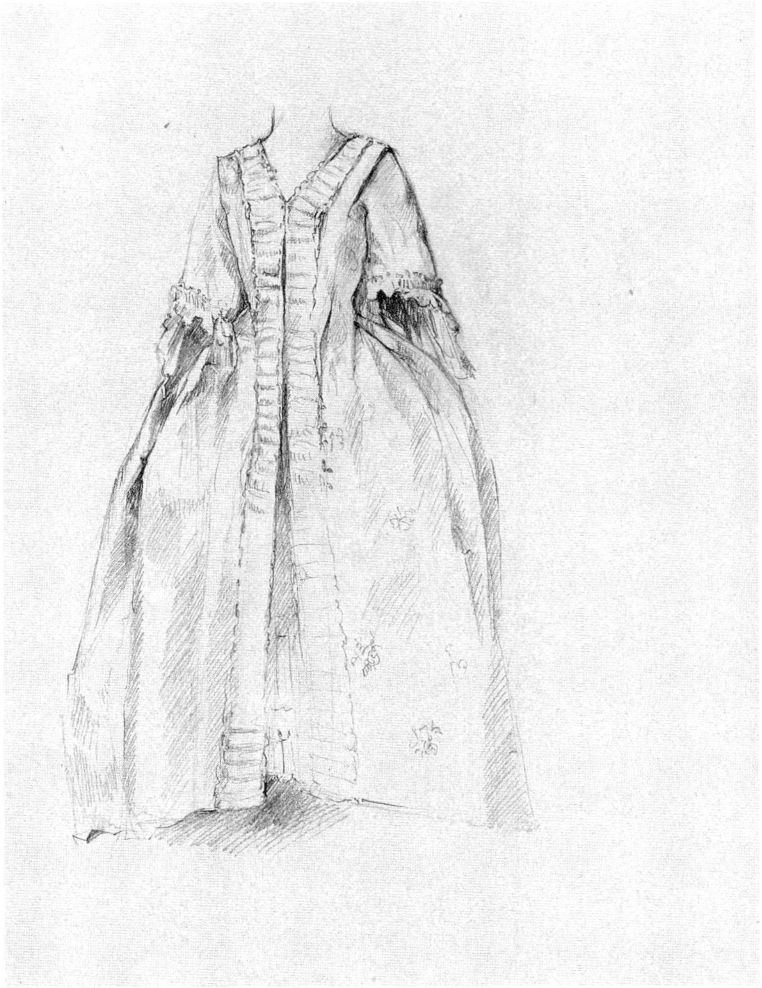

Les parements de la robe sont ornés d'une bande piquée régulièrement et présentant un léger relief.
Ce même motif, surmonté d'un volant, se retrouve sur la jupe.
Une crête mignardise souligne les parements, le volant et les manches en pagode.
Taffetas quadrillé fond rose, broché d'un décor de bouquets de roses (camaïeu de rouge, vert, blanc).
SOIE.

Don de M. Maugras, 1906.
Inv. U.C.A.D. 12873 AB

8

ROBE DE COUR
Vers 1778

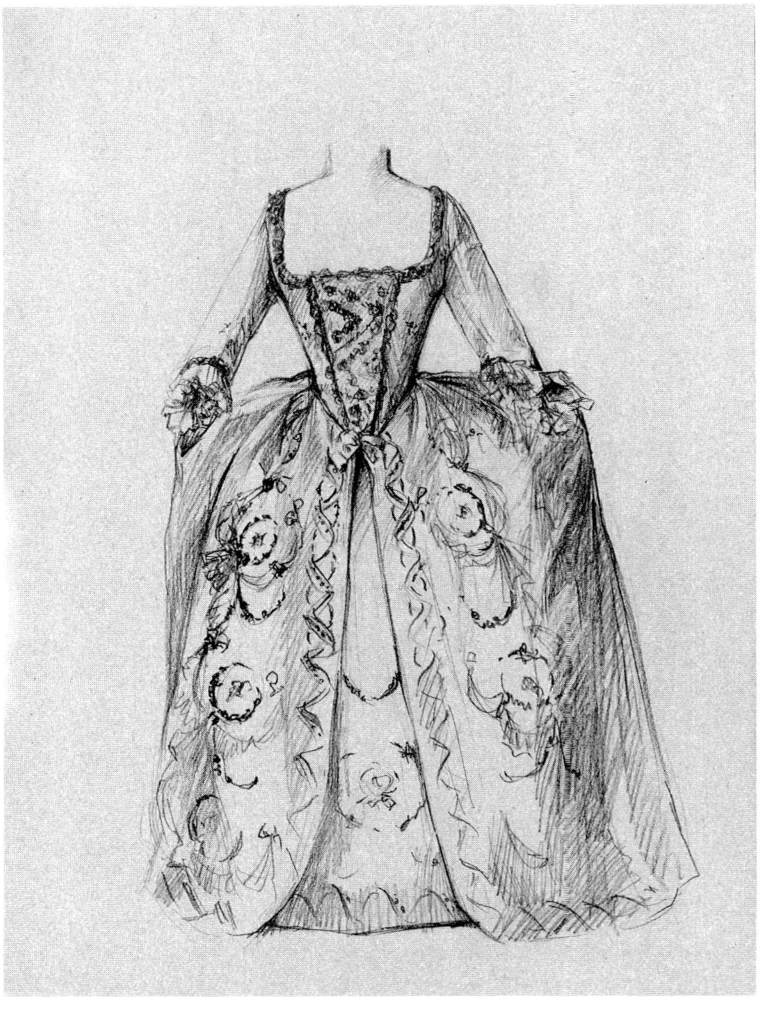

Pékin blanc brodé de fleurettes et trophées de l'amour.
Les parements ornés d'un motif ondé, en application de satin, avec lame frisée et paillette, sont agrémentés de guirlandes de tulle, nœuds de satin et dentelle (polychrome).
Une dentelle métal et mignardises souligne le décolleté, le bas des manches et la pièce d'estomac.
SOIE, MÉTAL.
BRODERIE AU PASSÉ (PLAT, A COMPARTIMENTS, EMPIÉTANT) ET APPLICATION DE MÉTAL PEINT CERNÉ DE CANNETILLE.

Achat fait à M. Fulgence, 1886.
Inv. U.C.A.D. 3370 AB

9

ROBE A LA FRANÇAISE
1780

Taffetas chiné à la branche vert d'eau à décor de bouquets de fleurs (polychrome) garnie de chicorée.

SOIE.

Don de Mme de Besombes-Singla, 1972.
Inv. U.F.A.C. 72.12.1 AB

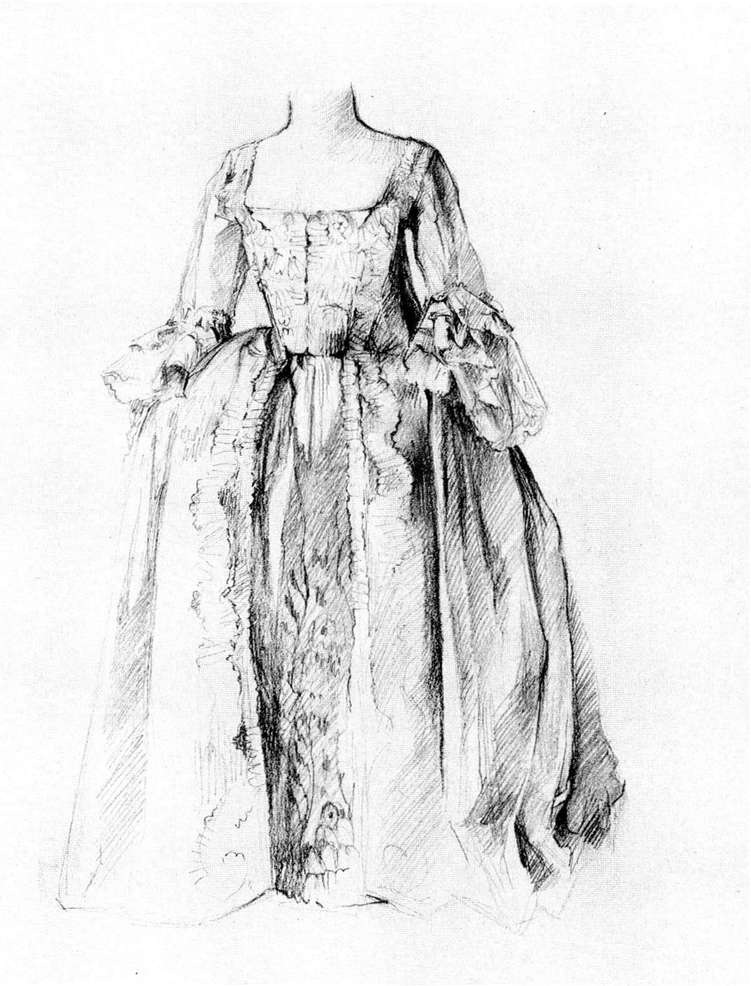

10

ROBE A LA FRANÇAISE
Vers 1780

Satin à rayures irrégulières vertes ombrées, bleues, rouges et noires, manches pagodes bordées de ruban vert.

SOIE.

Robe portée par une aïeule de Mme Liron à Arles.

Acquisition de Mme Liron, 1964.
Inv U.F.A.C. 64.51.1

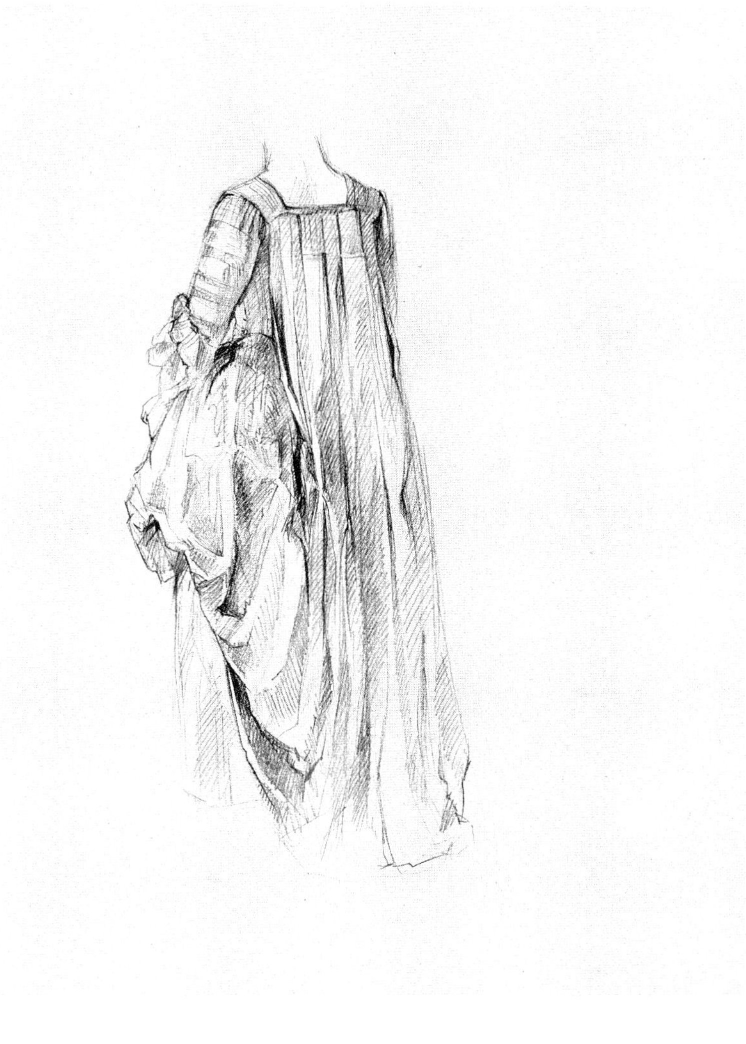

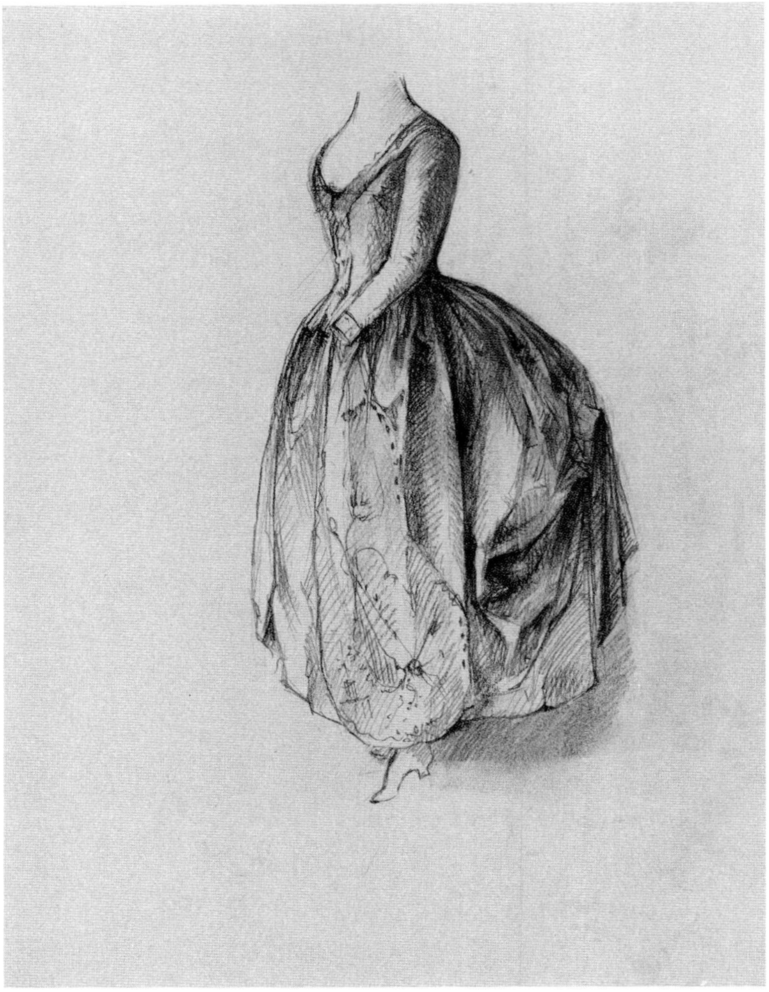

11

ROBE A LA POLONAISE
Vers 1780

Taffetas façonné rose, parements de taffetas vert brodé à disposition soie beige et paillettes argentées à motifs de plumes et d'épis, bordé de blonde.

SOIE, MÉTAL (ARGENT).

BRODERIE AU POINT DE BEAUVAIS, APPLICATION DE CANNETILLES ET DE PAILLETTES.

Don de M. M. Piccioni, 1970.
Inv. U.F.A.C. 70.38.1

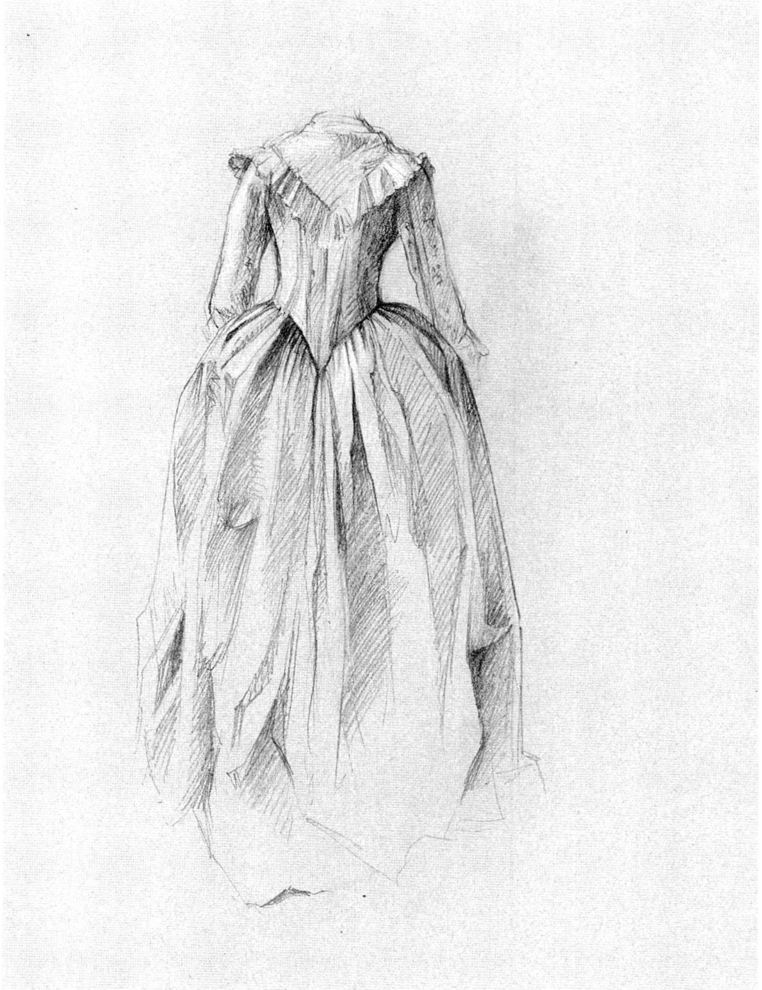

12

ROBE A L'ANGLAISE
Vers 1780

Pékin rose et vert à décor de bouquets de fleurs, corsage ajusté dans le dos et lacé devant, jupe assortie, manches en sabot.

SOIE.

Acquisition M. Geffrier, 1956.
Inv. U.F.A.C. 56.72.1 AB

13

ROBE
Vers 1798

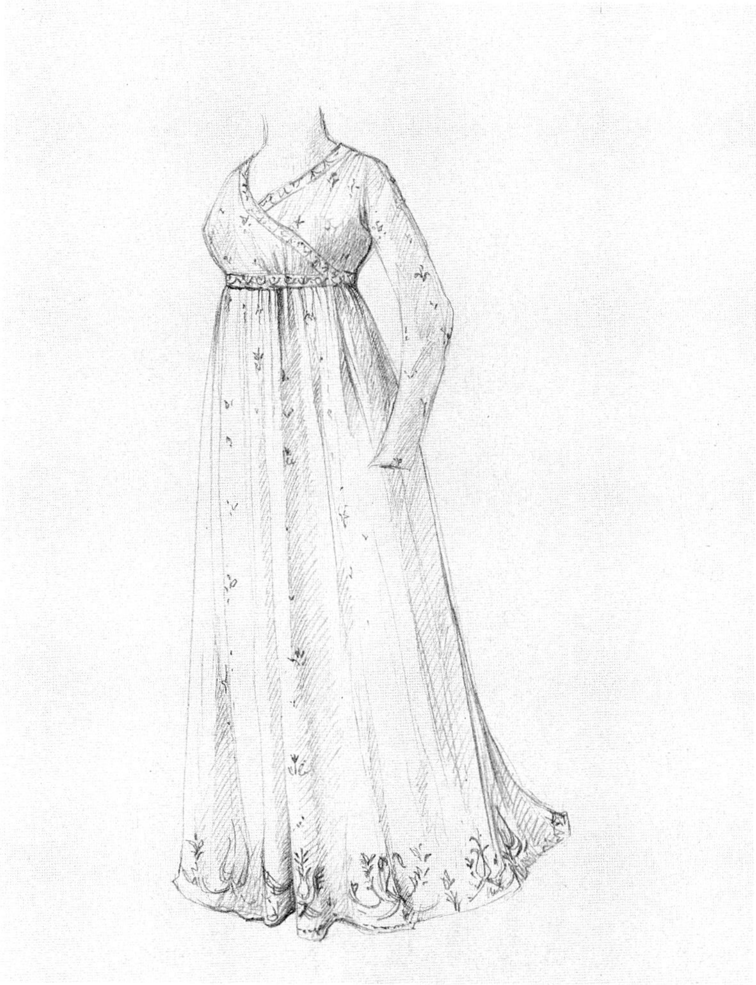

Corsage croisé, manches longues. Mousseline blanche brodée or et argent d'un décor de semis de fleurettes. L'encolure, la ceinture et le bas de la robe sont ornés de fleurs stylisées, feuillages et guirlandes.

COTON MÉTAL (OR, ARGENT).

BRODERIE D'APPLICATION DE PAILLETTES ET POINT DE CHAÎNETTE.

Don de M. J. Maciet et de Mme la baronne Pierlot, 1905.
Inv. U.C.A.D. 11840

14

JUSTAUCORPS ET VESTE
Vers 1710-1715

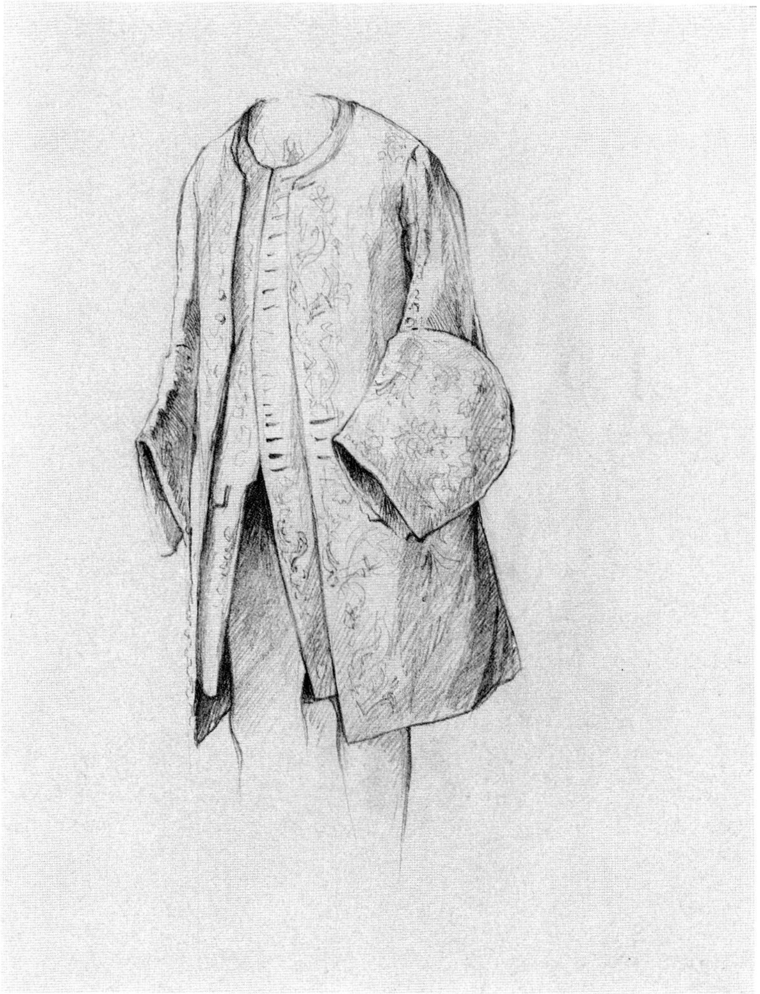

Drap beige brodé d'un décor de rinceaux fleuris, avec cartouches (blanc écru) soulignant les coutures du dos et celles des manches.
Ces mêmes motifs, mais agrémentés de fleurettes, feuillages et écussons d'où partent des rayons, ornent les bords du justaucorps et de la veste, les poches et les larges rabats des manches.

LAINE, SOIE.

BRODERIE AU PASSÉ ET POINT DE SABLE.

L'opposition d'une soie moulinée et d'une soie floche renforce certains détails de la broderie que l'on peut rapprocher de celle exécutée pour l'habit de jeune homme (inv. 19850).

Achat fait à la vente Richards, 1887.
Inv. U.C.A.D. 3733 AB

15

HABIT D'ENFANT
Vers 1715-1720

Velours brun entièrement brodé de tiges fleuries et d'un motif de palmes soulignant les bords de l'habit, les plis du dos et les larges revers des manches (blanc).

SOIE.

BRODERIE AU PASSÉ PLAT, POINTS DE GRILLE, DE TIGE ET DE NŒUD.

Legs de Mme Piet-Lataudrie, 1914.
Inv. U.C.A.D. 19850

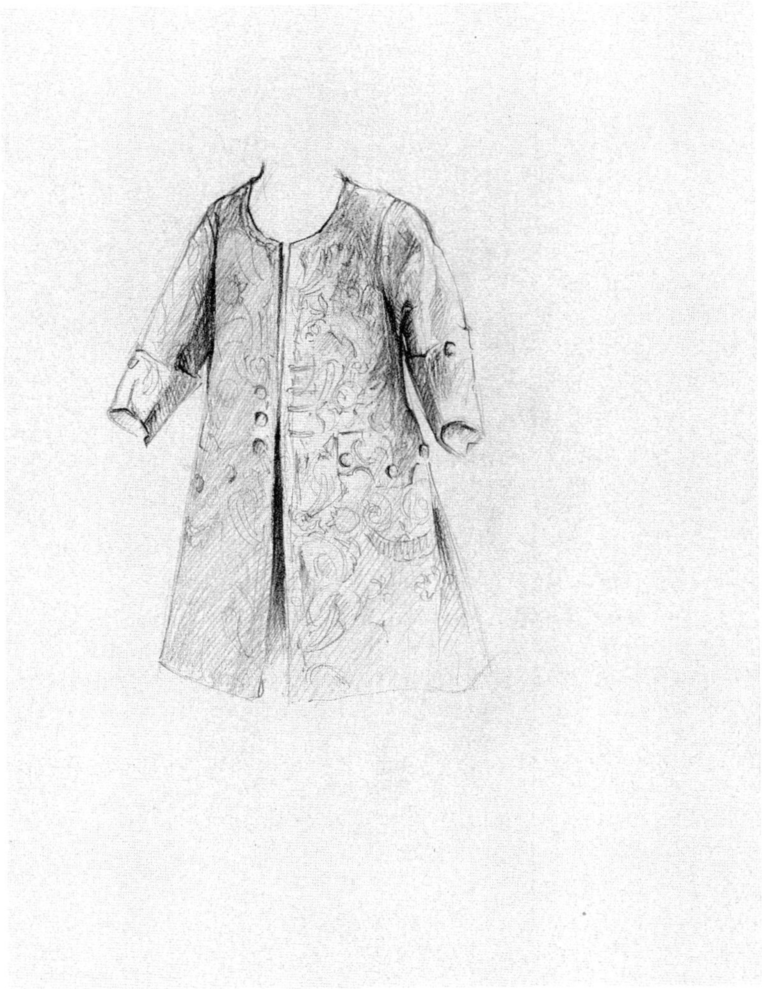

16

HABIT D'HOMME
Vers 1720-1730

Habit, veste et culotte de velours à rayures argent et beige, moucheté d'orange et de vert, garnis de boutons de passementerie or pailletés or, rose et vert et brodés de bouquets de cannetille.

SOIE, MÉTAL (OR, ARGENT).

Ancienne collection de M. Léon.
Acquisition Drouot, 1951.
Inv. U.F.A.C. 51.4.1 ABC

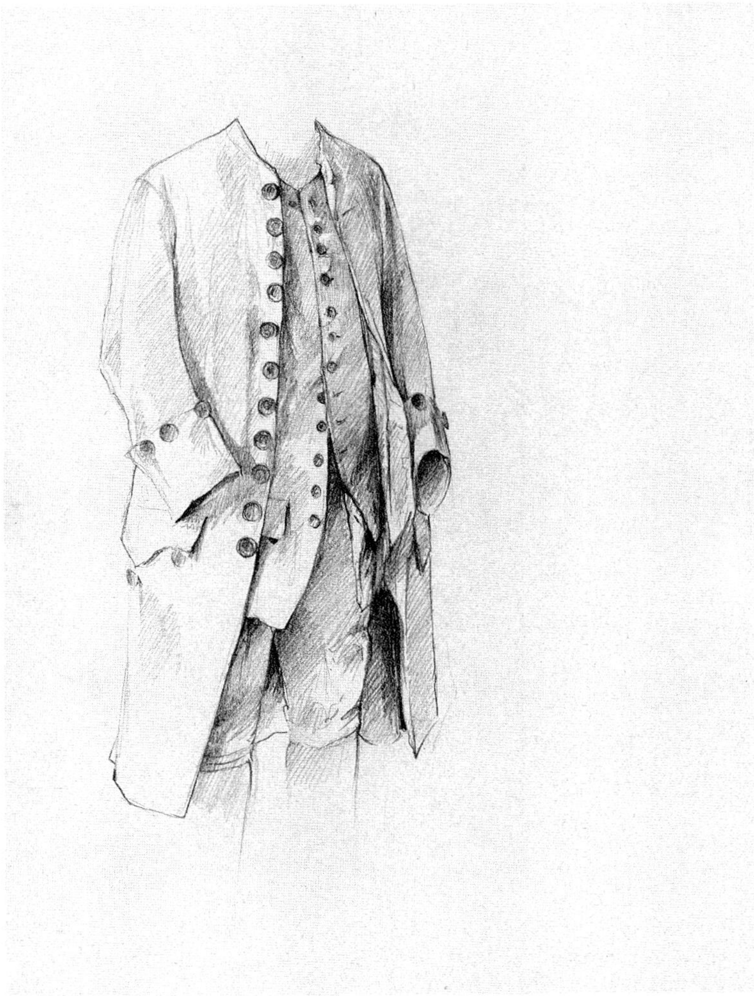

17

ROBE DE CHAMBRE D'HOMME
Vers 1730

Robe de chambre de lampas à décor de dentelle et gros œillets bleu, rose et jaune; manches kimono, col droit fermant à deux boutons en pareil.
SOIE.

Ancienne collection Bonneval.
Acquisition vicomtesse de Bonneval, 1949.
Inv. U.F.A.C. 49.32.634 A

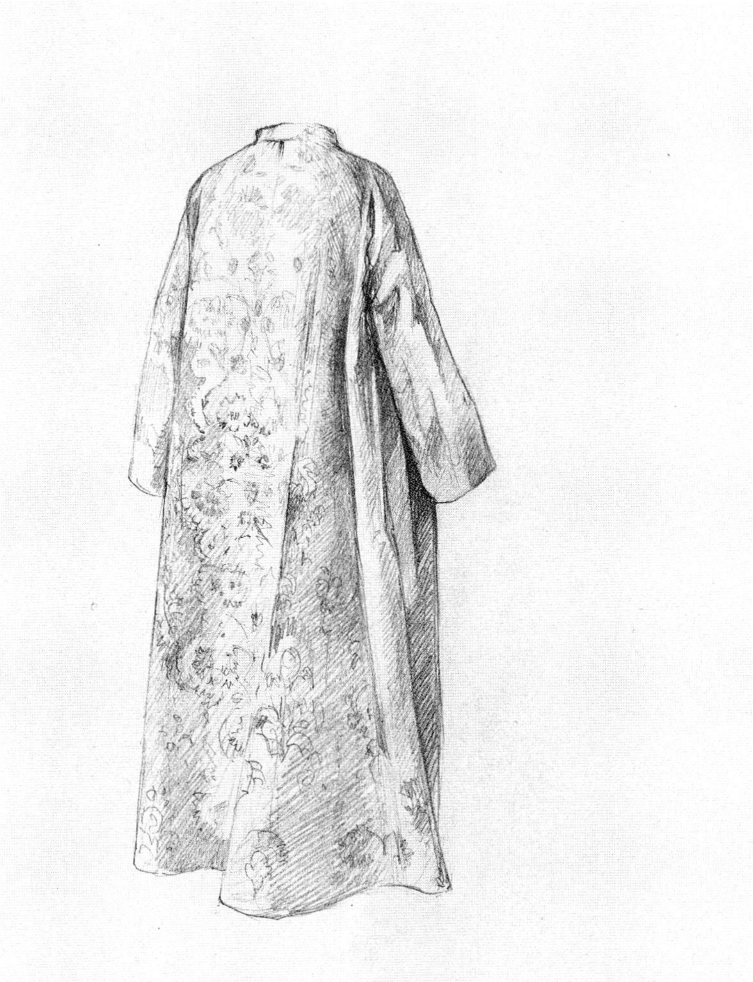

18

VESTE D'HOMME
Vers 1750

Veste d'intérieur lacée dans le dos par un cordon de soie rose et blanc, manches longues en satin rouge à décor de dentelle et bouquets de fleurs au naturel.
SOIE.

Don de Mme Sylvestre de Sacy, 1952.
Inv. U.F.A.C. 52.20.24

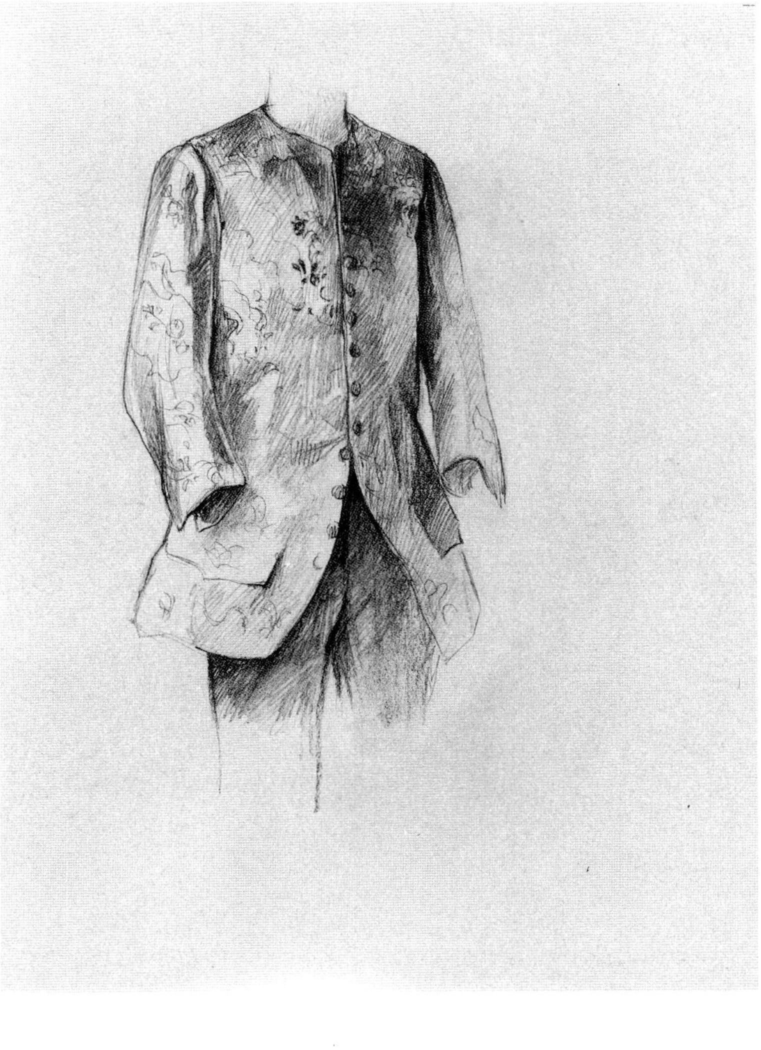

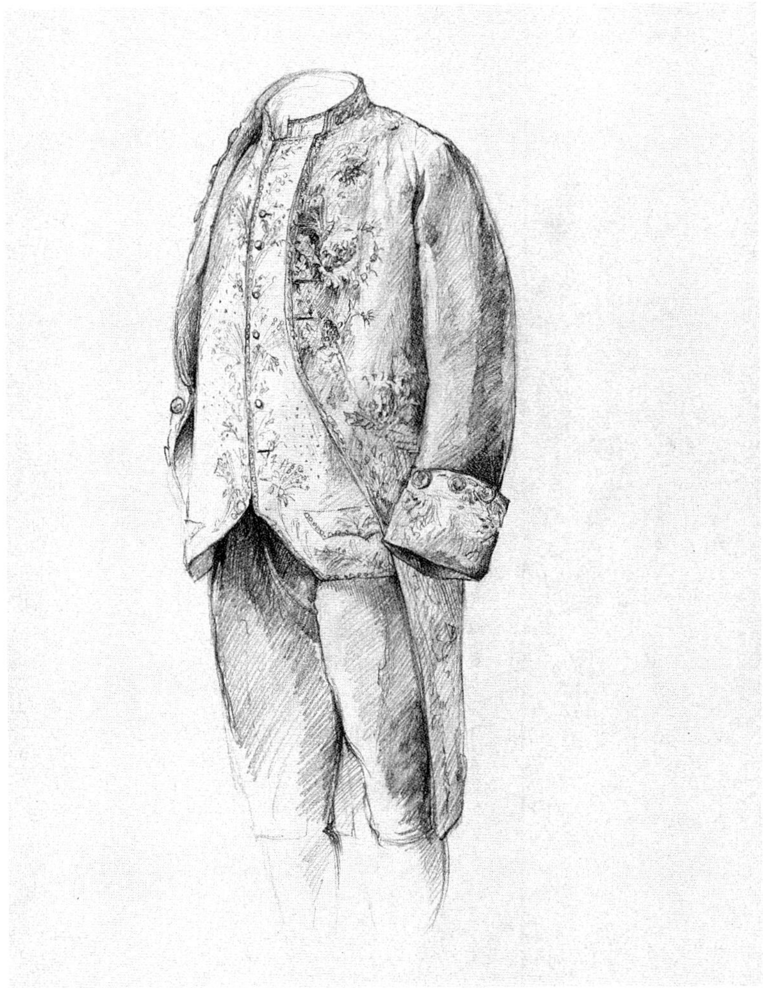

19

HABIT D'HOMME
Vers 1750-1760

Habit à la française et culotte de velours mignature vert émeraude, brodé en pièce de fil d'or et d'argent à décor d'ananas. Gilet de satin blanc brodé fil d'or et d'argent.

SOIE.

BRODÉ AU PASSÉ ET EN APPLICATION.

Don de la comtesse de Dreux-Brézé, 1968, fait en souvenir du comte d'Hunolstein, parent de la donatrice.
Inv. U.F.A.C. 68.30.24 AB

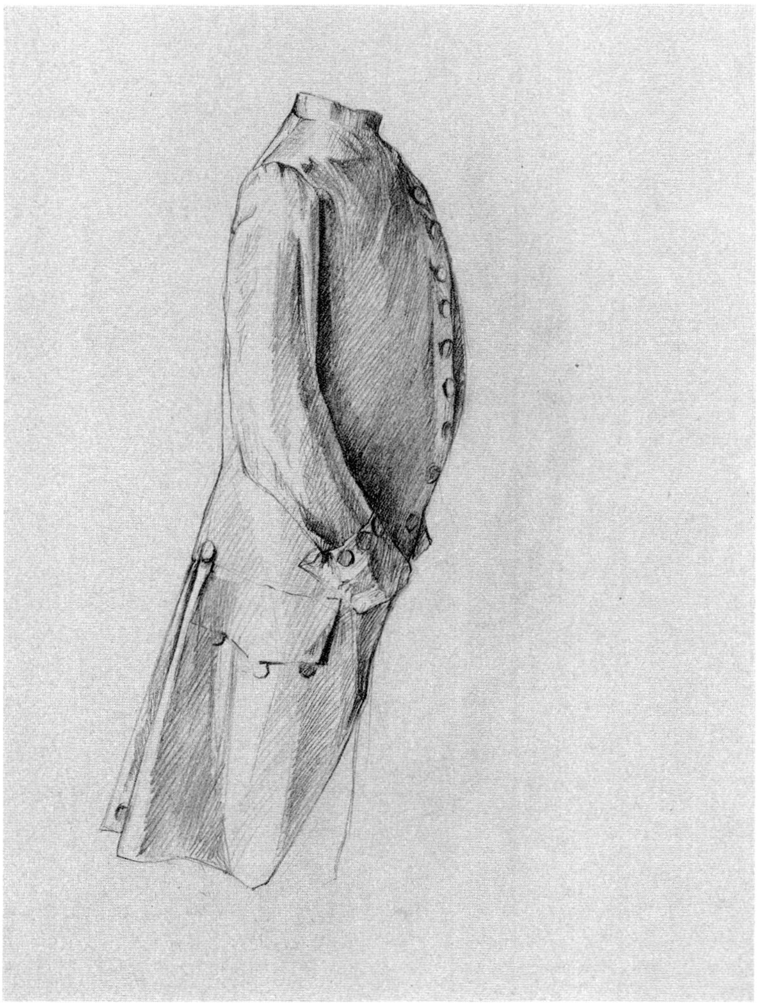

20

HABIT D'HOMME
Vers 1770

Habit en Gros de Tours rose uni, petit col droit.

SOIE.

Acquisition Mme de La Teysonnière, 1962.
Inv. U.F.A.C. 62.25.2

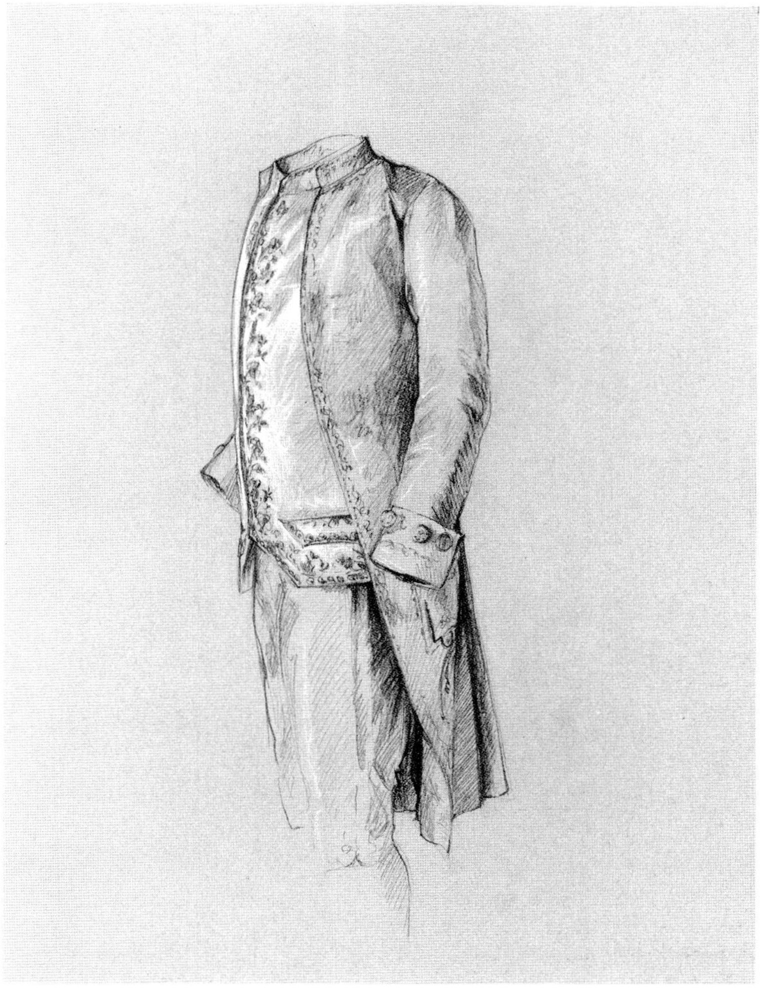

21

HABIT D'HOMME
1780

Habit de satin jaune brodé d'un motif de tiges fleuries en soie polychrome. Gilet en satin ivoire brodé d'un semis de fleurettes, décor de tiges fleuries polychrome sur la bordure et le revers des poches.

SOIE.

BRODERIE AUX POINTS LANCÉ ET DE NŒUD.

Don Miot-Putigny, 1950.
Inv. U.F.A.C. 50.26.13;
inv. U.F.A.C. 50.26.5

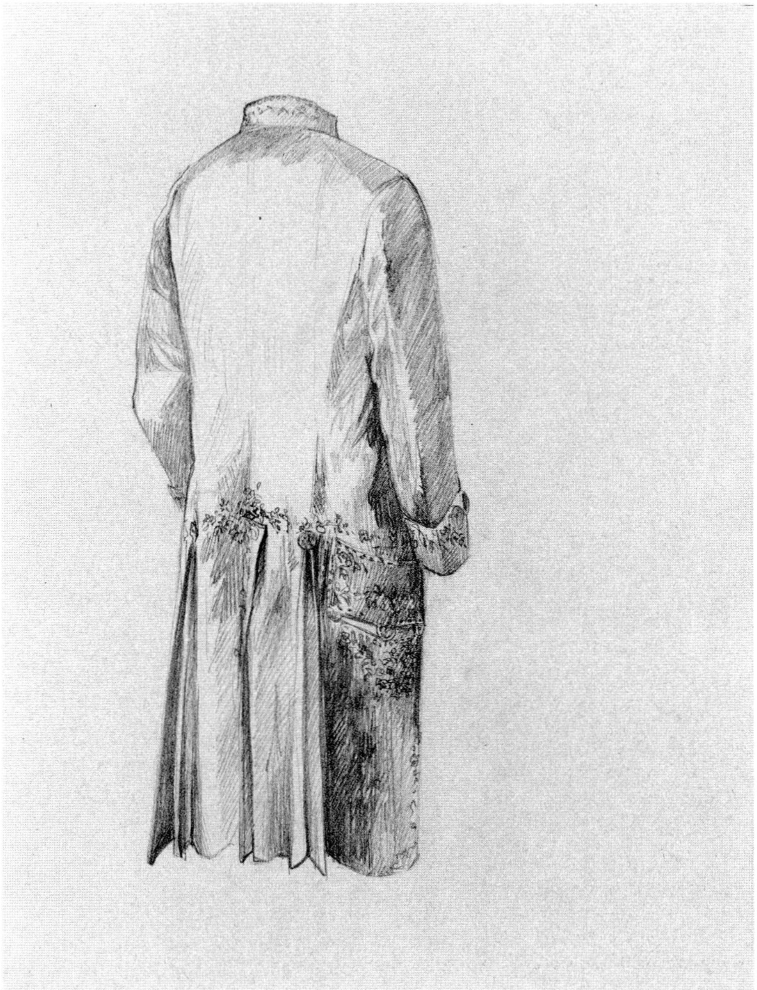

22

HABIT D'HOMME
1780

Habit de satin vert bronze brodé en soie et chenille polychrome d'un décor de fleurs au naturel, col dressé.
Gilet de satin blanc brodé d'un semis de fleurettes, bordures et poches identiques à celles de l'habit.

SOIE.

BRODERIE AU POINT DE BEAUVAIS ET POINT LANCÉ.

Habit porté par M. Auguié, brodé par sa femme, arrière-grand-mère de la donatrice.

Don de Mme Partiot, 1970.
Inv. U.F.A.C. 70.48.1 AB

23

HABIT A LA FRANÇAISE
Vers 1780

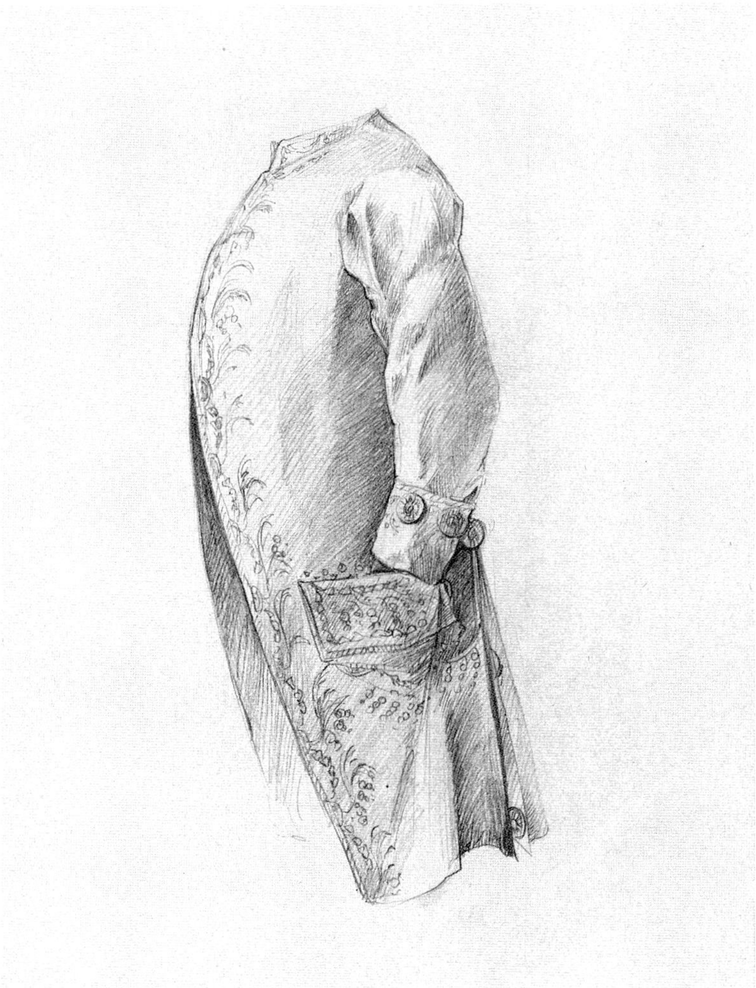

Pékin vert d'eau brodé d'un décor polychrome représentant des fruits, feuilles et palmes.

SOIE.

BRODERIE AU PASSÉ PLAT, POINTS LANCÉ ET DE NŒUD.

Don de M. J. Audéoud, 1885.
Inv. U.C.A.D. 2449

24

HABIT A LA FRANÇAISE
Vers 1785

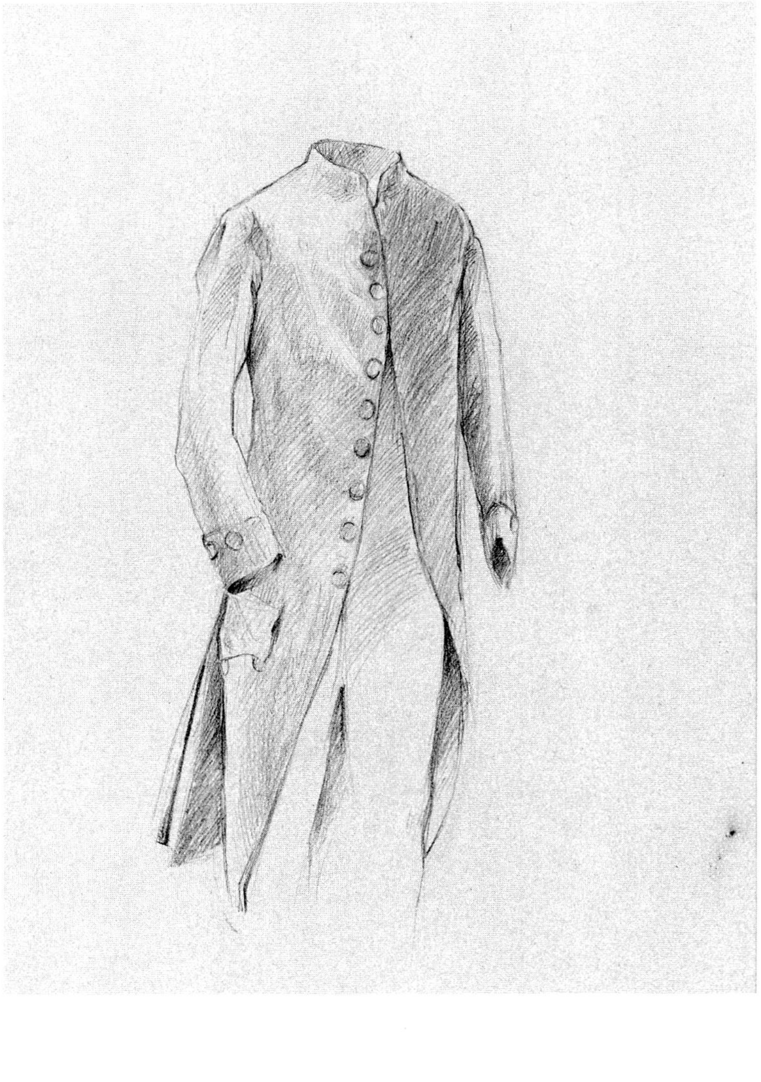

Velours frisé rouge groseille. Doublure en lampas moiré bleu, à décor de guirlandes de fleurs jaunes et blanches.

SOIE.

Don Jansen, 1971.
Inv. U.C.A.D. 43968

25

HABIT, GILET, CULOTTE
Vers 1785

Velours coupé façonné fond noir à fines rayures mouchetées (violet, ocre), brodé d'une frise de pois d'où prend naissance un motif de fleurs et de feuilles (polychrome).
Le gilet de satin blanc est brodé de ce même décor agrémenté d'un semis de fleurettes.
SOIE.
BRODERIE AU PASSÉ ET POINT DE NŒUD.

Achat, 1978.
Inv. U.C.A.D. 46442 ABC

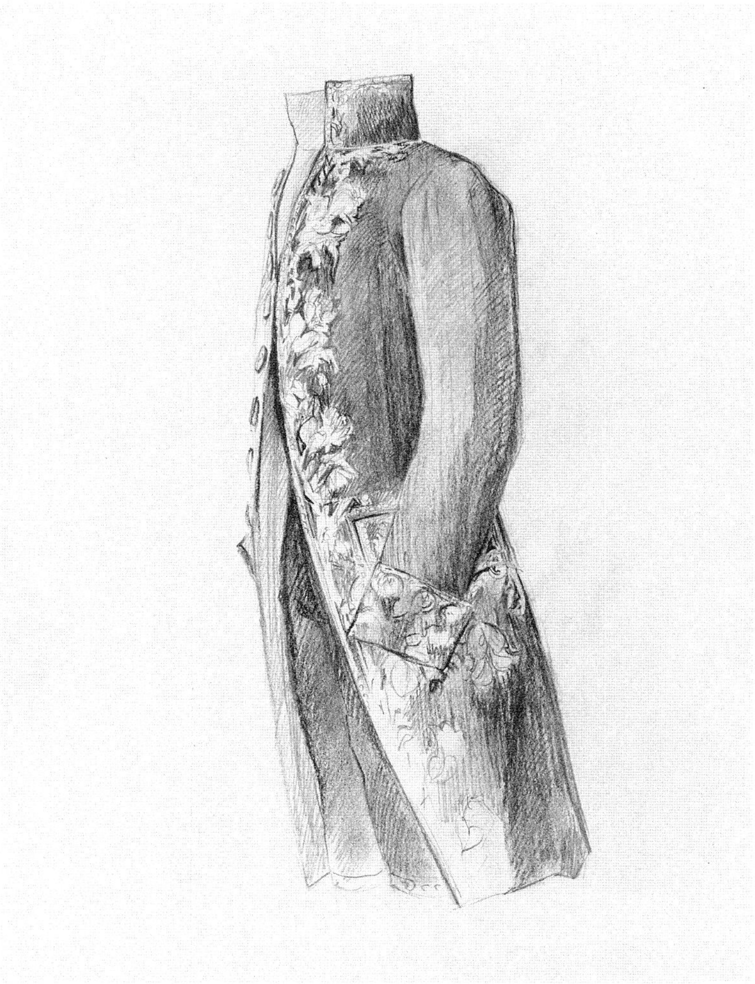

26

HABIT ET CULOTTE
Vers 1785-1790

Pékin violet et puce brodé d'une frise de petits losanges surmontée d'un motif de dentelle d'où s'échappent des bouquets de fleurs (polychrome).
SOIE.
BRODERIE AU PASSÉ, A COMPARTIMENTS, POINTS LANCÉ, DE CROIX ET DE NŒUD.

Don de M. F. Doistau, 1907.
Inv. U.C.A.D. 13629 AB

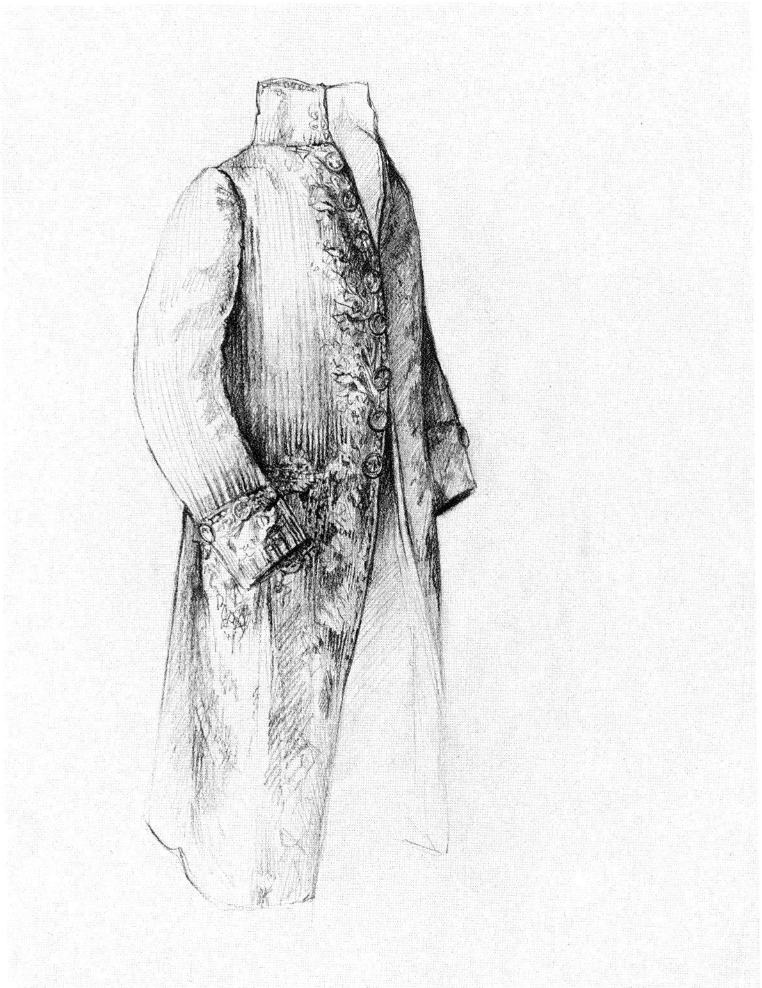

27

HABIT D'HOMME
Vers 1785-1790

Habit long en pékin rose et vert, col rabattu.

SOIE.

Habit provenant du marquis de Montigny qui avait une charge à Versailles et qui fut guillotiné en 1793. Son dernier descendant, M. de Sauvègre, a offert cet habit ainsi que tout un ensemble de vêtements à l'arrière-grand-père du donateur auquel il était apparenté.

Don de M. Laporte, 1955.
Inv. U.F.A.C. 55.41.1

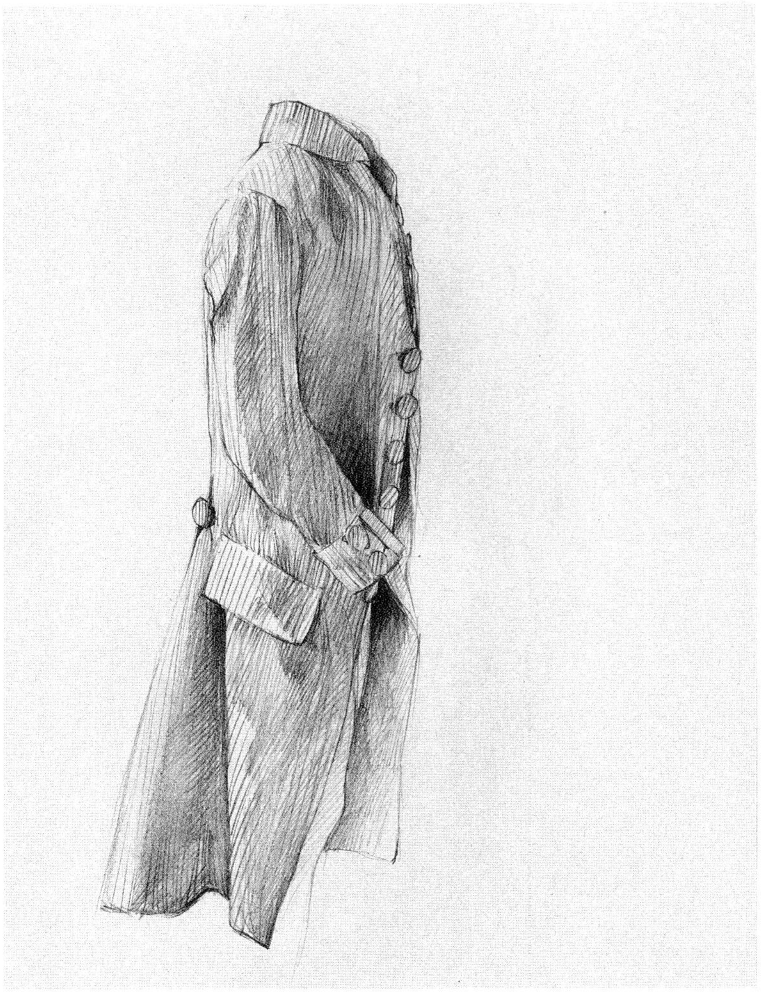

28

HABIT A LA FRANÇAISE
Vers 1790

Velours coupé façonné à fines rayures beiges et bleues.
Gros boutons d'émail bleu et blanc à décor de fleurettes stylisées.

SOIE.

Dépôt du Musée de Cluny, 1935, inv. 203

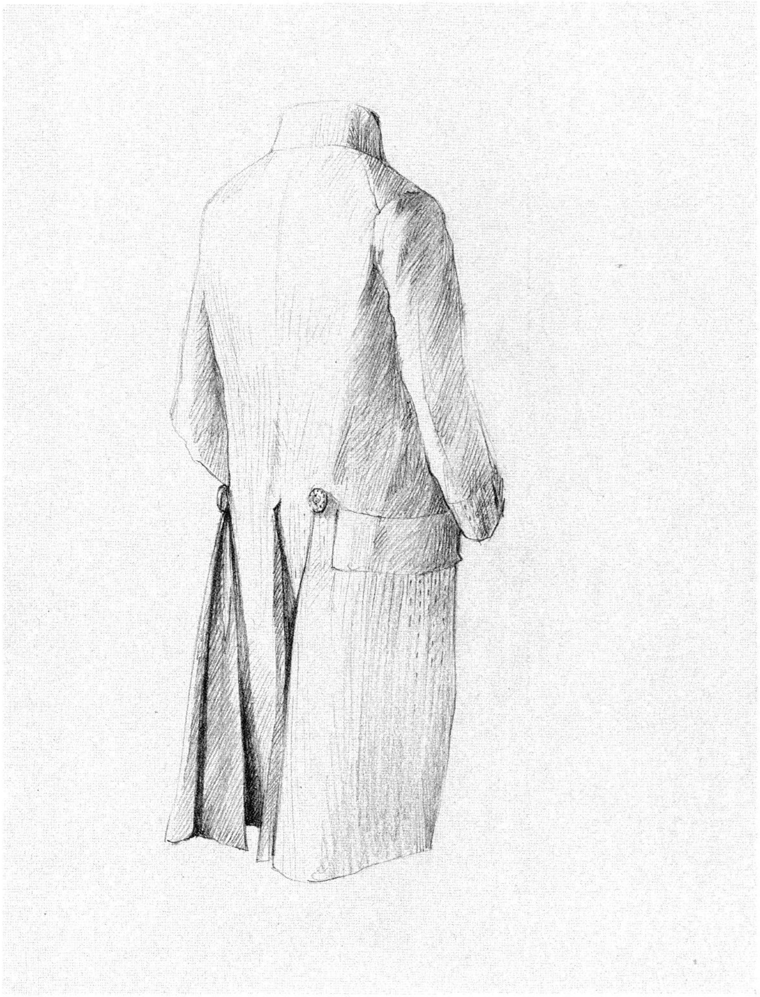

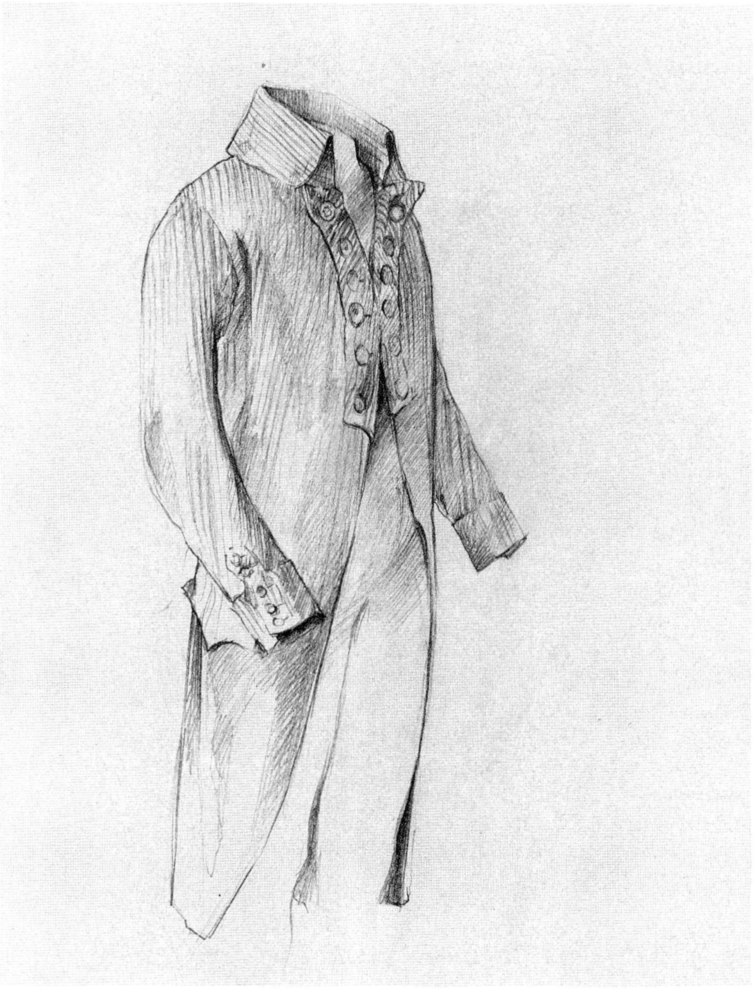

29

HABIT D'HOMME
Époque révolutionnaire

Habit en toile à fines rayures tricolores, revers boutonnés, col rabattu.
COTON, MÉTAL (CUIVRE ESTAMPÉ).

Acquisition Mme Blin-Zunz, 1955.
Inv. U.F.A.C. 55.75.1

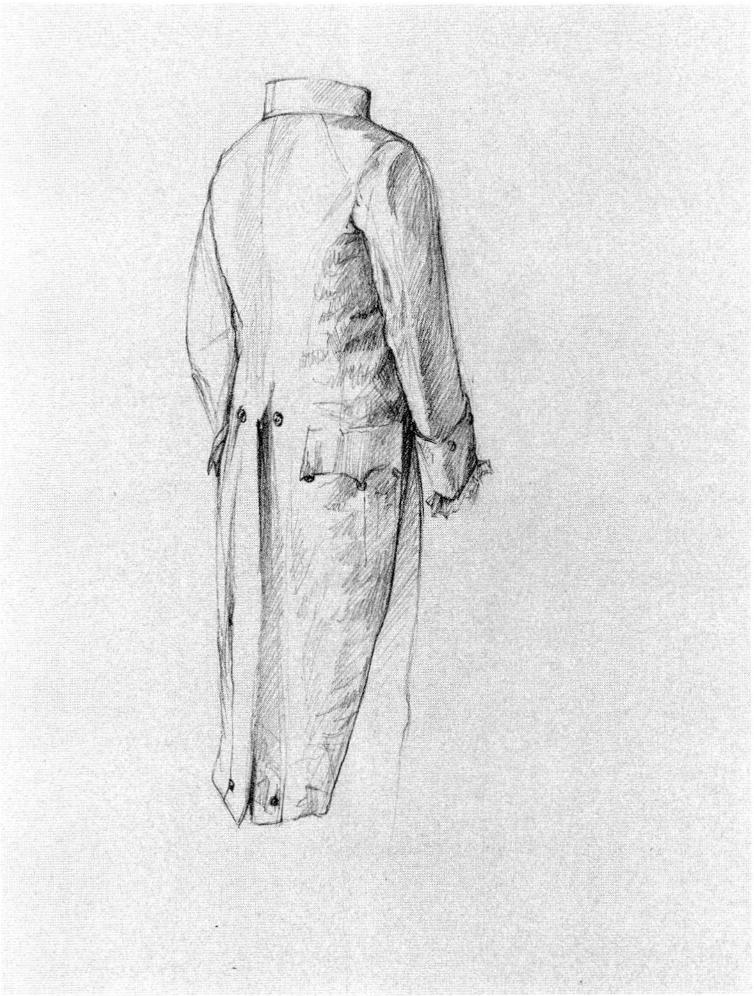

30

HABIT
Vers 1800

Habit dégagé en taffetas caméléon bleu-rose à col rabattu et larges revers avec boutons imitant la marcassite.
SOIE, MÉTAL (ACIER).

Don de Mme Duglé Le Brun, 1981.
Inv. U.C.A.D. 49149

XIXe SIÈCLE

LA MODE ET LE HIÉROGLYPHE

La fanchon frileuse, *fantaisie inaugurée à l'Élysée par toutes les femmes élégantes de notre beau monde, est encore dans la grâce incomparable de sa primeur de bonne compagnie. Elle se fait en tulle blanc, léger vaporeux, se drape autour du visage et se noue sous le menton; puis le chapeau fermé se pose sur ce nuage de tulle en laissant voir le gros nœud qui fait bride.*

Stéphane Mallarmé, extrait de *la Dernière mode*

Mais la plus exquise des innovations, familière et suave, celle appelée, je le dis ! à régner plus qu'une saison, c'est les Cachemires de nuance claire devenus (mieux que les failles et les poult de soie) Toilettes du soir; rose et rose thé, bleus et bleus de ciel, les maïs, les résédas, les myosotis, les crèmes et gris clair de lune, robes de cachemires garnies soit de gaze soit de tulle brodé, puis de bordures en jais blanc et en plumes, de granges de jais enfin toutes les garnitures de robes de bal : cela se portera au Théâtre, en Grand Dîner, en Petite Soirée, mais ouvert en cœur ou carrément, jamais décolleté.

Marguerite de Ponty
(l'un des pseudonymes de Stéphane Mallarmé qui signa aussi ses chroniques *Miss Satin, Zizi, Une châtelaine bretonne,* et *Olympe la négresse*),
extrait de *la Dernière mode*

« *Madame la Maréchale,* dit Napoléon à une dame de sa cour, *votre manteau est superbe; mais voilà plusieurs fois que je le vois* », ouvrant ainsi le siècle sur une note ostentatoire; ironiquement plutôt, puisque la période sera, en fin de compte, celle de l'uniformisation par la bourgeoisie, du triomphe du pantalon et de la couleur puce, après tant de siècles de splendeurs aristocratiques.

L'épisode se trouve dans une histoire de la mode écrite, *in medias res,* par un de ces courriéristes du chiffon qui semblent devoir s'évanouir aussi définitivement que le motif de leur chronique, Augustin Challamel, publiée en 1881 dans la Bibliothèque du Magazin des Demoiselles; fragment parmi tant d'autres dont l'accumulation constitue un saisissant kaléidoscope de la Fashion, comme on disait alors, poudroiement de détails, impondérables et fascinants, toujours absents de nos modernes histoires de la mode en raison de la finesse, de la subtilité de leur définition.

Début janvier 1816, une riche héritière apparut dans une loge de l'Opéra coiffée, spectacle inédit, d'une toque; une modiste, qui exerçait rue Vivienne, n'attendit que le lendemain pour en copier le modèle, et l'on vit immédiatement se diffuser la vogue de ce type de chapeau.

Entre 1822 et 1830 furent de mode les couleurs réséda, souris effrayée, crapaud amoureux, araignée méditant un crime, puis — dérivant du nom d'un chimpanzé fameux, disparu prématurément — une étoffe « *au dernier soupir de Jocko* ».

La période romantique, partagée entre le modèle médiéval et les Grecques de tragédie, fit surgir pour sa part le droguet catalan, le lampas burgrave, l'étoile polaire, le caméléon fleuri (figure d'impossible rhétorique ?), la casimirienne et la palmyrienne.

Sous Napoléon III les femmes s'empoisonnèrent de peinture verte (vite retirée du commerce à cause des évanouissements qu'elle causait); la capeline jusque-là réservée aux villes d'eaux et *seaside resorts* fit une entrée foudroyante sur la scène urbaine, quoique la bourgeoisie hésitât face à une innovation trop risquée à son goût.

L'impératrice, toujours en quête de nouveautés et de somptuosités rappelant les égarements somptuaires du grand siècle, lança en 1866 la mode d'« *un petit corselet auquel s'ajustait une grande basque carrée devant et derrière, très longue sur les côtés. On l'appela* peplum impératrice. *Ce nouveau vêtement, avec lequel la crinoline devenait une anomalie, commença la chute de la crinoline* » (Challamel).

1873 vit se développer l'usage des faux cheveux que l'on échangeait contre de la rouennerie, de la mousseline ou du calicot, en Normandie comme en Bretagne, entre avril et mai : on s'enticha de jais et de verreries vénitiennes, on « *porta en breloque, à la chaîne de la montre, un mignon porte-crayon en or* »; avant que la fin du siècle ne vît une efflorescence de modes composées. « *On amalgama, souvent avec bonheur, les genres* »; la couleur rouge caroubier ou cardinal domina tandis que le tussore, les ombrelles en taffetas écossais, les éventails gris poussière venaient compléter le spectre des étoffes couleur ventre saint-gris, mousse des bois, frisé Malabar, frimas et myosotis.

... Fugitif éclairage sur le tissu d'enthousiasmes et de toquades qui donne sa réalité à la mode : plus brillante, plus ténue encore que celle de l'événement historique; exaspérant, rendant d'autant plus vive, et pour ainsi dire palpable, l'inexistence foncière de cette réalité, notre impuissance à la saisir, et le caractère illusoire de la commode succession de tenues auxquelles se réduit, dans notre esprit, le XIXe siècle. Fantaisie un peu tapageuse des robes du Consulat et de l'Empire; vague théâtralité du costume romantique; démonstrations de soie du Second Empire; neutralité Troisième République (les puritains, notait James Laver, ont toujours aimé le noir); triomphe du corset, auquel s'opposent les formes floues, vaguement renaissantes, de la Décadence; induisant à son tour, en réaction, le mythe de la femme moderne, libre, active, expression du dynamisme. Si ces silhouettes de carton découpé parviennent encore à se détacher dans notre mémoire, c'est qu'elles apparaissent comme autant d'exposants de la situation sociale du moment, figée en figures exemplaires. Nous « lisons » en elles différents états de la société, nous livrant ainsi à un type d'activité directement issu du XIXe siècle précisément, avec ses mythes organiques, et dont les grands monuments romanesques — Balzac bien sûr — constituent l'une des expressions les plus remarquables.

La mode comme illustration des tensions sociales, réactif nécessaire à la révélation de contenus cryptés : le postulat du *Traité de la vie élégante* — *« la toilette est l'expression de la société »* — vaut pour l'ensemble de l'entreprise romanesque, touchant à l'absolu dans l'idée, défendue par certains, que l'étrange disharmonie de couleurs observable dans la dernière décennie du siècle entre les corsets et les jupes serait le reflet d'une période de transition, déchirée par ses contradictions.

Si l'Église excommunia successivement les prêtres qui prirent des culottes et ceux qui les quittèrent pour les pantalons; si la perruque des chanoines de Beauvais occupa jadis le parlement de Paris pendant un demi-siècle, c'est que les choses, futiles en apparence, représentaient ou des idées, ou des intérêts : soit le pied, soit le buste, soit la tête, vous verrez toujours un progrès social, un système rétrograde ou quelque lutte acharnée se formuler à l'aide d'une partie quelconque du vêtement. Tantôt la chaussure annonce un privilège; tantôt le chaperon, le bonnet ou le chapeau signalent une révolution; là, une broderie, ou une écharpe; ici des rubans ou quelque ornement de paille expriment un parti : et alors vous appartenez aux croisés, aux protestants, aux Guises, à la Ligue, au Béarnais ou à la Fronde.

Avez-vous un bonnet vert ? vous êtes un homme sans honneur. [...]

Avez-vous une croix de Saint-André ?... entrez sans crainte à Paris : Jean Sans-Peur y règne.

Portez-vous la cocarde tricolore ?... fuyez !... Marseille vous assassinerait, car les derniers canons de Waterloo nous ont craché la mort et les vieux Bourbons !

HONORÉ DE BALZAC, *Traité de la vie élégante*

Goût du déchiffrement favorisé peut-être par une époque où la codification du signe vestimentaire était plus rigide, plus apparente qu'elle ne l'est aujourd'hui. Ne serait-ce que par l'existence d'un ordre du jour et des saisons, qui souffrait mal, comme toute décence, l'exception, et dont l'usage ne s'est finalement perdu qu'entre les deux dernières guerres. A quoi s'ajoute, chez Balzac, l'influence de l'herméneutique occultiste, donnant à certains de ses textes de curieuses allures de baroque théologique (*« Pourquoi la toilette serait-elle donc toujours le plus éloquent des styles, si elle n'était pas réellement tout l'homme, l'homme avec ses opinions politiques, l'homme avec le texte de son existence, l'homme hiéroglyphé ?... »*).

... Moins le chiffon que l'esprit du chiffon ? En attente de lecteur, ce qui revient à exalter la dimension proprement humaine de la réalité : le fait qu'elle soit construite. Et l'autre thème d'élection du siècle — disons-le : baudelairien — tient à l'opposition de la nature et de l'artifice dont le vêtement, la parure, et par extension la mode, est la matière même, l'un des « opérateurs » privilégiés. De ce paradigme, la femme est l'incarnation par excellence : reflet de la Nature, soumise à ses flux, en proie à sa *stupidité,* selon l'expression fameuse, et entière, de Baudelaire, elle est amenée, en une sorte d'excès inverse, à ne faire qu'un avec l'ornement, le costume (*« Quel poète oserait, dans la peinture du plaisir causé par l'apparition d'une beauté, séparer la femme de son costume ? » — le Peintre de la vie moderne*); expression d'une Métaphysique du cosmétique, trouvant à s'accomplir dans un *mundus muliebris.* (*« Tous ce qui orne la femme, tout ce qui sert à illustrer sa beauté, fait partie d'elle-même; et les artistes qui se sont particulièrement appliqués à l'étude de cet être énigmatique raffolent autant de tout le mundus muliebris que de la femme elle-même. La femme est sans doute une lumière, un regard, une invitation au*

Aussi n'est-ce pas tant le chiffon lui-même que l'esprit du chiffon qu'il faut saisir...

HONORÉ DE BALZAC, *Traité de la vie élégante*

Il faut donc commencer par faire de la femme un être non travaillant, mais purement esthétique. C'est là le plus sûr élément du progrès.

JULES LAFORGUE, *Mélanges posthumes*

bonheur, une parole quelquefois; mais elle est surtout une harmonie générale, non seulement dans son allure et le mouvement de ses membres, mais aussi dans les mousselines, les gazes, les vastes et chatoyantes nuées d'étoffes dont elle s'enveloppe, et qui sont les attributs et le piédestal de sa divinité »).

L'idéalisation pour ainsi dire féroce de la femme, la volonté d'en faire *« un être non travaillant, mais purement esthétique »* devait croiser, en un chiasme parfait, une autre expression du *Progrès;* donnant à la féminité un visage inédit (origine, accessoirement, d'un des clichés les mieux assurés de l'époque moderne, récurrent sous des infléchissements divers de décennie en décennie) : la disparition de la (vraie) femme, de la femme moyenne, qui *ressemble* essentiellement à une femme, derrière les fantaisies d'une mode entendue comme jeu du contresens, du non-seyant, sinon de l'antiphysique. Ce pourrait être le mythe de la baronne Dudevant, exemple notoire s'il en est, et finalement assez rare, de l'influence directe d'un littérateur sur la philosophie du chiffon. *« Des hommes de lettres et des hommes du monde »*, choisissant pour un recueil consacré aux *Belles femmes de Paris* (paru sous ce titre en 1839) quelques exemples, la présentent ainsi : *« George Sand vint à Paris quelque temps après la révolution de juillet [...] ce moment était bien choisi : c'est au milieu des ruines de la monarchie que devait se dresser cette femme, ruine elle-même d'un passé malheureux [...] Elle releva ses longs cheveux bruns, elle noua négligemment autour de son cou une cravate flottante, elle se fit homme pour mieux voir et pour mieux interroger [...] Telle nous apparaît George Sand. Cette femme est un événement dans l'événement de 1830... »*

Elle [George Sand] avait de jolies pantoufles jaunes ornées d'effilés, des bas coquets, un pantalon rouge et fumait un gros cigare au coin de son feu. [...] Elle est excellente mère, adorée de ses enfants; mais elle met sa fille, Solange, en petit garçon, et ce n'est pas bien.

Correspondance d'HONORÉ DE BALZAC, lettre à Mme Hanska

A quoi répondent, à une vingtaine d'années d'intervalle, les expectorations d'Alphonse Karr dans *les Femmes*, prototype presque platonicien de bien des indignations petites-bourgeoises à venir : reprenant quoique de façon plutôt inattendue la question de l'amélioration de la nature, en lui supposant une issue plutôt définitive : *« Quelques-unes vont plus loin et semblent faire des efforts pour se métamorphoser en homme et en prendre l'aspect. On les a vues sacrifier à cette absurde tentative leur charmante chevelure et se coiffer en cheveux courts comme les hommes; on les voit encore, pour monter à cheval, joindre à la jupe longue, qui donne tant de majesté et de décence, le chapeau, qui est la partie la plus laide de l'ajustement masculin; et, depuis quelque temps, d'aucunes ont essayé de mettre des gilets de piqué blanc, des cravates noires et des cols de chemise empesés comme les hommes. Je voudrais bien savoir ce que les femmes penseraient d'un homme qu'elles rencontreraient au Bois de Boulogne, trottant à cheval avec des bottes à l'écuyère, une culotte de daim et un chapeau de crêpe à plumes ou un bonnet de fleurs ou de rubans sur la tête [...]*

Ne semble-t-il pas, quand on voit certaines femmes affubler leurs esprits et leurs corps des sentiments et des hardes de notre sexe, que l'on aperçoit quelque monstre hybride, comme un centaure, une sirène, ou une harpie ?... »

Question de la Dernière mode : *« Que préférez-vous du pantalon masculin ou de la jupe... ? »*

Mallarmé : *« Je ne suis devant votre question, comme devant les chevaucheuses de l'acier, qu'un passant qui se gare, mais si leur mobile est celui de montrer des jambes, je préfère que ce soit d'une jupe relevée, vestige féminin, pas du garçonnier pantalon, que l'éblouissement fonde me renverse et me darde. »*

STÉPHANE MALLARMÉ, extrait de *la Dernière mode*

Les grands couples d'opposition (nature/artifice, homme/femme) sont ainsi parcourus par une sorte de gradation continue, soumis à une mesure, et à un sens de la pondération. C'est le grand principe du goût qui est aussi bien critère (et donc objet de lecture) social *(« Votre cousin est décoré, je suis bien vêtu, c'est donc moi qu'on regarde »*, Balzac) que détermination essentielle (passé un certain degré dans le mauvais ou le non-goût, la femme de Karr devient homme, ou hybride). Autour de cette notion, recueillant des valeurs apparues avec la Révolution, en opposition virulente aux anciennes données de la civilité, le XIXe siècle élabore une vision du style, de la mise et du raffinement dont nous sommes encore (et radicalement) prisonniers; plaçant souvent, comme la bourgeoisie de l'époque, sous la barre du luxe véritable, de l'élégance absolue, l'idée de pureté, de dépouillement ou de simplicité, contrastée avec le « tapageur » ou le trop visible. Chez Balzac déjà *« une femme est bien mise, non pas quand elle porte des choses riches et cossues, mais quand, dans sa toilette, qui d'ailleurs peut être d'une extrême simplicité, se remarque une secrète harmonie des formes et des couleurs qui lui approprie étroitement sa gracieuse enveloppe » (les Petits bourgeois).*

Comme détachée, pour nous, de son origine historique, épurée, devenue chiffre abstrait, la certitude de la mise, telle qu'en particulier elle se dégage des descriptions littéraires de vêtements et de tenues, si ostensiblement travaillées de Balzac à Flaubert, exerce sur le lecteur moderne une forme de nostalgie pour un moment où l'on était encore *inondé de code,* comme dit Balzac, où le rêve, les gestes, le savoir, ses incidentes pouvaient encore être *pleins,* observables et déchiffrables; où, en outre, l'uniformisation qui s'amorçait n'avait pas encore atteint le degré où elle est à présent.

Un tel savoir n'est jamais plus accompli que lorsqu'il s'ignore, touchant à la perfection dans l'inconscience absolue de soi. *« Un homme devient riche; il naît élégant »*, édicte le traité balzacien. Et l'on peut alors accumuler sans fin les formules, qui sont, par leur côté intransitif, abrupt, fascinant, comme la traduction, dans l'ordre littéraire, de ce savoir-faire qui transcende toute propédeutique, toute maîtrise : *« Quoique l'élégance soit moins un art qu'un sentiment, elle provient également d'un instinct et d'une habitude »; « L'élégance travaillée est à la véritable élégance ce qu'est une perruque à des cheveux »; « Les salons appartiennent à ceux qui ont le pied élégant comme les frégates à ceux qui ont le pied marin »; « Le luxe est moins dispendieux que l'élégance... »*

On n'a guère de mal à discerner dans ces formules gnomiques la traduction dix-neuviémiste du goût de la négligence, ou de la *sprezzatura,* des traités renaissants sur le courtisan. Elle traverse, elle innerve la définition de la « toilette » dans ce qui l'oppose à la tenue ordinaire ou à la rigidité de l'affectation : *« La toilette ne doit jamais être un luxe, [elle] ne consiste pas tant dans le vêtement que dans une certaine manière de le porter; [elle est] tout à la fois une science, un art, une habitude, un sentiment, [et face à ce sentiment] combien, par le monde, compterez-vous de dévots, de femmes et d'hommes auxquels sont prodigués l'or, les étoffes, les soieries, les créations les plus merveilleuses du luxe, et qui s'en servent pour se donner l'air d'une idole japonaise »* (Balzac, *Traité de la vie élégante).*

Les épaules découvertes [de Béatrix] étincelaient dans l'ombre comme un camélia blanc dans une chevelure noire. La gorge habilement présentée, mais couverte d'un fichu clair, laissait apercevoir deux contours d'une exquise mièvrerie. La robe de mousseline blanche semée de fleurs bleues, les grandes manches, le corsage à pointe, et sans ceinture, les souliers à cothurnes croisés sur un bas de fil d'Écosse accusaient une admirable science de la toilette.

HONORÉ DE BALZAC, *Béatrix*

A cet impondérable, à cet esprit de l'élégance, le XIXe a su donner corps en ajoutant une figure (unique, limite) au répertoire du chiffon : le dandy, inépuisable motif littéraire dont la vie, en forme de recueil d'anecdotes, tendue vers le théâtre, rigoureusement découpée en actes, appelle pour ainsi dire la reconnaissance de l'écrivain (*« Brummel avait donc bien raison de regarder la toilette comme le point culminant de la vie élégante; car elle domine les opinions, elle les détermine, elle règne; c'est peut-être un malheur mais ainsi va le monde »*, Balzac, *Traité de la vie élégante*). Sur la voix de basse continue de l'élégance vraie, définie par son équilibre, sa justesse, sa discrétion et finalement son invisibilité, se détache le *vibrato* chatoyant de la toilette dandy : happax sur lequel vient se risquer la sûreté du goût, mais qui peut aussi bien produire des effets instables, fragiles et sublimes que jamais l'élégance, entendue comme *« perfection des objets sensibles »*, n'atteindra.

On pourrait soutenir que, rhétoriquement, le dandy s'oppose au grand code du vêtement tel qu'il sert dans la grande littérature réaliste du XIXe siècle : à la description (fût-il objet de morceau de bravoure, sa vraie qualité échappe), il oppose l'indescriptible; à la possibilité, au développement, de la lecture, la jouissance violente d'une pure émotion, un regard offusqué. Il ne supporte en somme de littérature qu'indirecte, alors que la robe de mousseline entourée de volants, le châle d'Inde aux fleurs de soie, le chapeau de paille d'Italie, la grosse chaîne d'or de *la Dame aux camélias* de Dumas, ou la

Le dandysme est une hérésie de la vie élégante. [...]

En effet le dandysme est une affectation de la mode. En se faisant dandy un homme devient un meuble de boudoir...

HONORÉ DE BALZAC, *Traité de la vie élégante*

Nous le vîmes au moment de son lever. Sa robe de chambre portait l'empreinte de son malheur; mais tout en s'y conformant, elle s'harmonisait admirablement avec les accessoires de son appartement. Brummel vieux et pauvre était toujours Brummel... et l'ex-dieu du dandysme portait une perruque ! Effrayante leçon !

HONORÉ DE BALZAC, *Traité de la vie élégante*

Mesdemoiselles, je parle pour vous.

Vos robes seront en tulle illusion de toutes nuances mais surtout blanc...

Que des nœuds papillon soient avec un heureux manque de symétrie, posés, pour compléter des volants espacés et plissés très fins; que des floraisons courent en girandoles et espaliers : c'est là un luxe ordinaire et presque facile. Le génie qui métamorphose des tissus en papillons et en fleurs, le cède encore devant la splendeur pure et simple des tissus eux-mêmes, tulle blanc lamé argent... ou poudre d'or ainsi que de la poussière de gemmes multicolores. Pas d'ornementation inutile dans ce cas ni de surcharges vaines, autres que les mille complications tirées de la façon seule de la jupe, volants, bouillonnés placés comme ceci, comme cela, haut, bas : rien de plus que ce prestige éparpillé et lumineux.

STÉPHANE MALLARMÉ, extrait de *la Dernière mode*

robe à mille raies de Mme de Mortsauf sont à priori de la littérature, impliqués dans un processus d'échange et de don.

Par son souci de composer — de construire véritablement son corps comme une œuvre, ôtant d'un côté, accentuant de l'autre —, le dandy retrouve cependant le siècle contre lequel, par tant d'autres aspects, il s'élevait, et où nous voyons plus qu'une curiosité : il fait avant tout de la mode un instrument de dissimulation. Et la victoire définitive de Poiret sur Worth, l'annulation véhémente du corset, les décennies accumulées de chic confondu avec l'aisance, la fluidité, le naturel ont tout pour rendre aveugle le « lecteur » moderne à cette valeur, pourtant fondamentale, de la mode qui en apparaît de plus en plus comme l'interdit. « *Nous permettons* — lit-on dans le recueil des *Belles femmes de Paris* paru en 1839 — *le corset aux femmes mal faites : rien de plus excellent pour rectifier, pour dissimuler, pour rajuster* »... La mode comme secret, hypocrisie (glorieuse), silence, mensonge, politesse, contrainte, formalisme, leurre tendu au regard (ignorant)... Arc de nuances qui traverse les textes que Mallarmé, ponctuant le siècle, consacra au « *tulle illusion de toutes nuances* »; lui, précisément, qui saisit la mode sous le biais presque exclusif du langage, sinon du mot, du bonheur d'expression, comme un fulgurant *accompli*, événement disparu avant d'être saisi, réalité située dans un *no man's land* ombreux où elle se résout en quelques phosphorescences éblouissantes.

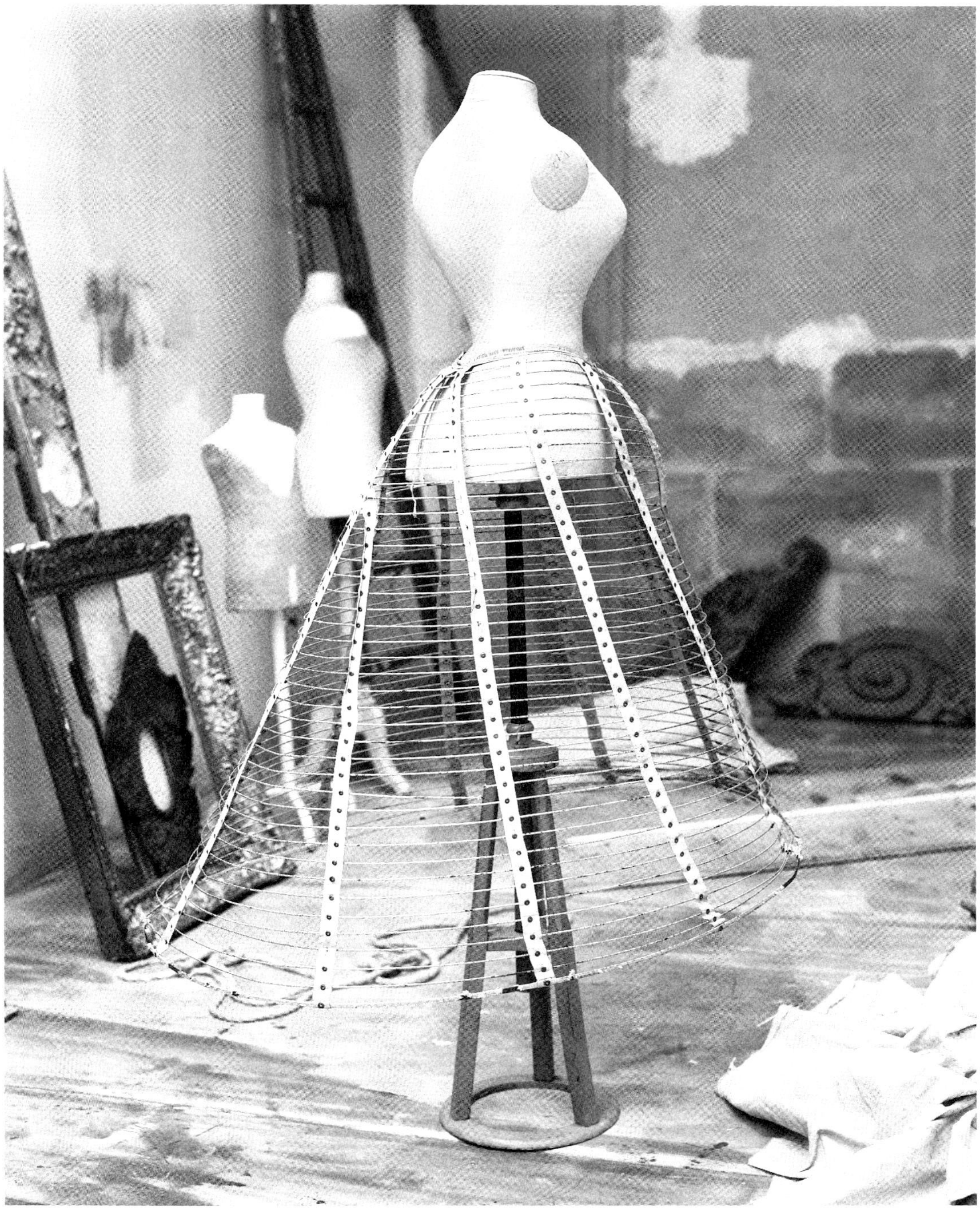

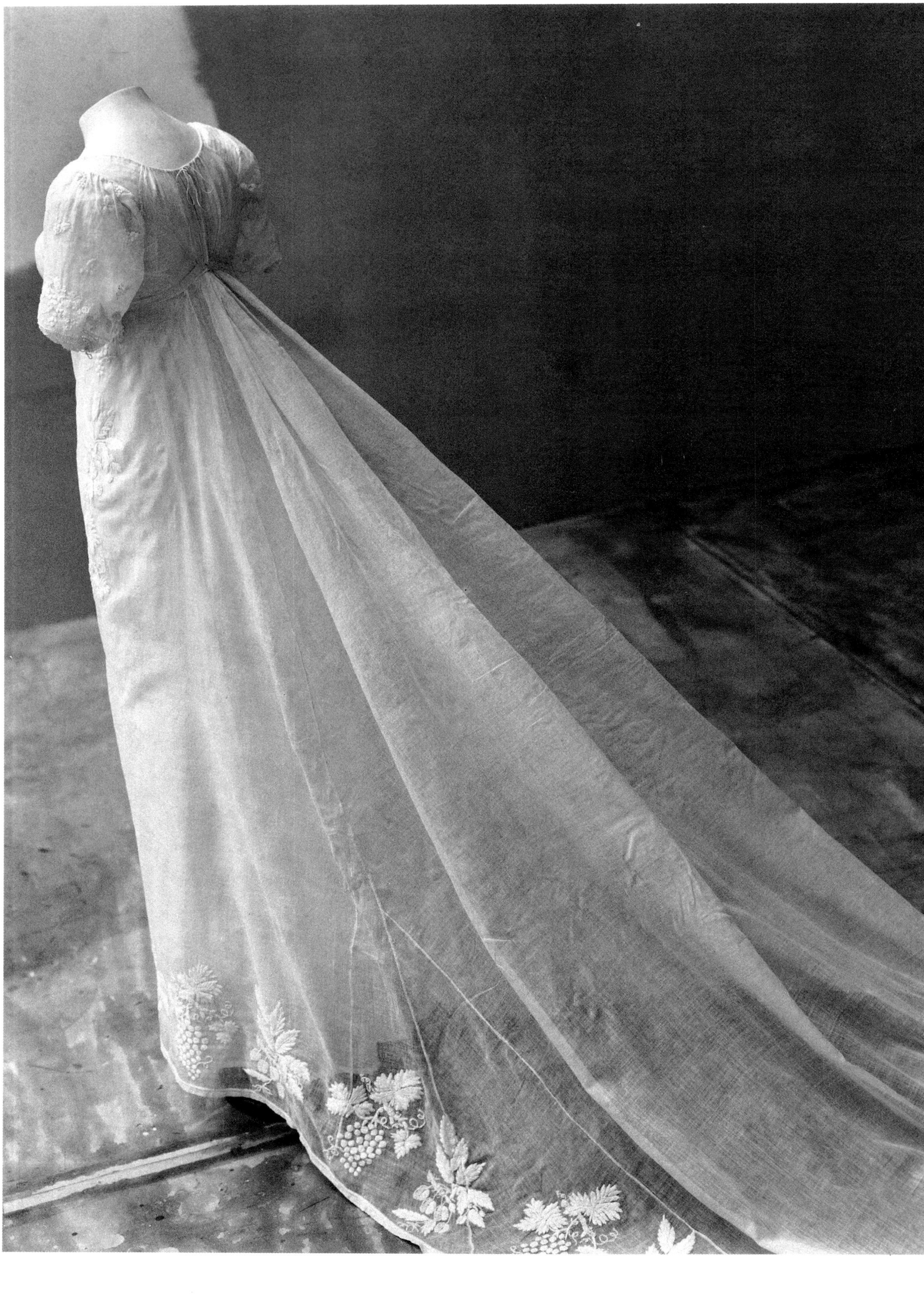

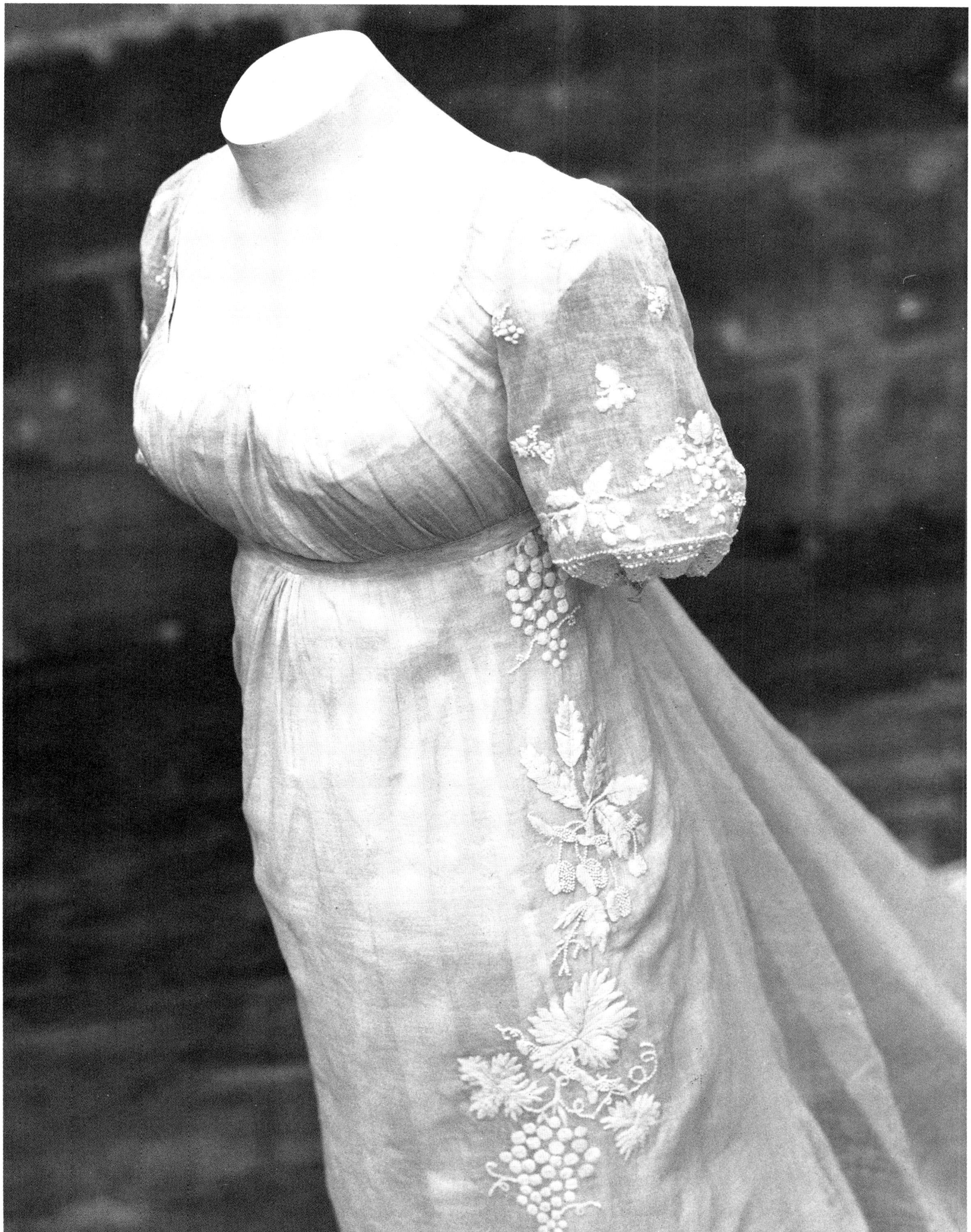

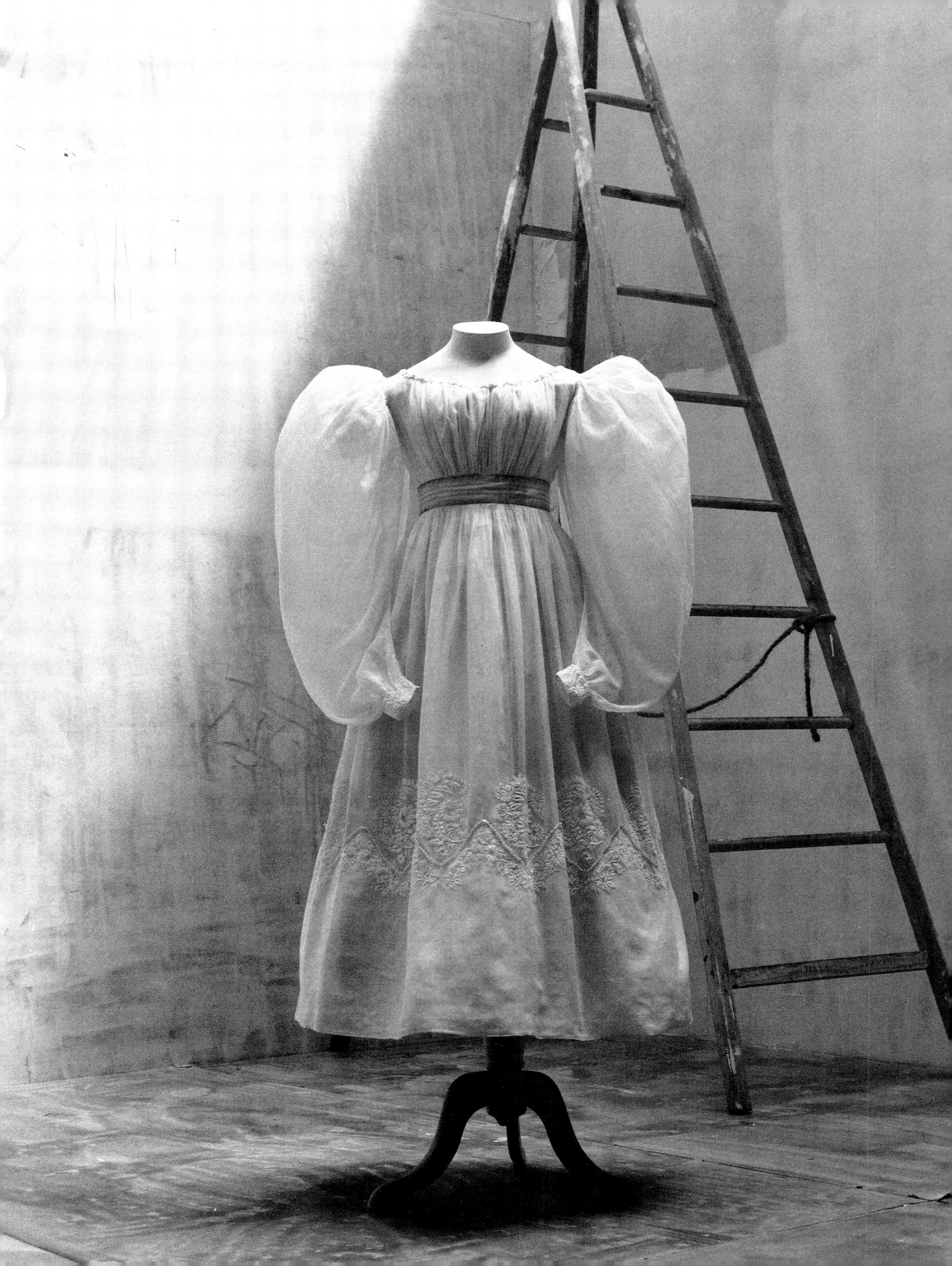

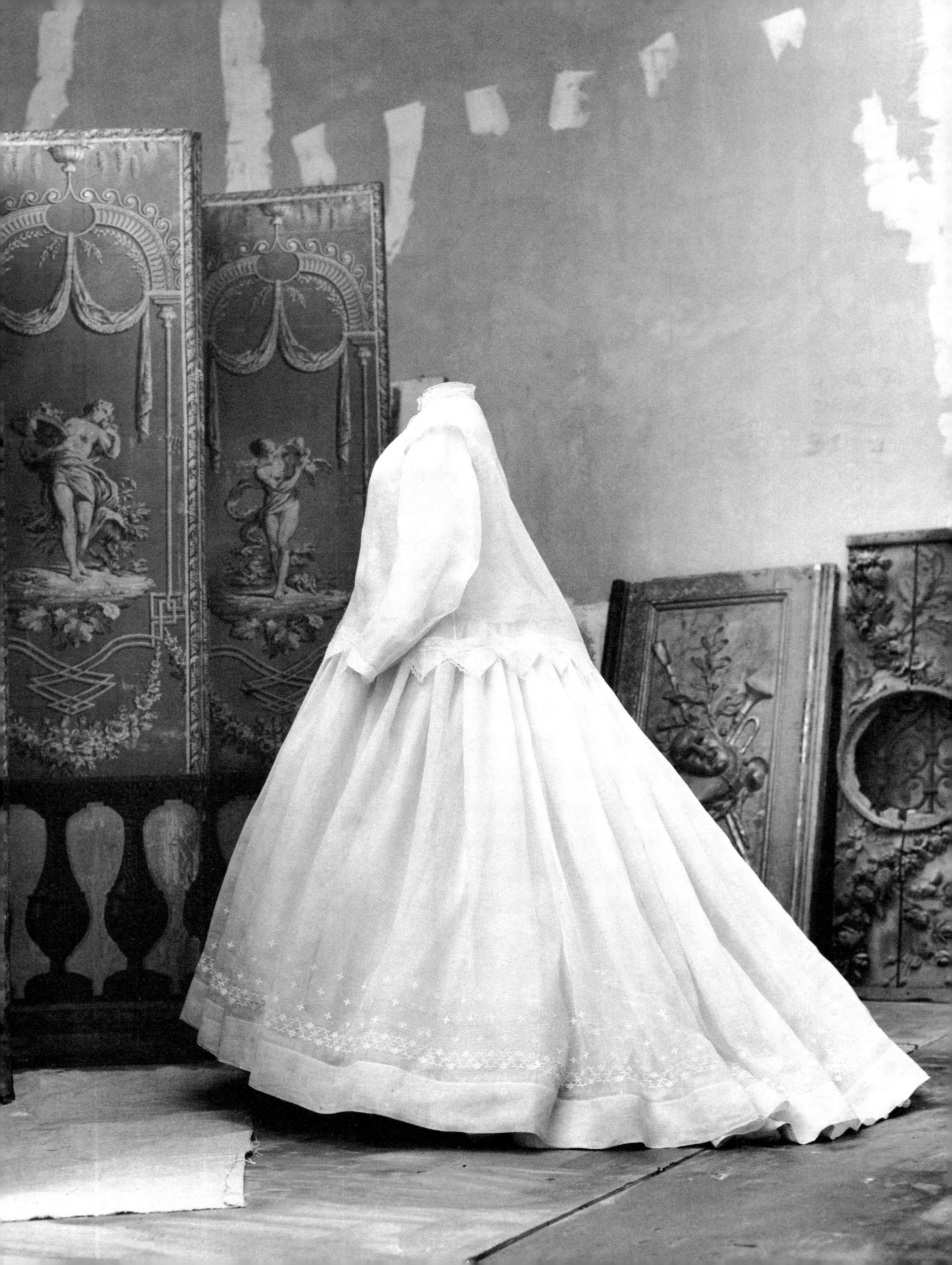

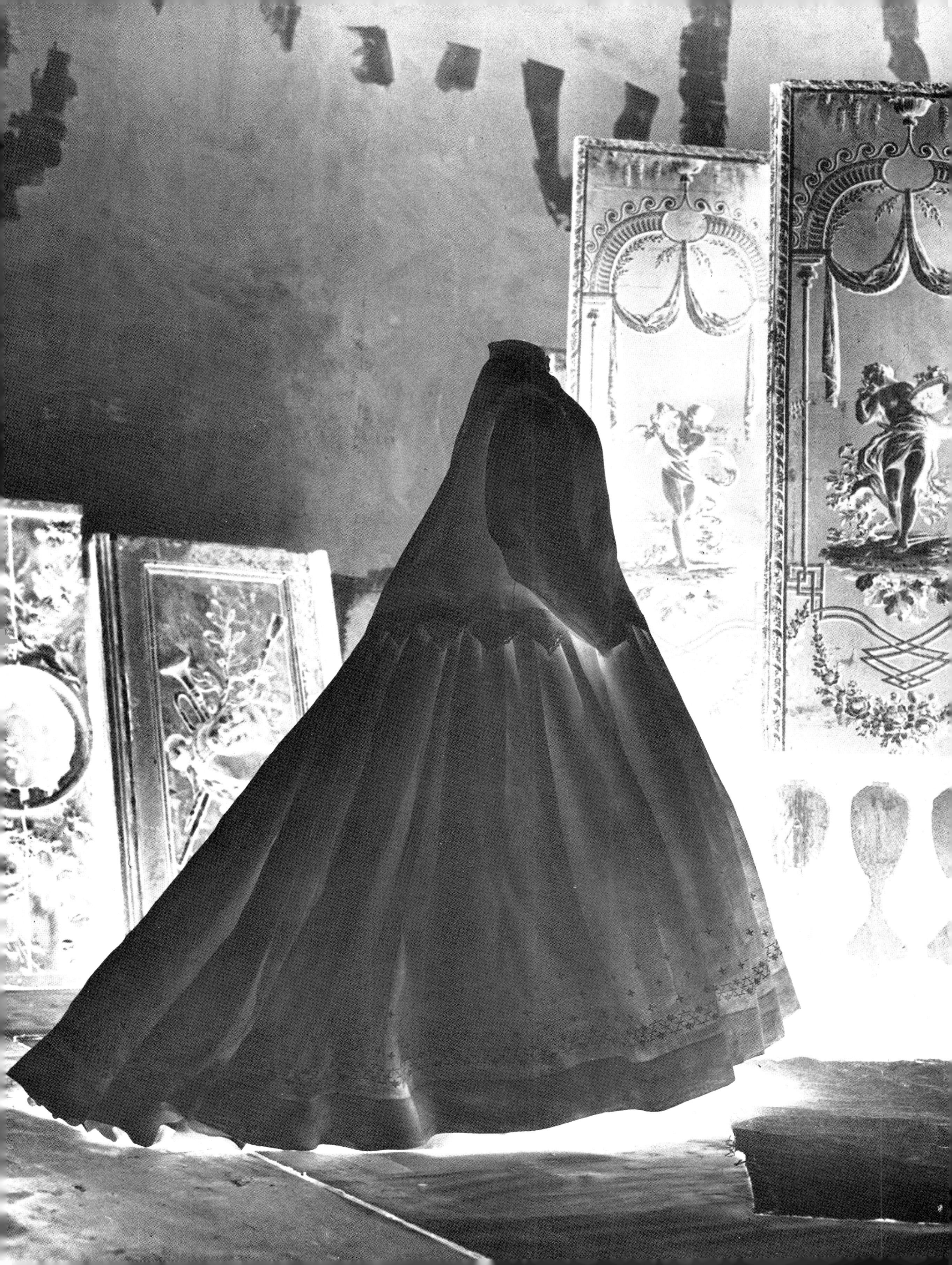

Pages précédentes : 40

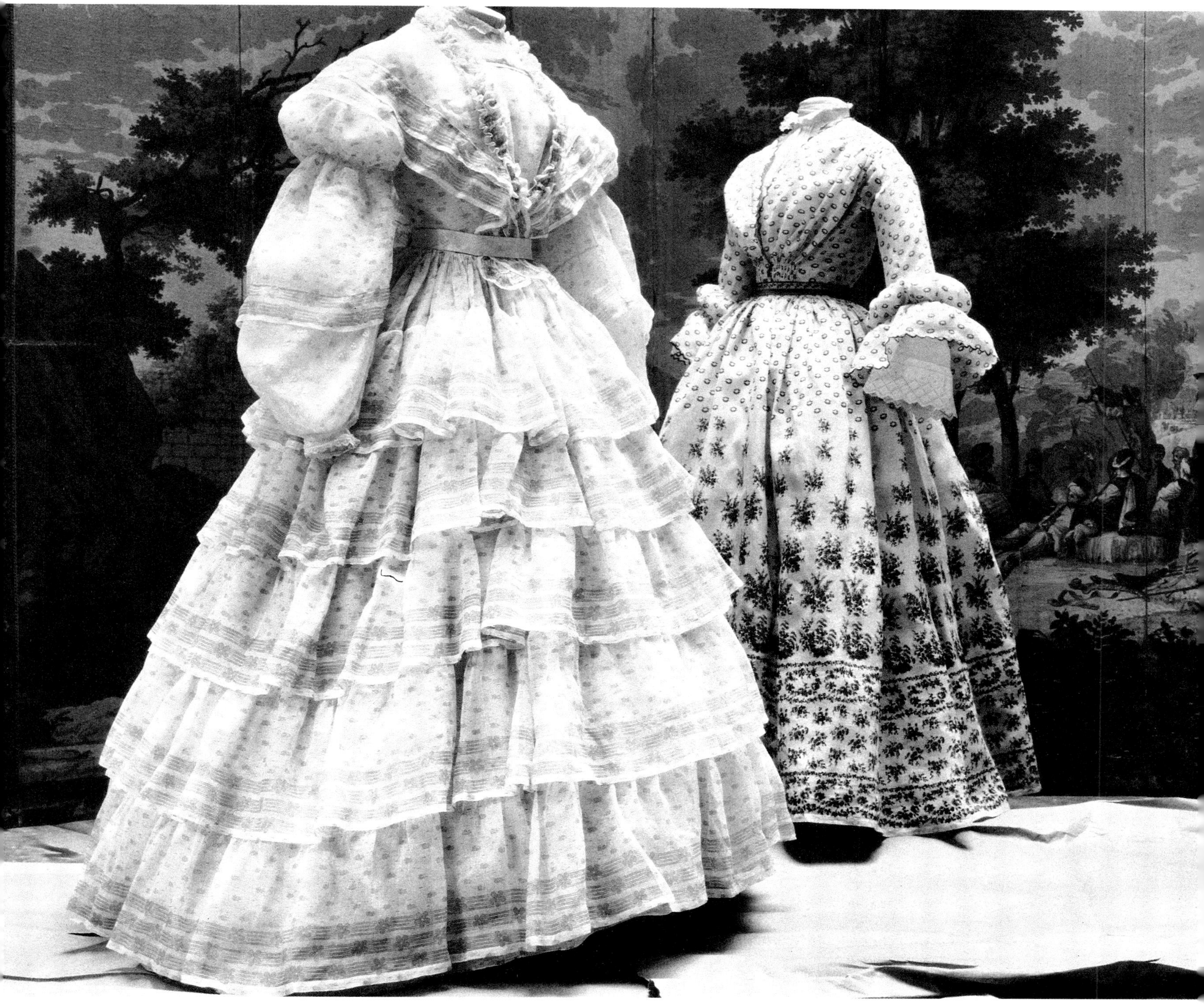

38

36

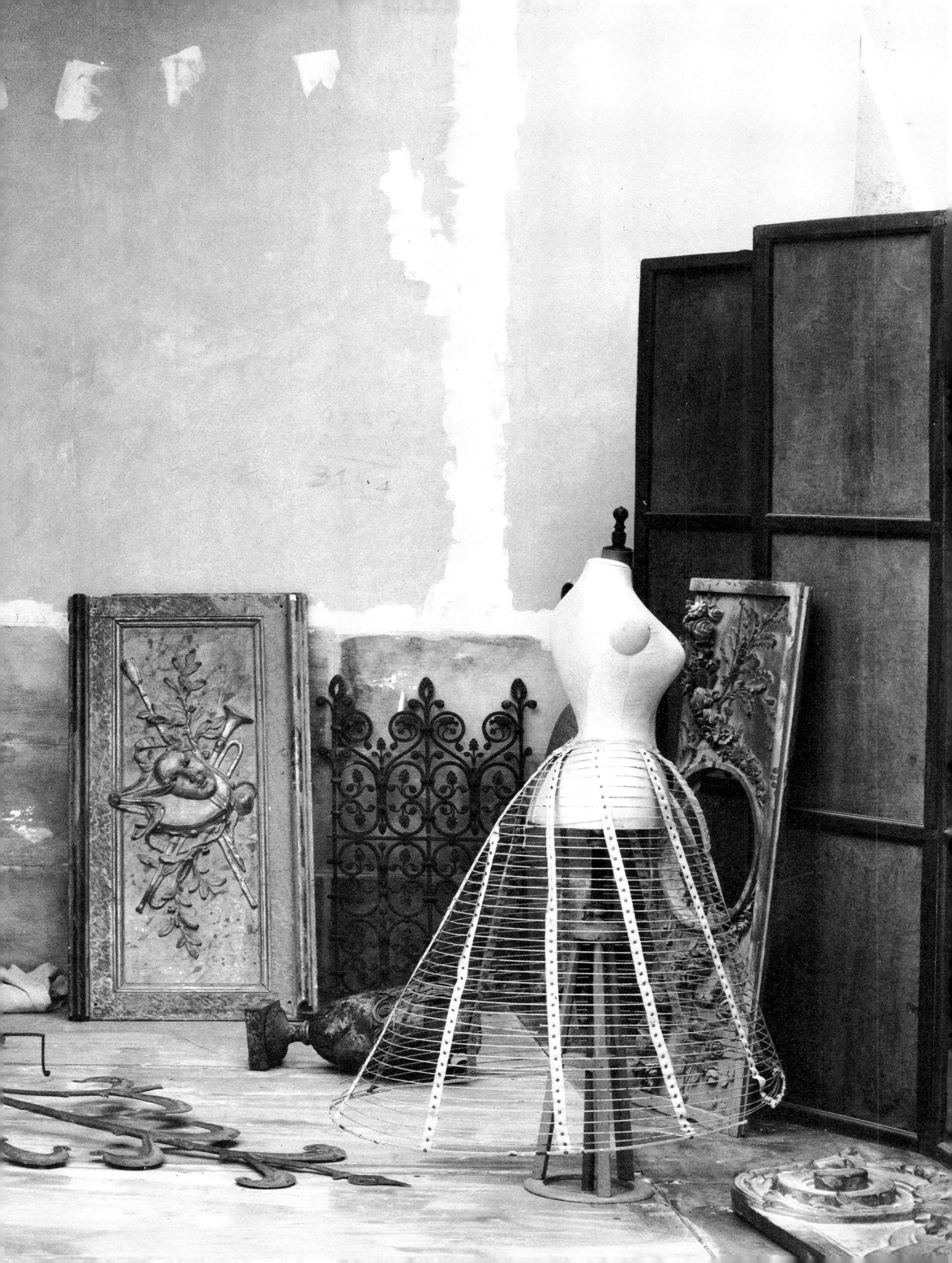

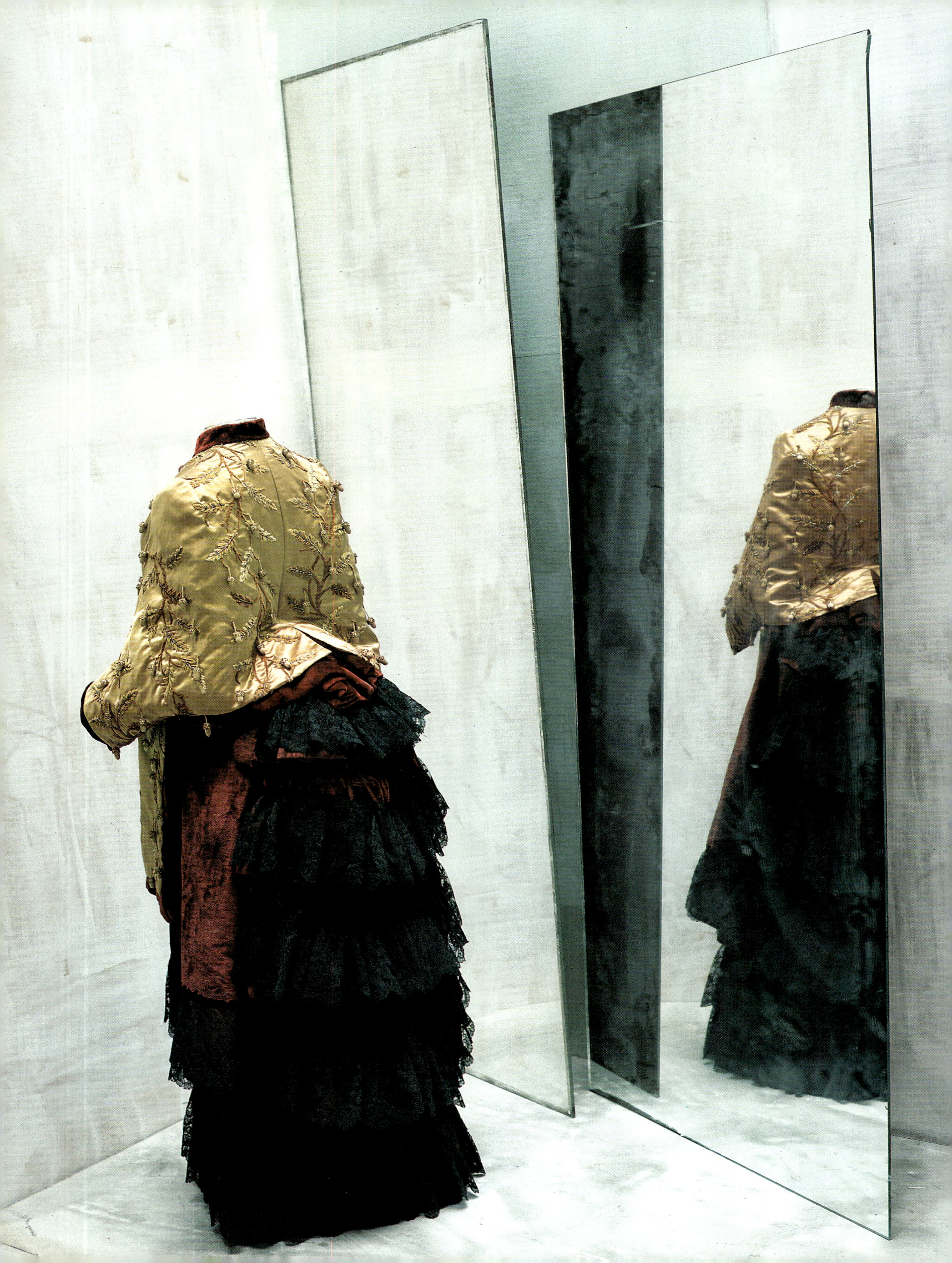

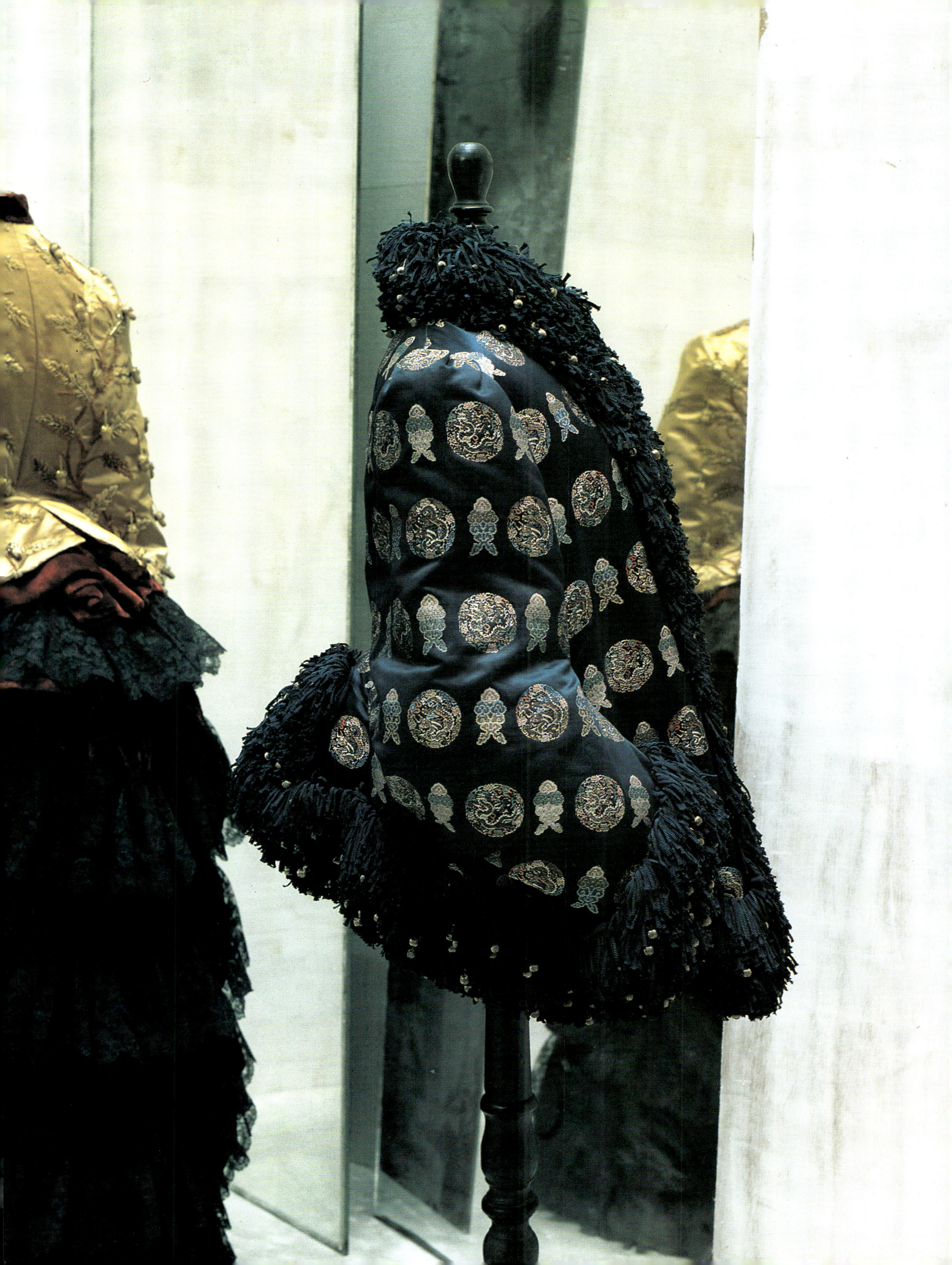

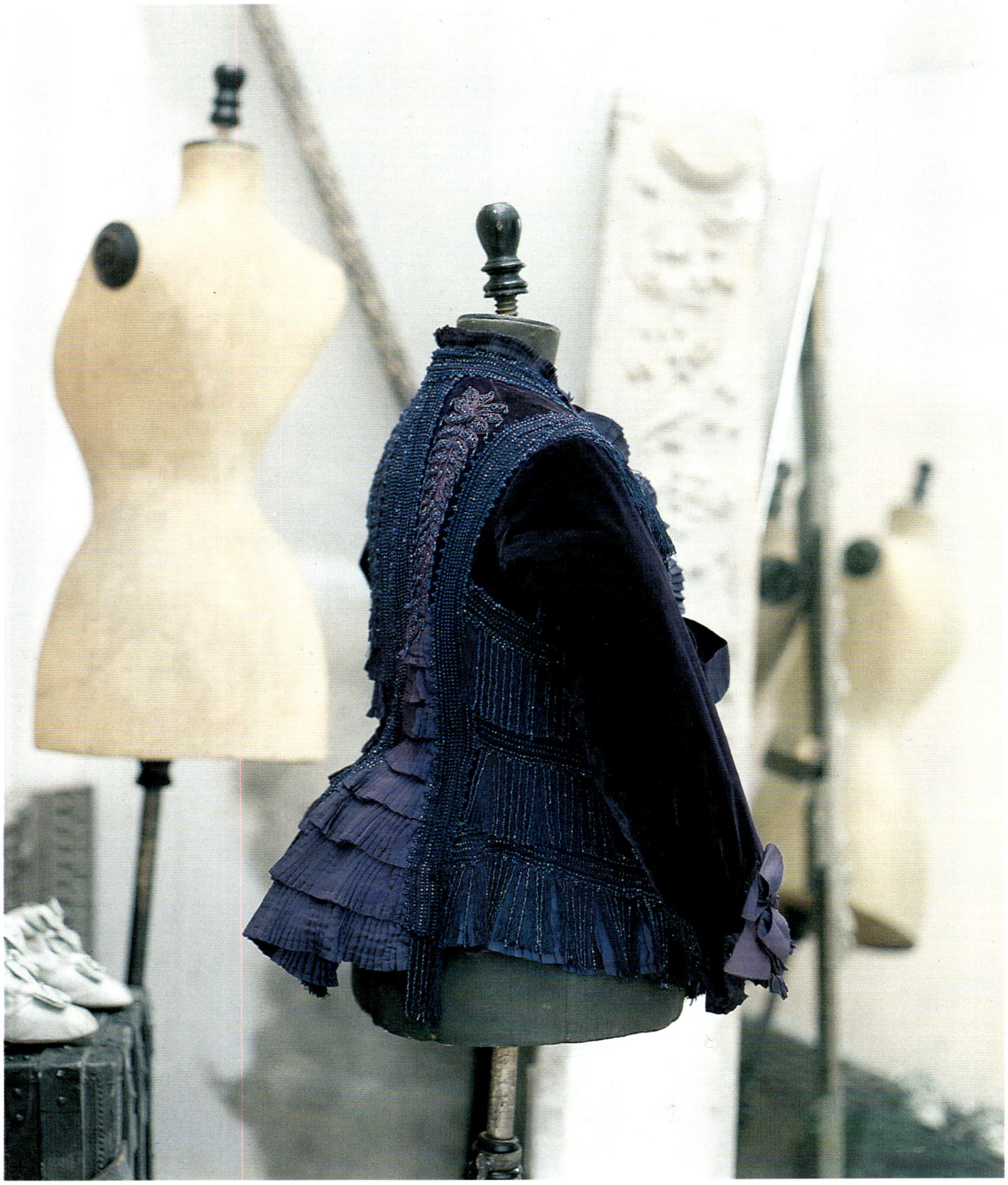
42

Pages précédentes : 46,44

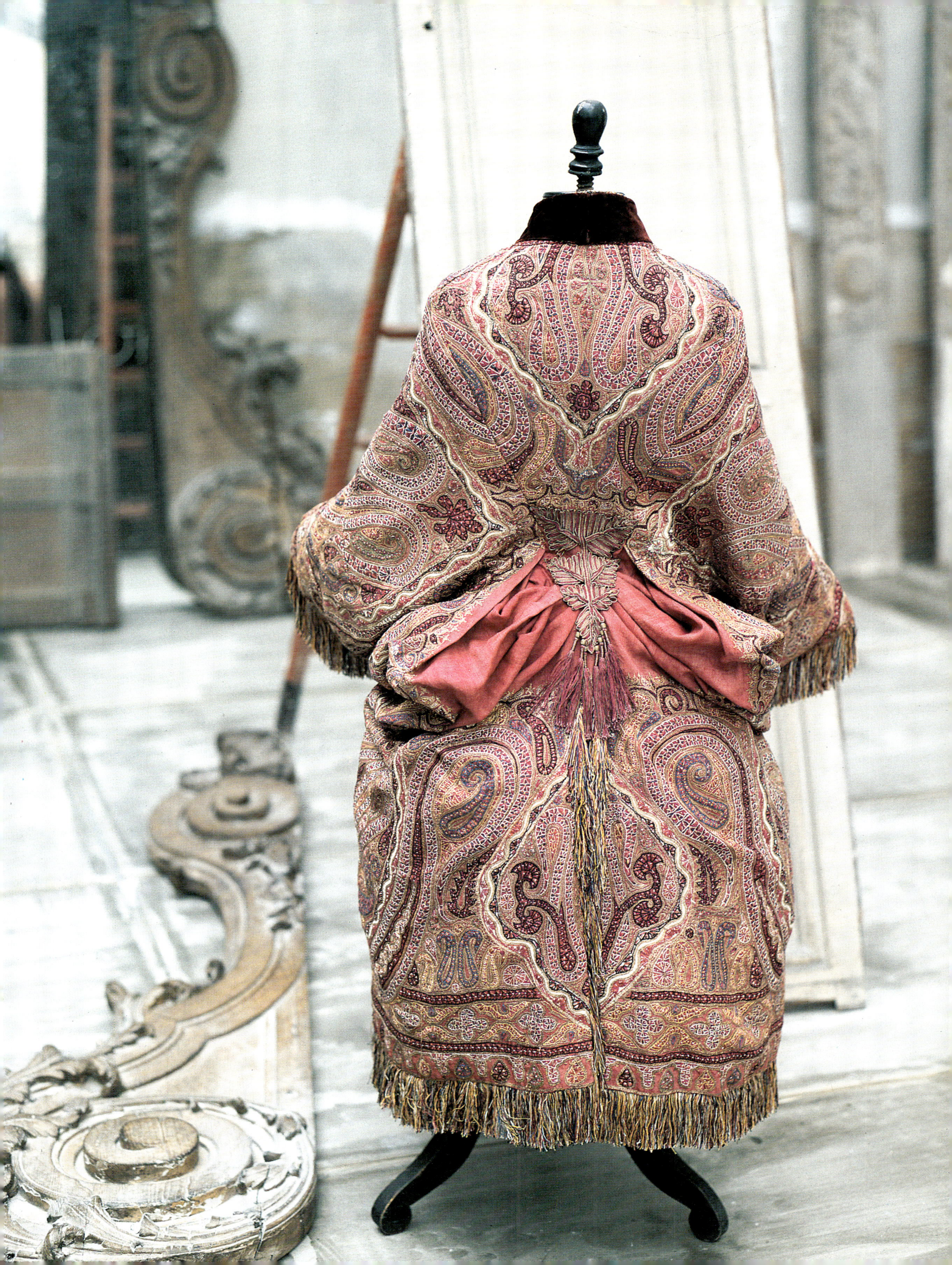

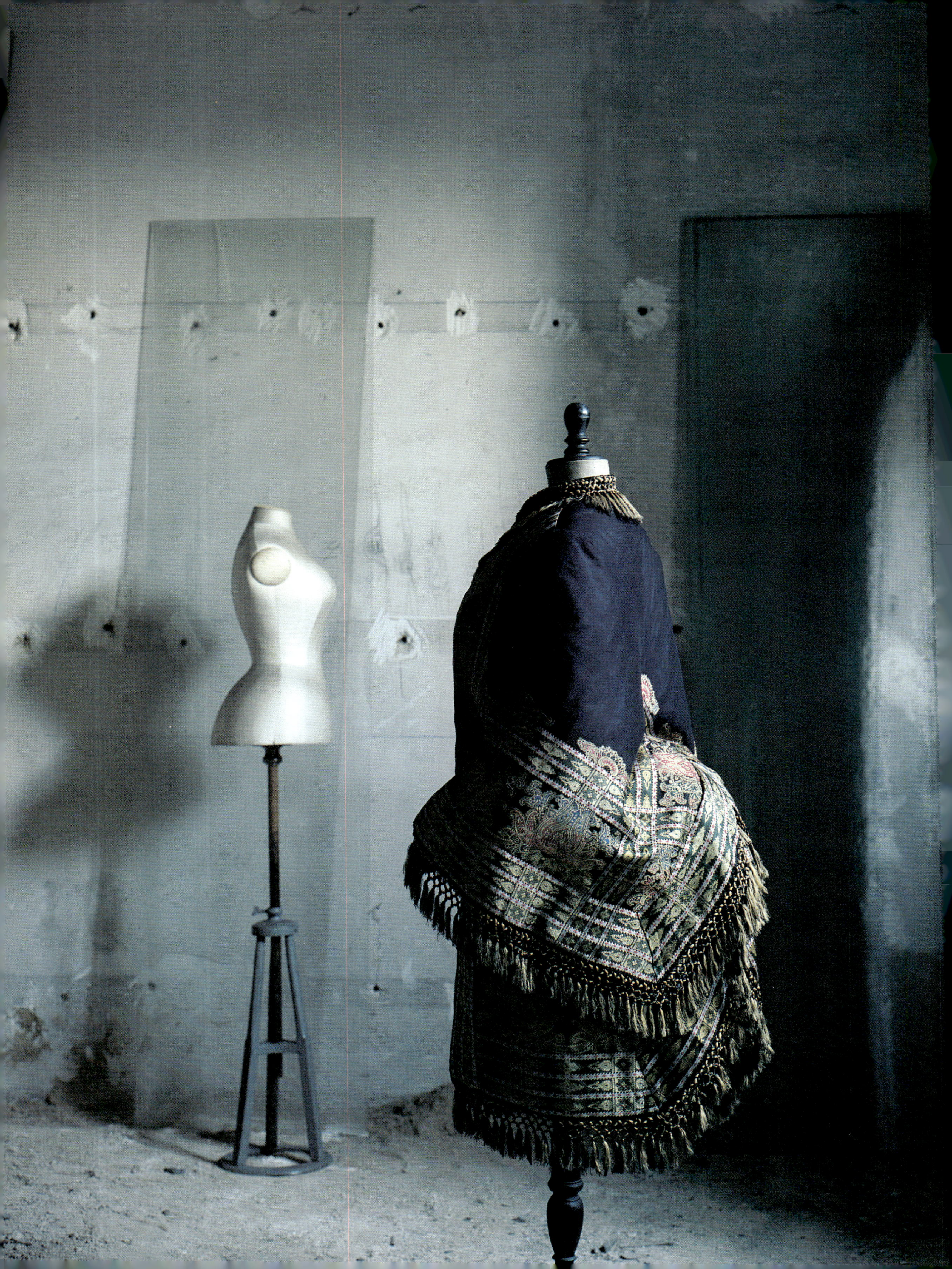

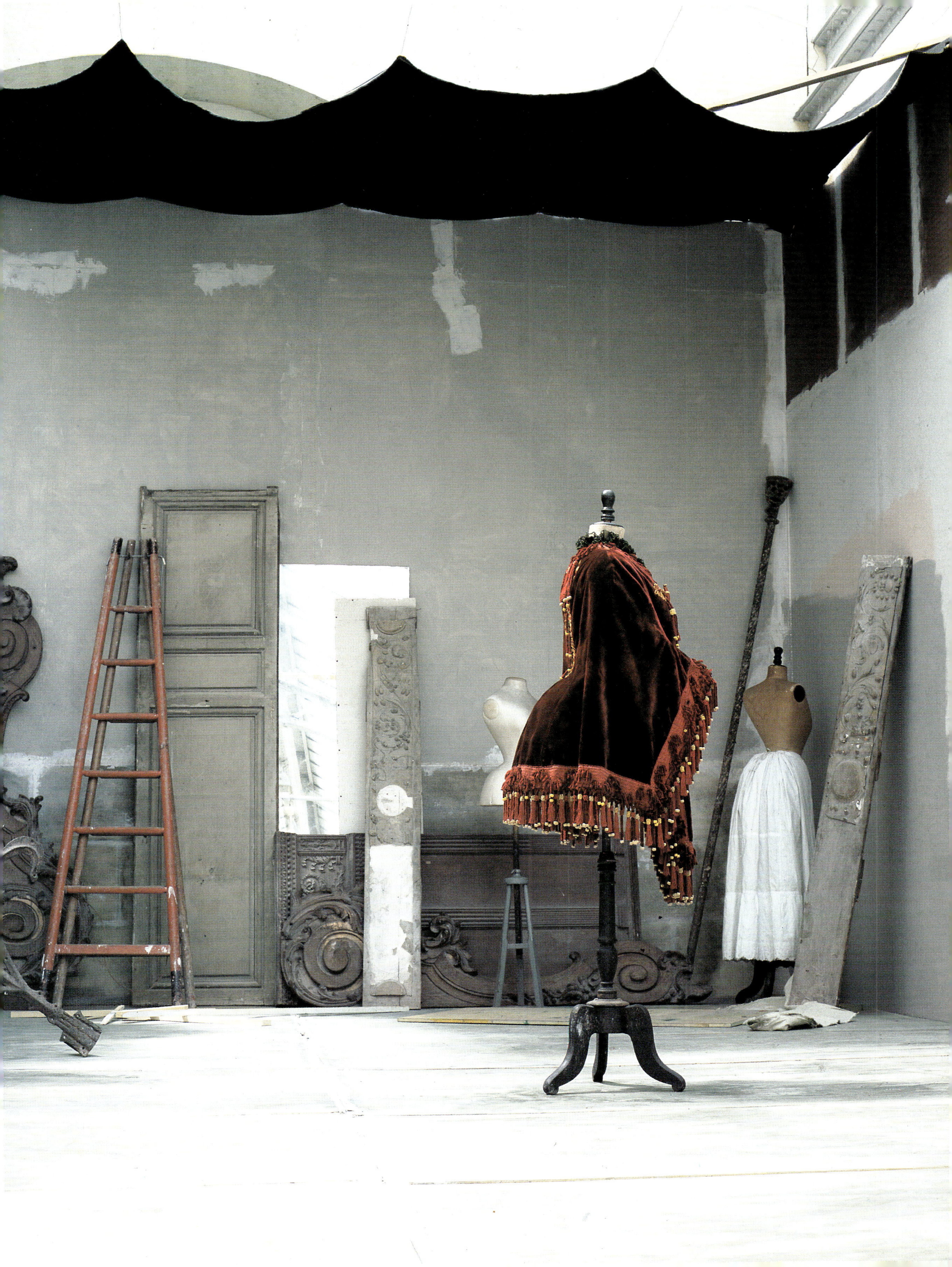

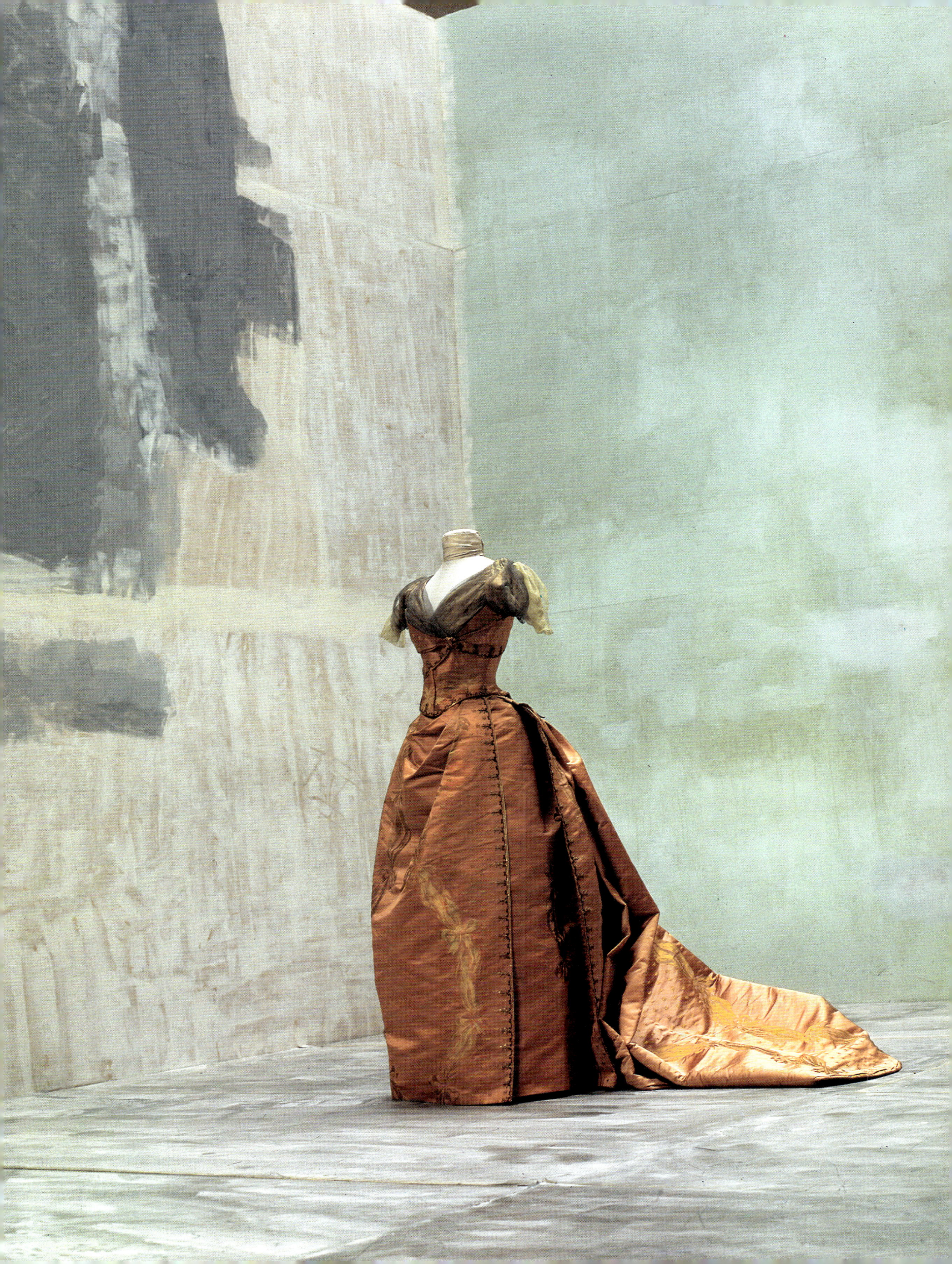

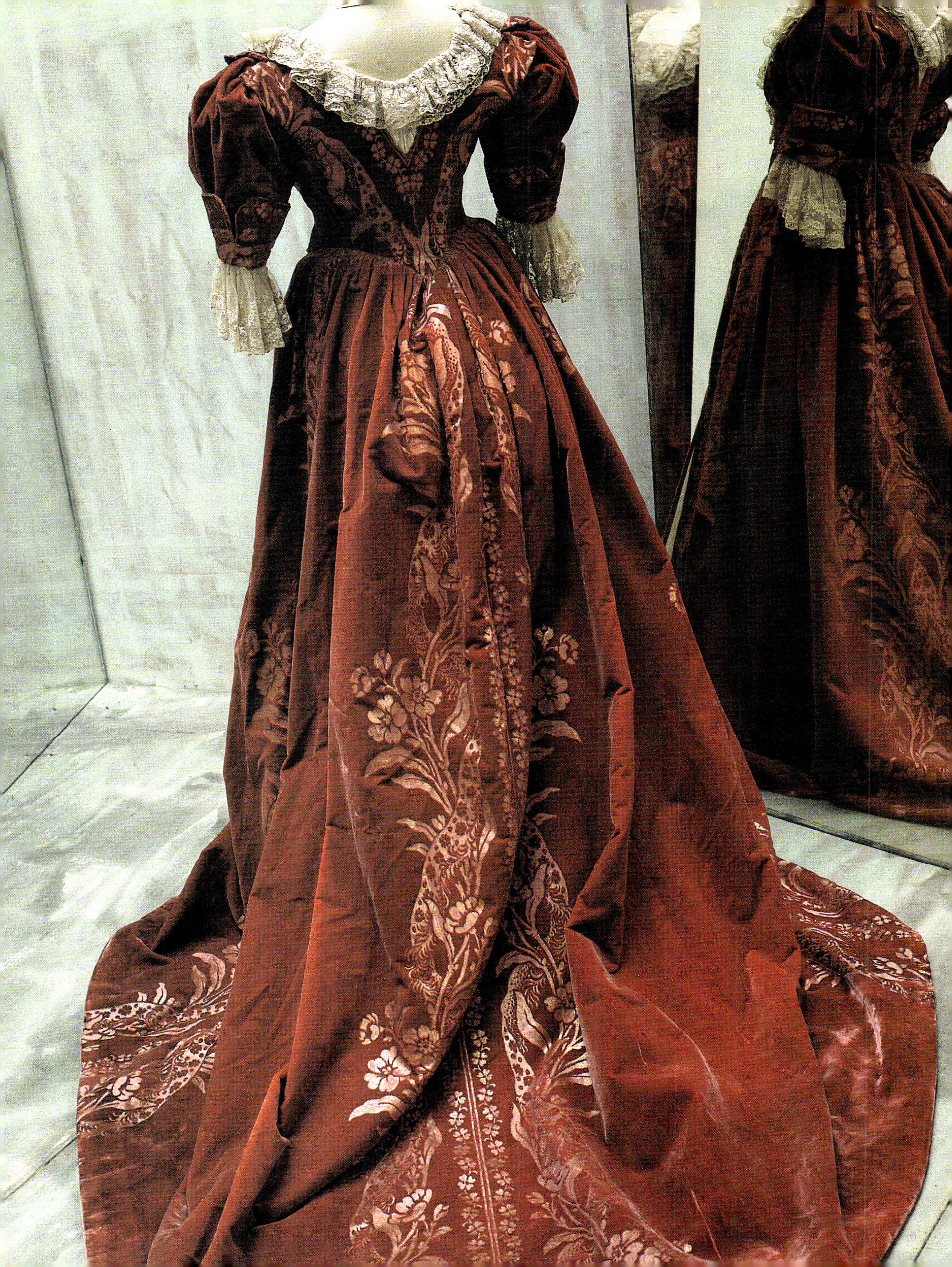

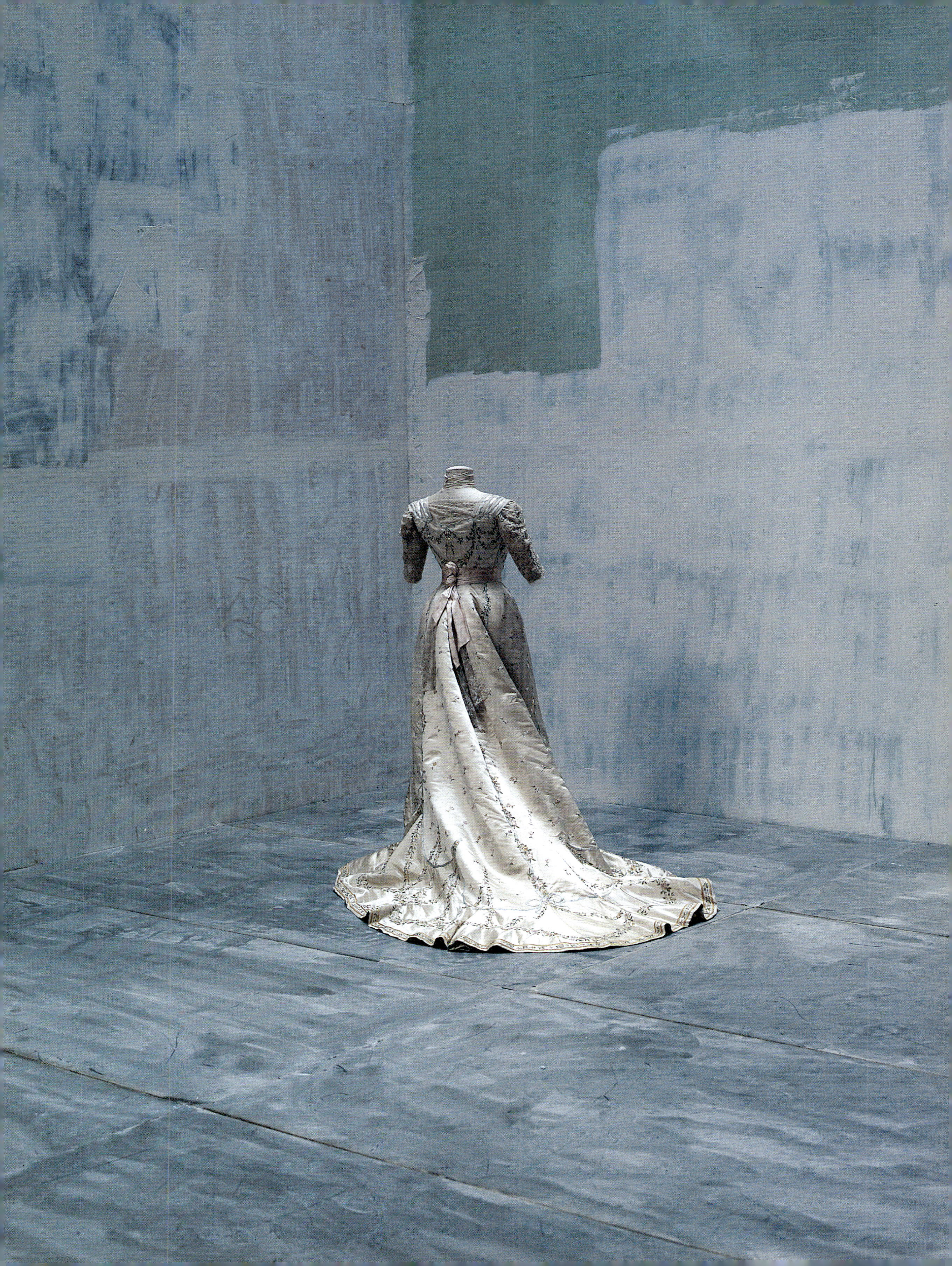

31

ROBE DE MARIÉE
Vers 1805

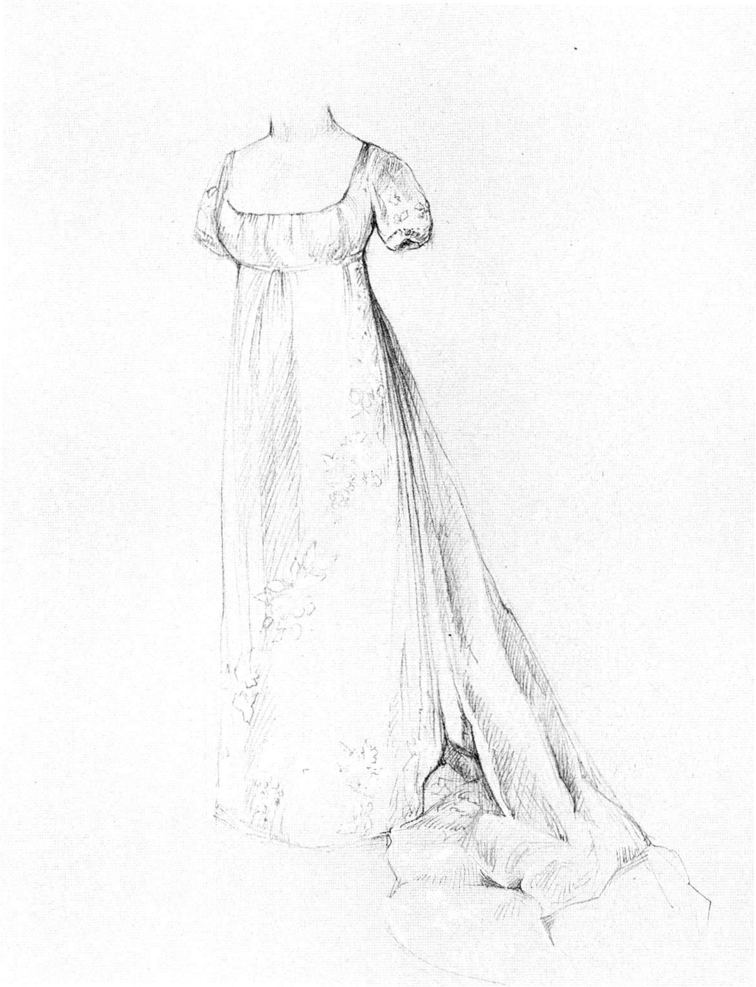

Linon brodé d'une frise de pampres de vigne et branches de cerises (?) partant, en biais, de la ceinture pour former la bordure du bas de la jupe et de la traîne.
Même motif sur les manches, mais disposé en semis.

LIN.

BRODERIE AUX POINTS LANCÉ ET DE NŒUD.

Don des familles Delpech-Schlumberger, 1976.
Inv. U.C.A.D. 45569

32

ROBE
Vers 1825

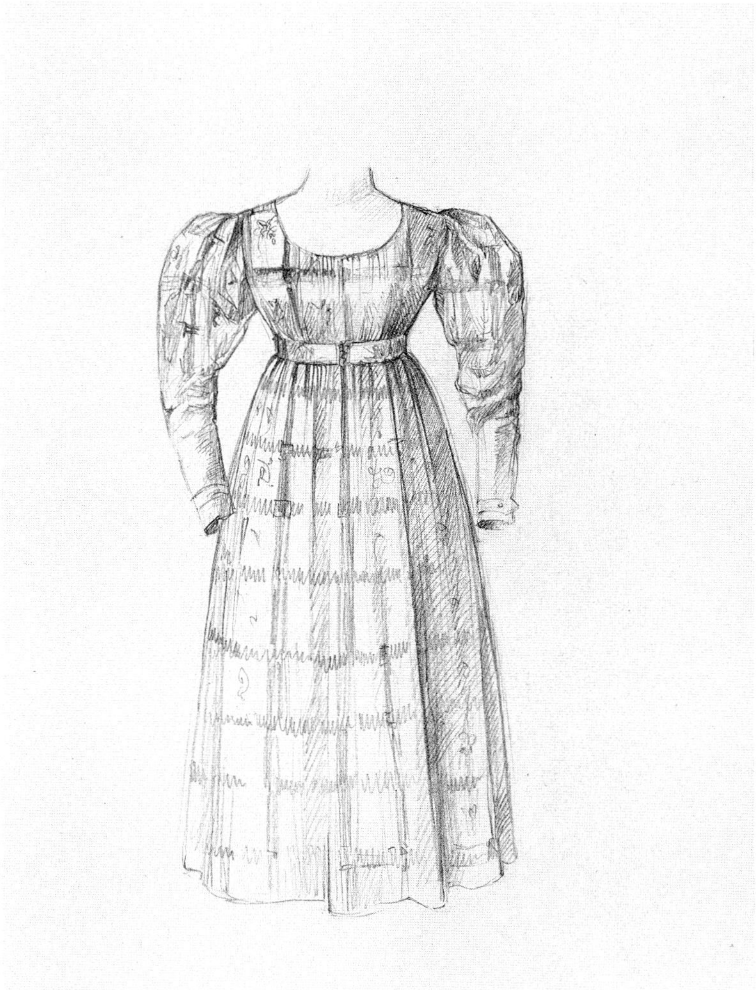

Percale blanche imprimée à décor de bouquets de fleurs d'oranger encadré de rayures ornées de fleurettes stylisées (polychromes), corsage coulissé à quartiers, manches légèrement bouffantes du haut.

COTON.

Don de Mme H. Lavedan, 1951.
Inv. U.F.A.C. 51.9.3

33

ROBE
Vers 1830

Linon blanc, large décolleté, manches à gigot, bas de robe orné d'un motif de palmette fleurie inscrite dans une bordure dentelée et festonnée formée par la découpe de l'ourlet et soulignée d'une guirlande.

LIN.

BRODERIE AU PLUMETIS.

Robe ayant appartenu à la bisaïeule de la donatrice.

Don de Mme E. Charles-Roux, 1975.
Inv. U.F.A.C. 75.13.1

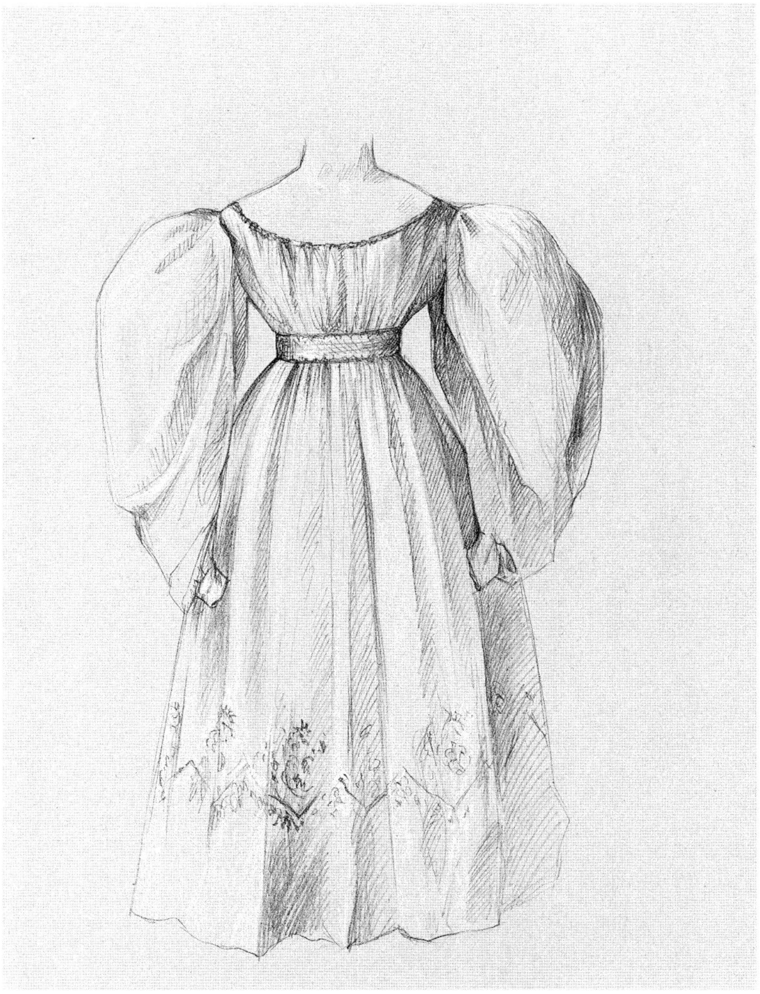

34

ROBE
Vers 1830

Linon blanc brodé au-dessus de l'ourlet de motifs floraux, manches à gigot.

LIN.

BRODERIE AU PLUMETIS.

Ancienne collection Bonneval.
Acquisition vicomtesse de Bonneval, 1949.
Inv. U.F.A.C. 49.32.32

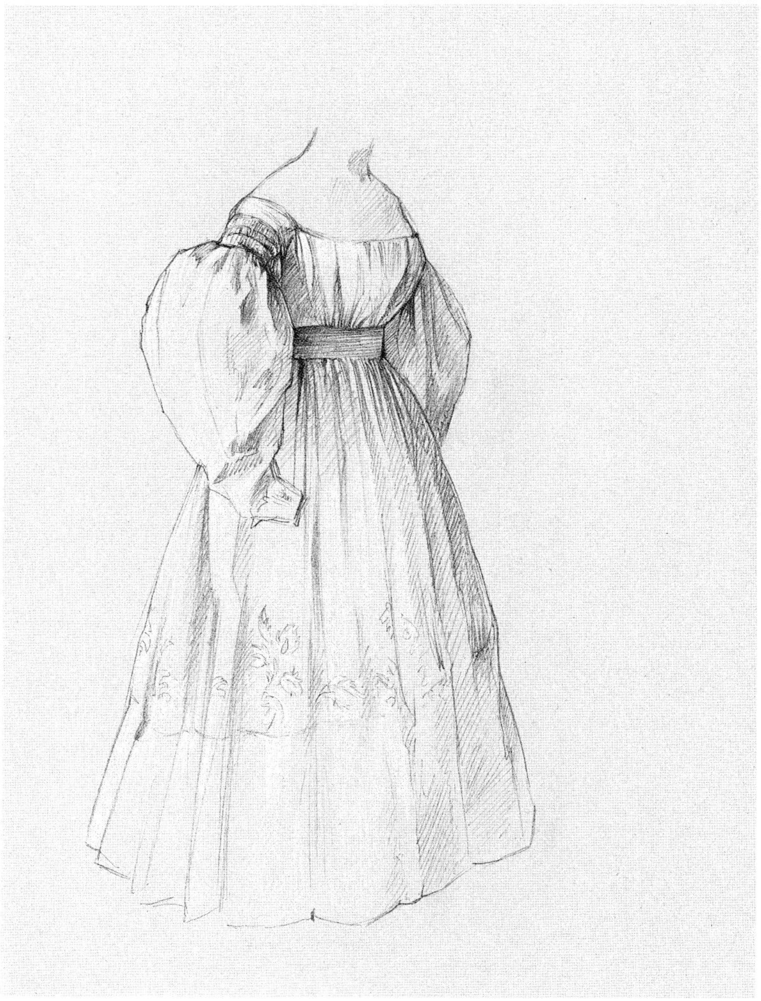

35

ROBE
Vers 1840

Taffetas prune, corsage croisé, agrafé sur le côté, ample jupe froncée, doublure molletonnée en taffetas vert.

SOIE.

Cette robe est portée avec un châle de cachemire et évoque les costumes à l'orientale.

Don de Mme Crou, 1957.
Inv. U.F.A.C. 57.22.1

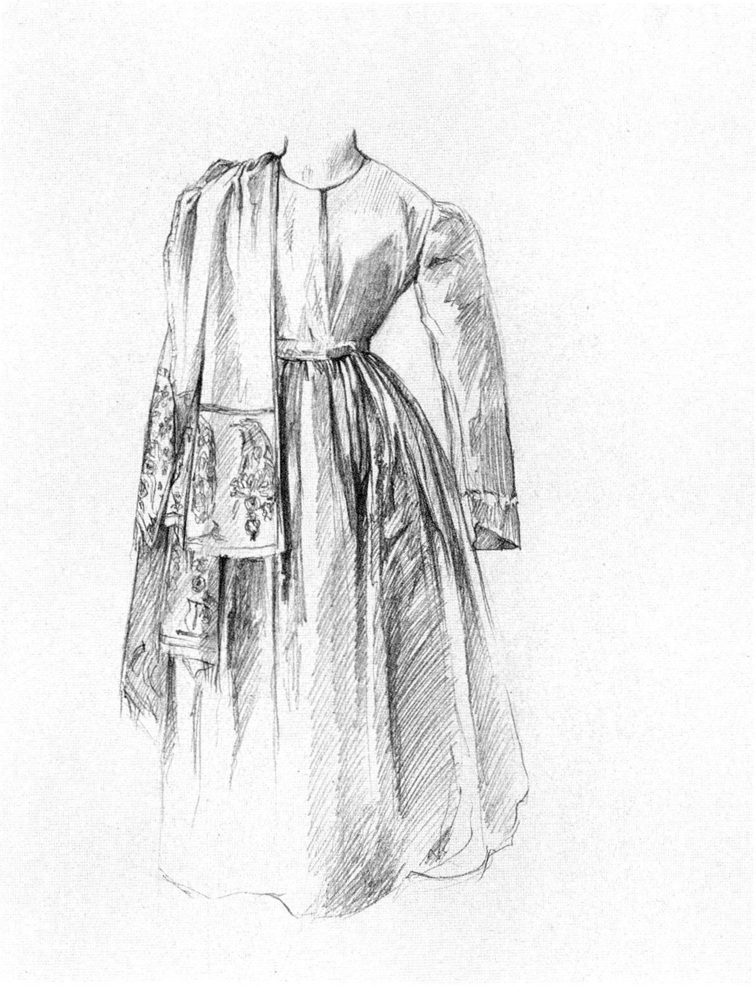

36

ROBE
Vers 1840

Mousseline blanche imprimée à disposition de petites couronnes et de bouquets violets, décolleté en pointe bords festonnés violets, manches pagodes terminées par un gros bouillonné et un volant festonné violet.

COTON.

Don de Mme H. Lavedan, 1951.
Inv. U.F.A.C. 51.9.10

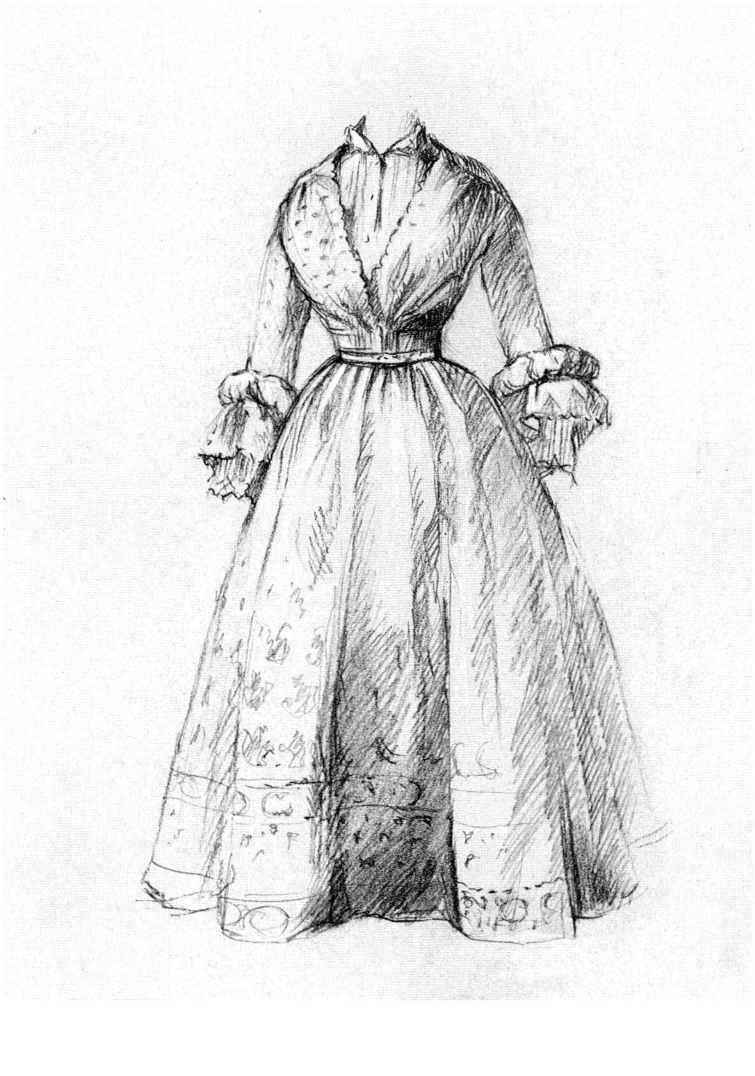

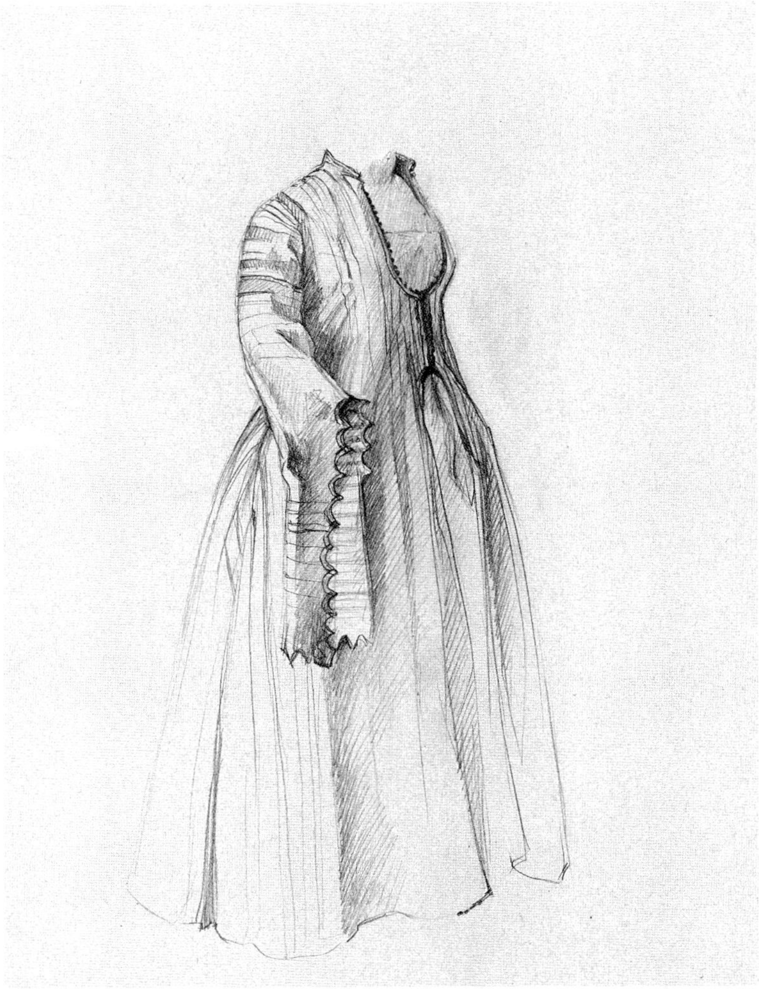

37

CAFTAN
Vers 1840

Soie rayée bleu, blanc et or, manches ouvertes découpées en créneaux.

SOIE.

Origine turque XIXe siècle.
Les vêtements proviennent de l'atelier de Jean Gabriel Domergue, qui s'en servait pour travestir ses modèles.

Don de Mme J.-G. Domergue, 1980.
Inv. U.F.A.C. 80.16.1

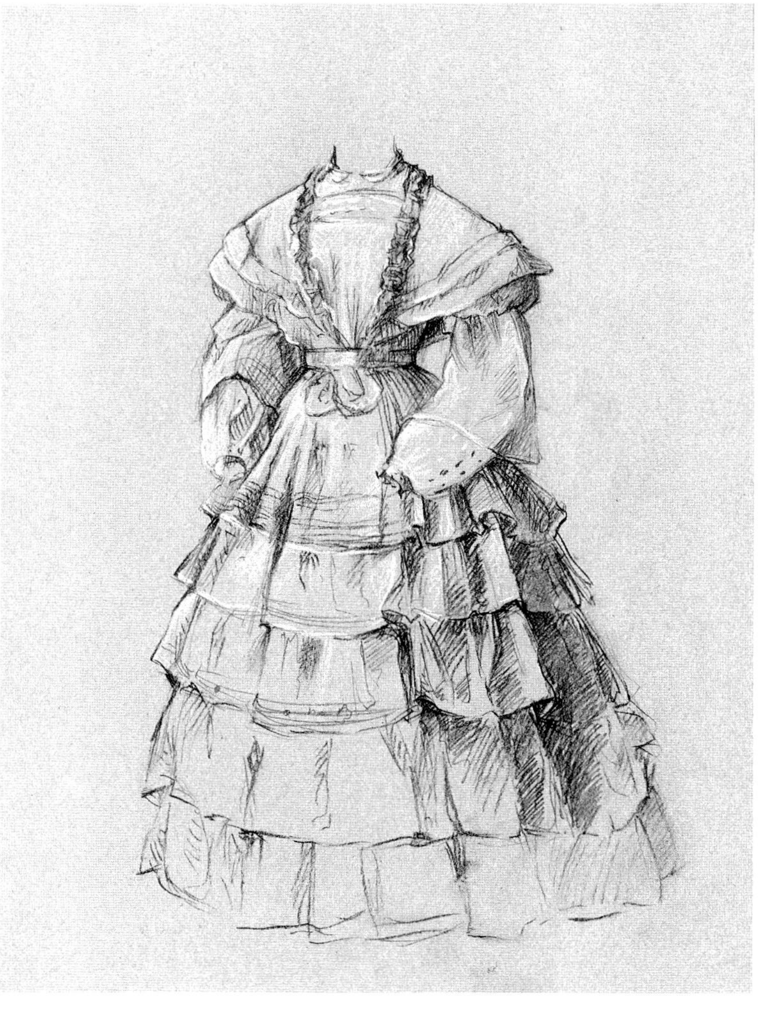

38

ROBE
Vers 1854

Mousseline blanche imprimée à disposition de bandes horizontales dans le bas des manches et des volants et de fleurettes roses, corsage à manches évasées, jupe à cinq volants; fichu assorti croisé à la taille.

COTON.

Cette robe a été portée à La Trinidad par une grand-tante de la donatrice née en 1817.

Don de Mlle Guérin, 1965.
Inv. U.F.A.C. 65.16.1

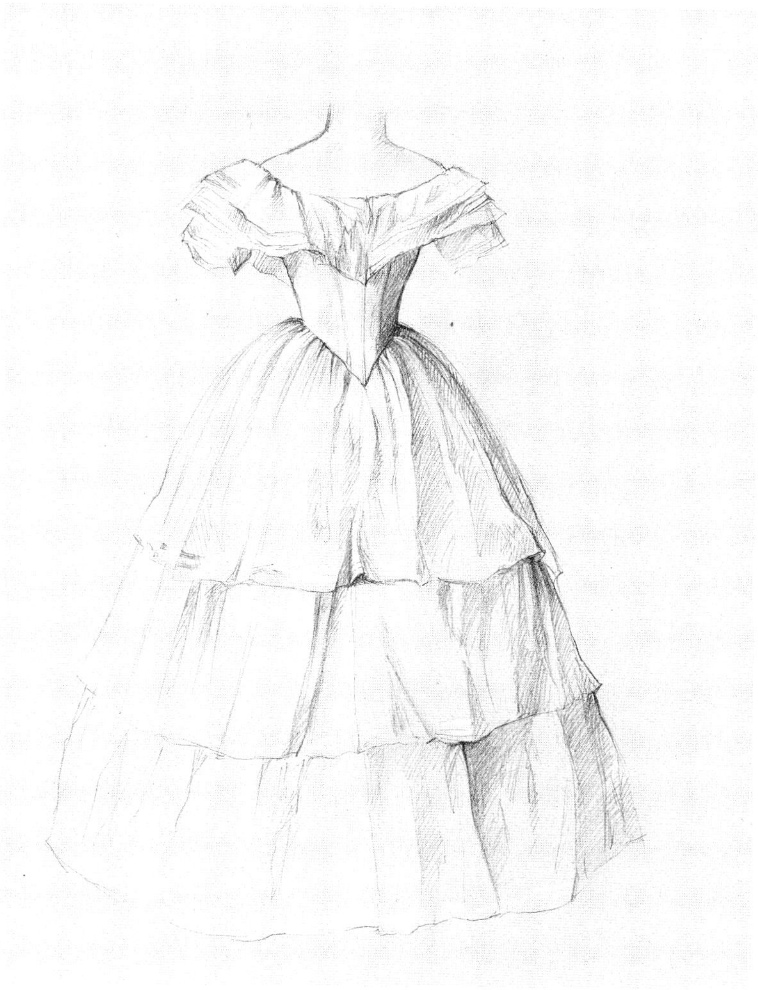

39

ROBE
Vers 1850-1855

Linon blanc garni de rubans de satin blanc, corsage baleiné et lacé dans le dos avec deux volants autour du décolleté, jupe à trois volants.

LIN, SOIE.

Acquisition M. Natter, 1974.
Inv. U.F.A.C. 74.26.1

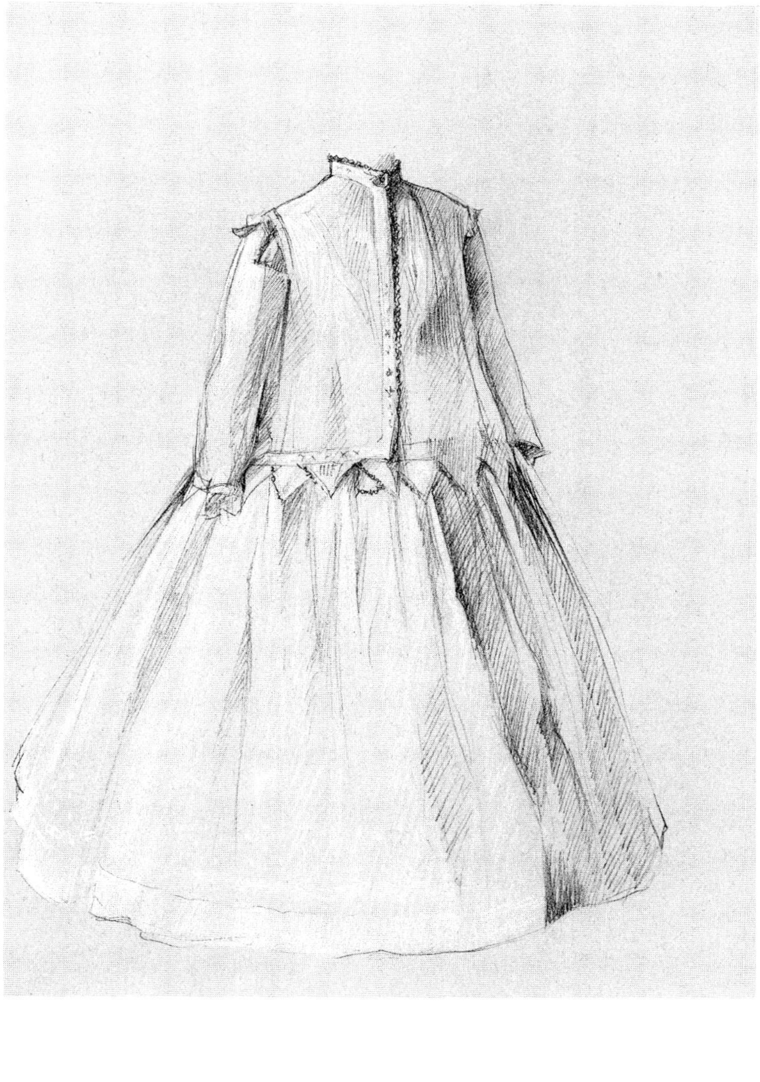

40

ROBE A CRINOLINE
Vers 1860

Veste de linon blanc dite « saute en barque » à manches longues et col droit, bordure découpée agrémentée de dentelle, jupe brodée au-dessus de l'ourlet d'une frise de motifs géométriques et de fleurs, surmontée de trois rangs de fleurettes.

LIN, COTON.
BRODERIE AU PLUMETIS.

Don de Mme Creux, 1952.
Inv. U.F.A.C. 52.19.1 AB

41

ROBE A CRINOLINE
Vers 1860

Piqué blanc orné d'un motif géométrique de soutache noire soulignant les découpes de la veste et du gilet gansés de noir.
COTON, SOIE.
BRODERIE EN APPLICATION.

Don de Mme de Marcheville, 1950.
Inv. U.F.A.C. 50.30.41 AB

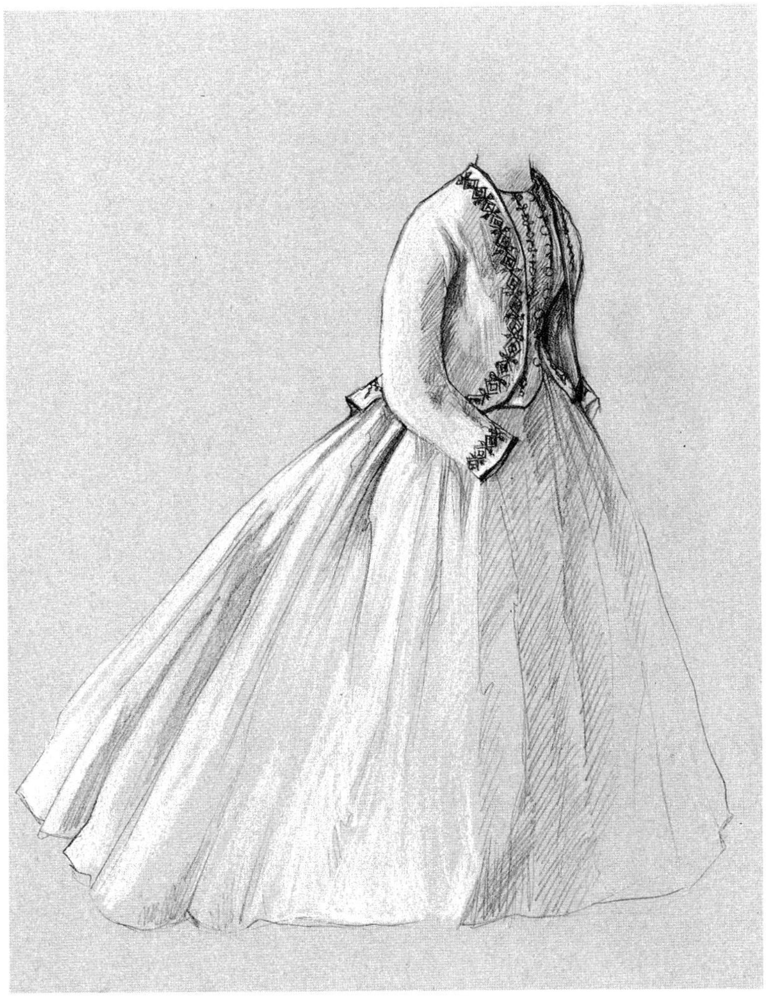

42

VISITE
Vers 1868-1870

« WORTH, 7, rue de la Paix, Paris »

Velours violet garni de volants de taffetas plissé et d'un galon perlé agrémenté d'une frange.
SOIE, VERRE.

Don de Mme de Galéa, 1950.
Inv. U.F.A.C. 50.16.5

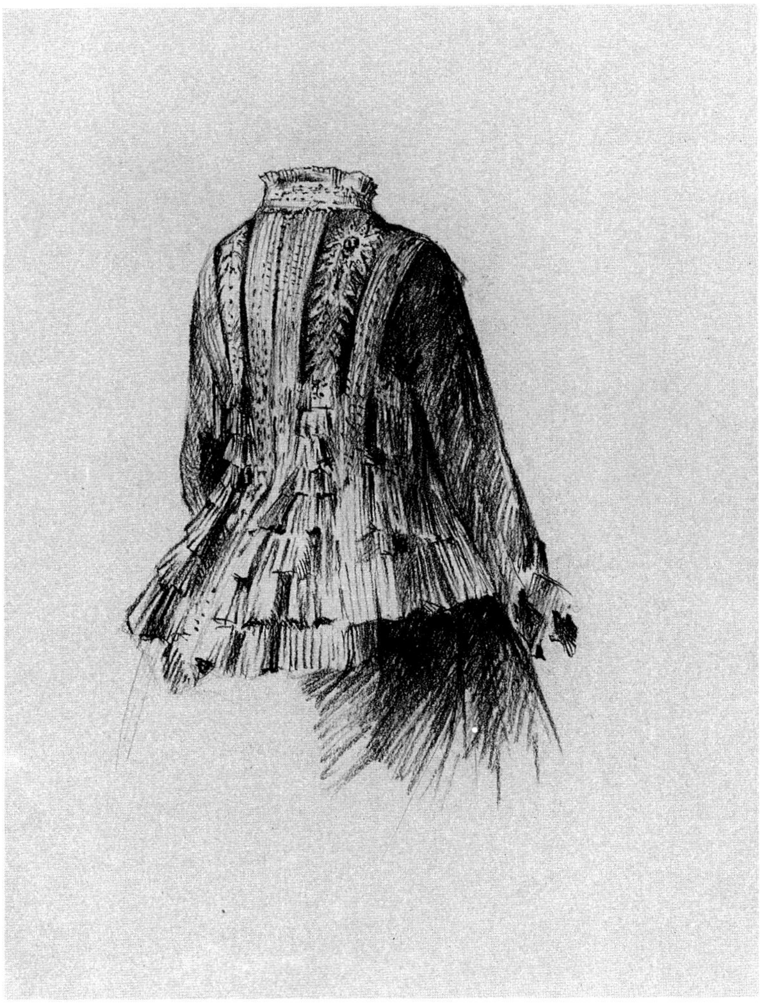

43

VISITE
Vers 1870

Gaze façonnée fond noir à décor cachemire (polychrome).
Effet de manches pagode. Doublure ouatinée de satin jaune.
Une large frange à grille borde et souligne la forme de cette visite coupée dans un châle.

SOIE.

Récolement d'inventaire, 1981.
Inv. U.C.A.D. 49228

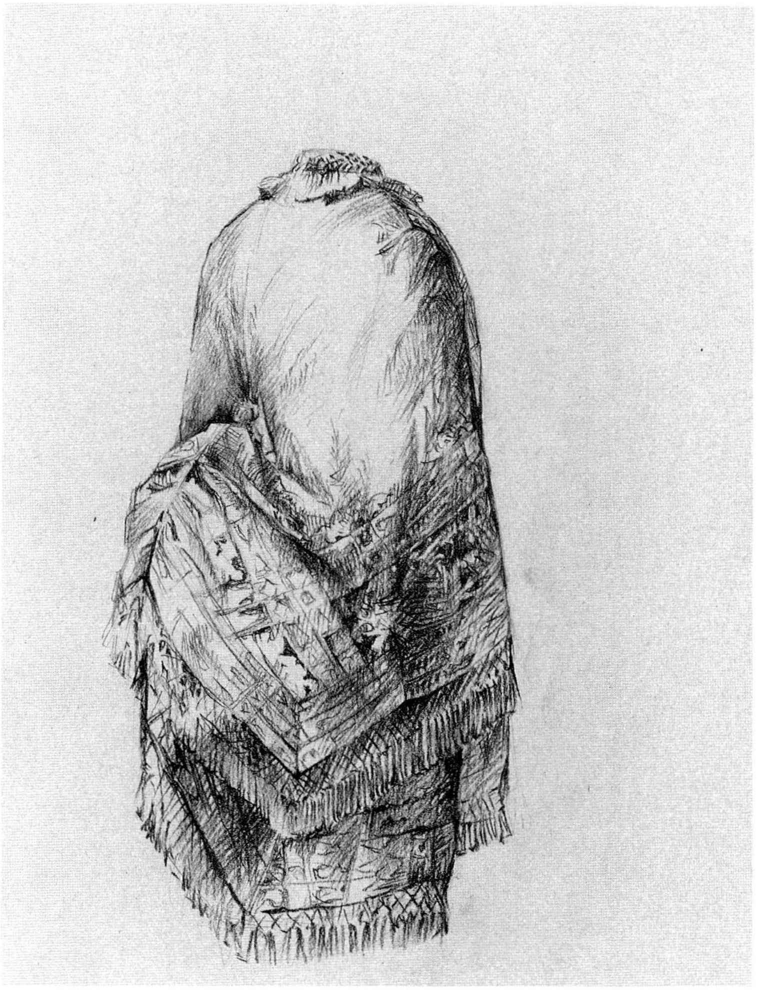

44

VISITE
Vers 1870-1880

Satin façonné bleu marine à décor polychrome (Chine), large bordure de passementerie formée de lacets coupés et de petits glands or.

SOIE. MÉTAL.

Visite ayant appartenu à la mère de Mariano Fortuny.

Don de Mme M. Fortuny, 1951.
Inv. U.F.A.C. 51.14.3

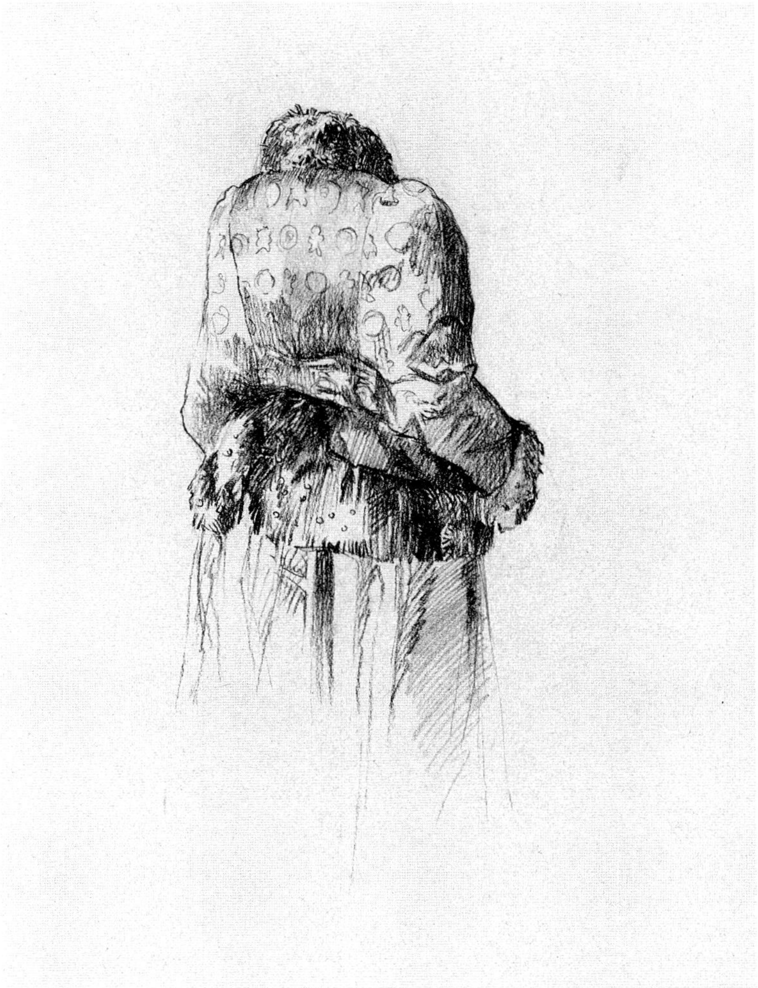

45

VISITE-CAPE
Vers 1870-1880

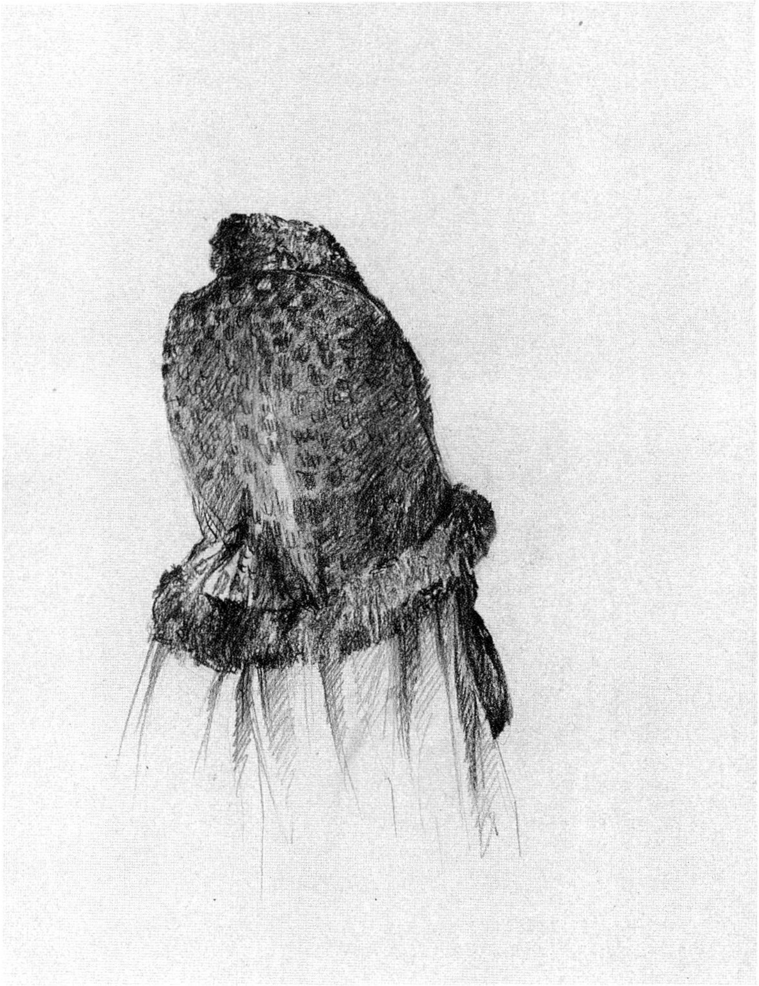

Velours coupé, façonné noir à motifs de demi-cercle, large bordure de passementerie formée de lacets coupés noirs, pans longs sur le devant.

SOIE.

Visite ayant appartenu à la mère de Mariano Fortuny.

Don de Mme M. Fortuny, 1951.
Inv. U.F.A.C. 51.14.4

46

VISITE
Vers 1878-1880

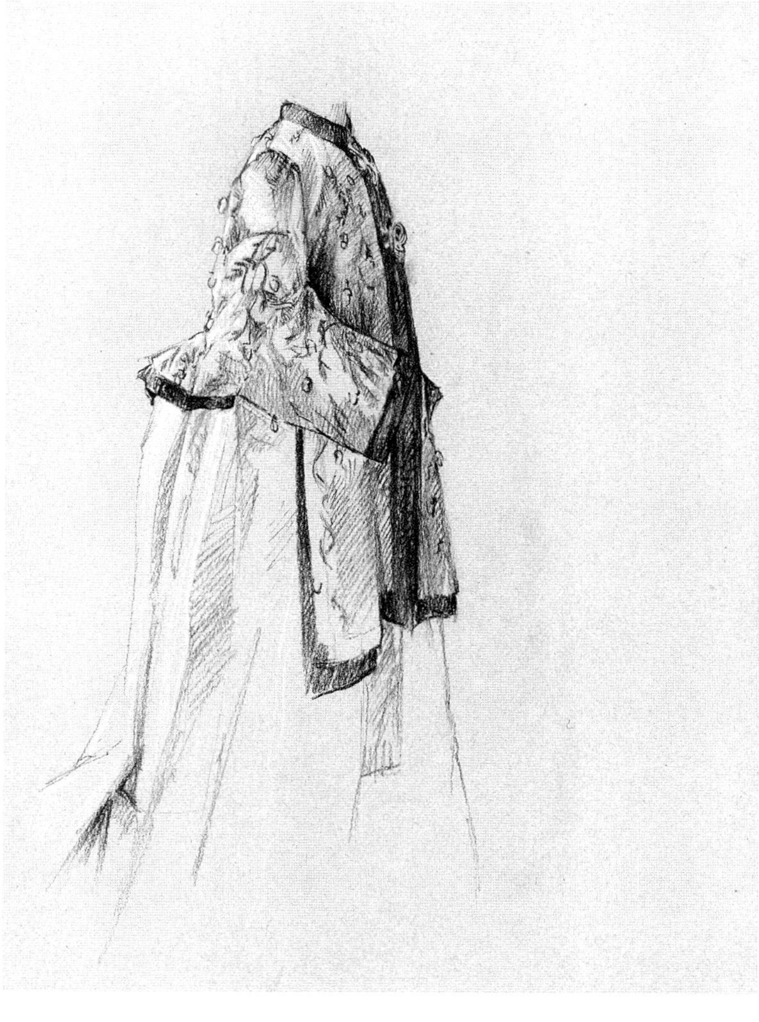

Satin jaune brodé d'un motif de feuillage en chenille rehaussé de perles et de glands, manches à la juive, fermeture à brandebourgs.

SOIE, VERRE.

BRODERIE D'APPLICATION ET POINT LANCÉ.

Don de Mlle de Lestrange, 1954.
Inv. U.F.A.C. 54.69.30

47

VISITE
Vers 1885

Lainage rouge grenat brodé de motifs cachemire de soie jaune, rouge, blanc et or, garni d'un effilé polychrome et drapé en tournure à crevés grenat, retenu par un motif de passementerie. Col et parements de velours grenat, manches à la juive.

LAINE, SOIE.

BRODERIE AU COUCHÉ, POINTS LANCÉ ET CHAÎNETTE.

Ancienne collection Bonneval.
Acquisition vicomtesse de Bonneval, 1949.
Inv. U.F.A.C. 49.32.63

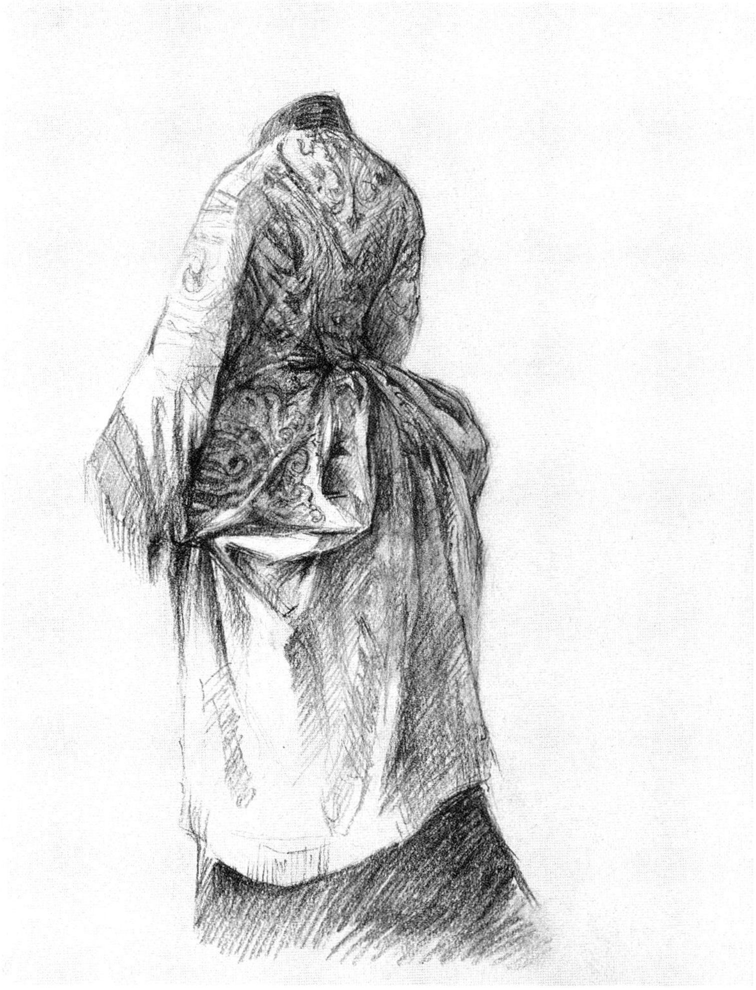

48

VISITE-CAPE
Vers 1885-1888

Velours rouge bordé d'un large galon agrémenté de chenille et d'une frange rouge et jaune; dans le milieu du dos motif de soutache rappelant la fermeture à brandebourgs. Col de tulle noir plissé et brodé de perles.

SOIE.

Don de Mlle de Lestrange, 1955.
Inv. U.F.A.C. 55.13.1

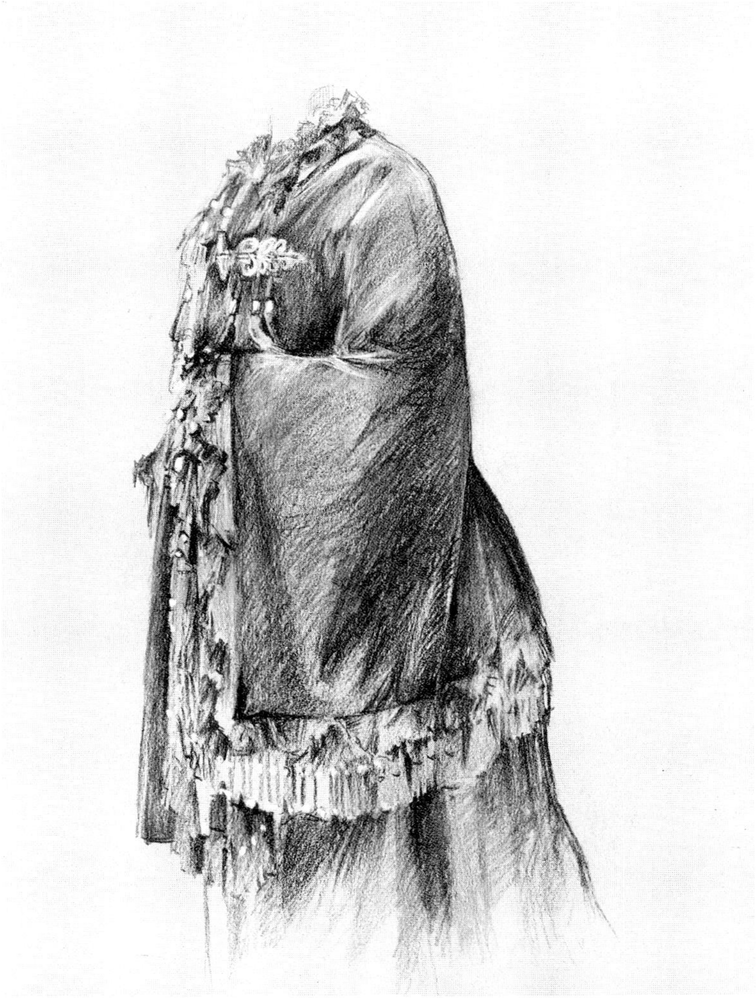

49

ROBE DU SOIR
Vers 1884

« WORTH, Paris »

Satin façonné de couleur abricot à décor ondé de rubans noués et semis de papillons (jaune or).
Une broderie de paillettes (or) souligne l'asymétrie du corsage, dont un bouillonné de mousseline et tulle forme le décolleté et les manches (jaune, or). La même broderie encadre un large pli creux sur le côté gauche de la jupe qui se termine par une longue traîne.

SOIE.
BRODERIE D'APPLICATION.

Don de Mme Franklin Gordon Dexter, 1920.
Inv. U.C.A.D. 22014 E

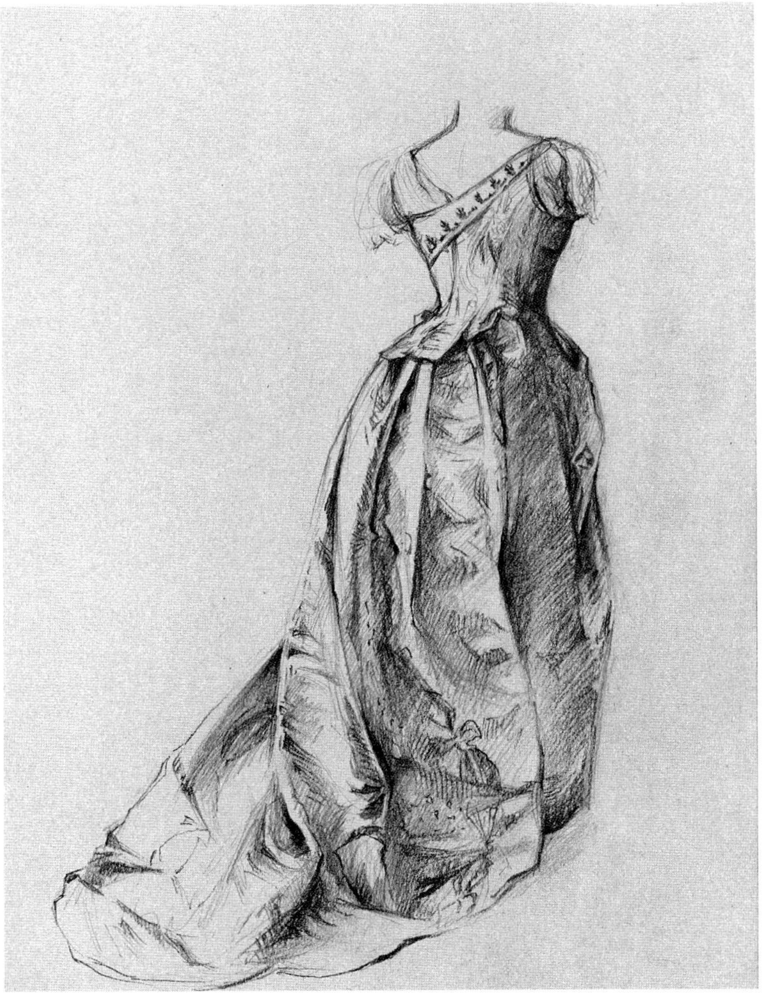

50

ROBE DU SOIR
Vers 1894

« WORTH, Paris »

Velours ciselé noir à motif de ruban ondé d'où s'échappent de grandes tiges fleuries et des bouquets. Ce dessin est inspiré d'un décor type du XVIIIe siècle (vers 1740-1750) dit « motif ondé ». On retrouve l'esprit du XVIIIe siècle dans la forme des manches « en pagode » garnies de tulle.

SOIE.

Don de Mme Franklin Gordon Dexter, 1920.
Inv. U.C.A.D. 22014 A

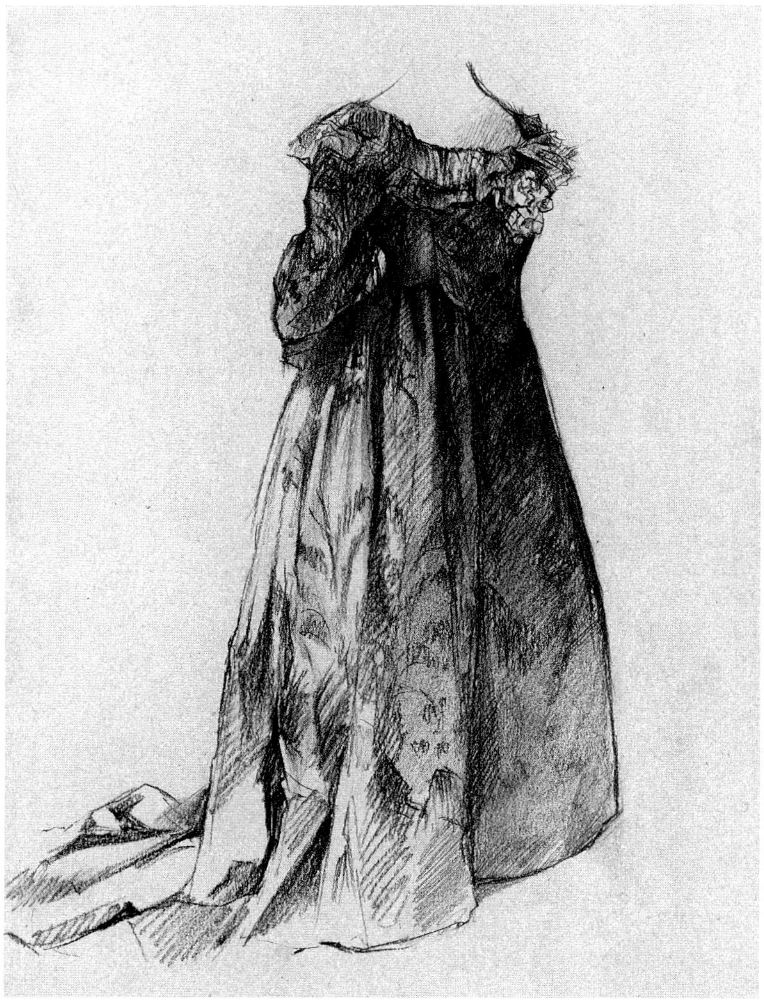

51

ROBE DU SOIR
Vers 1897

« WORTH, Paris »

Velours rouge lamé or à décor d'entrelacs de ruban et de tiges fleuries. Ce motif « à disposition » se retrouve sur le corsage et la traîne. Il borde également les deux pans de la robe qui s'ouvrent sur une jupe de satin blanc crème.
Un bouillonné de dentelle forme l'encolure du corsage et le bas des manches.
SOIE.
DENTELLE MÉCANIQUE.

Don de Mme Franklin Gordon Dexter, 1920.
Inv. U.C.A.D. 22014 I

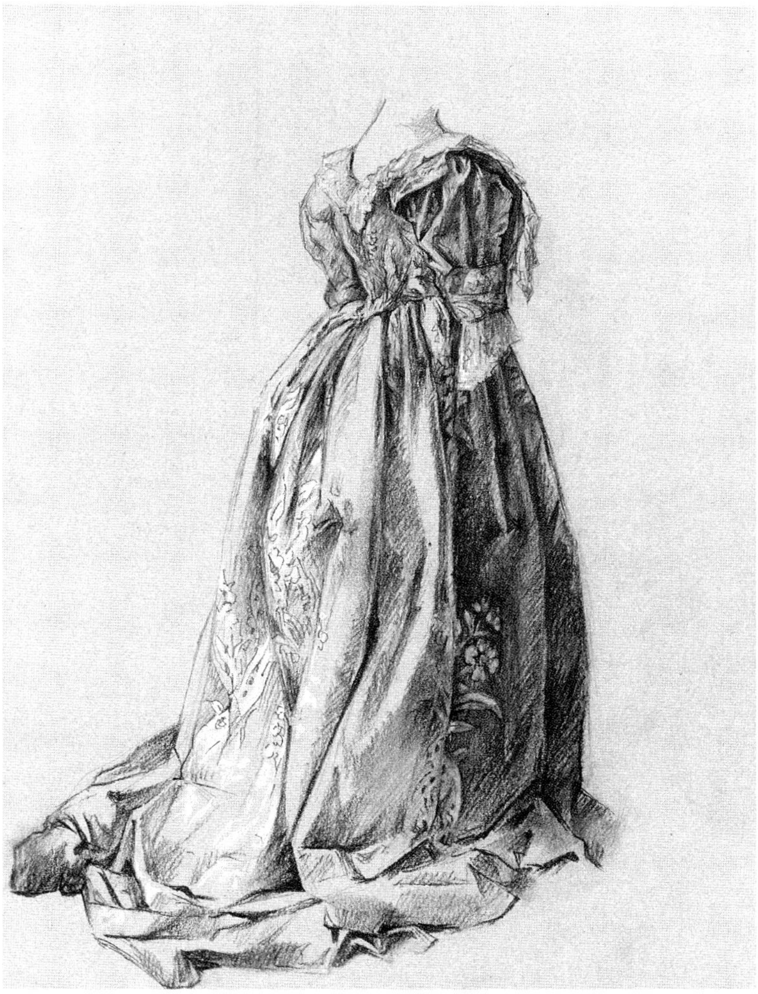

52

ROBE DU SOIR
Vers 1900-1905

« WORTH »

Satin ivoire brodé à disposition de fines guirlandes de petites roses et de rubans bleu pâle, corsage décolleté en carré, guimpe et manches plates de tulle avec dentelle en application, ceinture-corselet de satin rose, jupe à traîne avec un volant en biais monté en ligne ondulée.
SOIE.
BRODERIE AU PASSÉ.
Robe portée par Juliet Morgan Hamilton, fille de Pierpont Morgan, belle-mère de la donatrice.

Don de Mme Hamilton, 1978.
Inv. U.F.A.C. 78.2.1

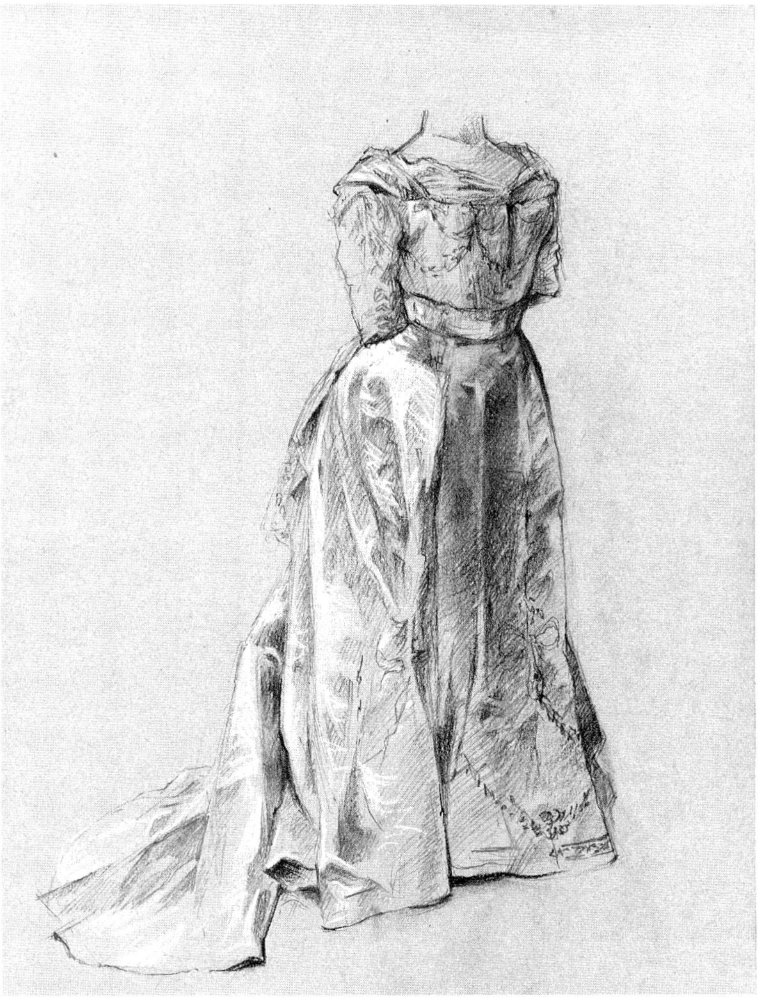

XXe SIÈCLE

LES TURBULENCES

Une taille douloureuse de minceur, mince à crier, mince à se briser dans un corsage étroit jusqu'au spasme, la plus jolie maigreur ! et dans l'auréole d'un extravagant chapeau de gommeuse, un galurin orange empanaché de feuilles d'iris, la grande bouche vorace, les immenses yeux noirs, cernés, meurtris, bleuis, l'incandescence des prunelles, l'éperdue chevelure de nuit, le phosphore, le soufre et le poivre rouge de cette face de Goule et de Salomé, qu'est l'agitante et l'agitée Polaire.

JEAN LORRAIN, *la Ville empoisonnée*

Peu importe la femme, ne compte que l'apparence inventée par la mode, celle d'une créature guindée qui marche à petits pas, sensitive au point de ne pas pouvoir supporter le soleil d'avril sans la charmeuse protection d'une ombrelle, la touffeur d'un salon sans l'agitation scandée d'un éventail.

Mallarmé exulte devant la miroitante passementerie de perles qui blinde la femme comme une guerrière, ou une déité marine, ou mieux encore la cuirasse de jais d'une nouvelle reine de Saba, toutes ces armures rigides accédant à la mélodie par le concours des gazes, des tulles, des plumes, qui apportent le léger, le vaporeux, l'aérien, une brume qui adoucit la dureté étincelante du jais à reflets d'épée, un nuage parfumé et froufroutant dont les suaves guirlandes flottent autour de la citadelle d'acier.

JACQUES LAURENT, *le Nu vêtu et dévêtu*

En 1900, règne une mode du pire. Tordue en S par le corset, emmaillotée dans les jupons, chemise, jupe comme dans un emballage hermétique, étouffée, écrasée par d'énormes chapeaux à fleurs, fruits ou oiseaux, les traits tramés par la voilette, les pieds prisonniers de bottines et cachés, la femme 1900, forteresse inexpugnable, subit une mode qui cumule les excès Louis XVI (coiffures en pièces montées anecdotiques), les pudeurs Napoléon III et la respectabilité victorienne. Héroïne d'une époque réputée polissonne, une époque de volubilis, d'enlacements, toute en courbes sensuelles, la femme 1900, au lieu de trôner, en chair et en os, comme les cariatides languides qui décorent les immeubles des beaux quartiers, est transformée par la mode en « scarabée sacré », caparaçonnée, hérissée. *« L'idée de déshabiller une de ces dames,* écrit drôlement Jean Cocteau dans ses *Portraits-souvenirs* à propos d'Otero, *était une entreprise coûteuse, qu'il convenait de fixer à l'avance comme un déménagement, et pour se les représenter au milieu d'un désordre de linge, de chevelure, de membres épars, il nous faut hausser l'imagination jusqu'au scandale d'une chambre de meurtre. »*

Cette femme-là, comble d'artifice, son corps soumis à la robe au lieu que ce fût le contraire (qui nous paraît, à nous, si évident), ne manquait ni de chien ni de charme. Boldini, La Gandara l'ont peinte : taille étranglée, appas débordants mais magnifiés par une étrange et torturante religion amoureuse. Sa silhouette nous reste familière tant elle est l'illustration d'une mythologie très française, longtemps triomphante. La femme d'alors, Jacques Laurent, dans *le Nu vêtu et dévêtu,* la voit en *« ange-cygne, un cintre chaste et de bon ton où exhiber la fortune d'un père ou d'un mari, un cygne bien dressé pour provoquer l'admiration, la convoitise et le respect apparent [...] Les formes de la femme, sa chair, sa démarche sont sacrifiées à une esthétique de l'éthéré évanescent... ».*

Voilà d'où vient et où commence notre époque : ce XIXe siècle prolongé, en mode comme ailleurs, jusqu'à la guerre de 1914. Après un demi-siècle de révolutions et d'évolutions nous serons mûrs pour ce que la rue, la plage, le cinéma nous révèlent aujourd'hui de la mode et des modes : boutiques de fringues omniprésentes installées au cœur de nos villes à la place des antiquaires d'hier, lingerie féminine réduite à une ou deux pièces parcimonieuses, nudité aux neuf dixièmes admise et banalisée, cohabitation sur le marché de la mode des robes à deux cent mille francs et des tee-shirts à trois sous, corps féminin offert à toutes les convoitises.

Il s'agit pourtant d'un seul et même phénomène, d'une continuité surprenante — à travers soubresauts et retournements — mais à tout prendre pas tellement différente des métamorphoses qui ont mené la femme de la tunique romaine au hennin, du panier à la tournure et au faux-cul, de l'impudeur Louis XV à celle des « merveilleuses », de la sage Mme Prud'homme à l'époustouflante duchesse de Guermantes en robe de chambre de Fortuny.

Jusqu'au creux des années 1914-1918, rien ne change vraiment. C'est la guerre qui va bouleverser l'idée que la femme se fait de son corps, donc de son vêtement. De même, plus tard, dans l'Angleterre soumise au *Blitz*, les femmes mobilisées pour aider ou remplacer les hommes se mettront à porter le pantalon et à fumer dans l'autobus. La mode, en une chimie mystérieuse, réagit à tout changement des mœurs. Dès 1915, mode et nécessité se conjuguent pour assouplir le carcan, ébranler la tyrannie de l'usage et de la pudeur : la cheville apparaît, le corset bat de l'aile. La mode s'en mêle, qui habille la femme « *à la soldate* ». Écoutez Mme Colette : « *Une capote de drap gris-bleu, à deux rangées de boutons, l'équipait à la dernière mode des tranchées...* » La dernière mode des tranchées ? Il arrive que l'élégance manque au bon goût... Toujours est-il que le poilu permissionnaire retrouvait « *une espèce de petit sous-lieutenant* » et que, dans la boue de sa cagna, il pouvait aiguiser sa jalousie et ses angoisses à cette image peut-être mal supportable : son épouse, sa fiancée, la silhouette changée, penchée sur les blessés des infirmeries, ou soumise aux sollicitations de tous ces hommes privés de femme et lâchés dans la ville entre deux séjours en enfer... Il y a « *le diable au corps* » sous ces robes libérées. L'homme le devine, en souffre, en profite. Proust a bien vu « *ce Paris de la guerre qui faisait penser au Directoire* », avec ses femmes transformées : « *C'est, disaient-elles, parce qu'elles devaient réjouir les yeux des combattants, qu'elles se paraient non seulement de toilettes "floues", mais encore de ces bijoux évoquant les armées par leur thème décoratif...* »

La guerre finie, la mode hésite un instant puis, dès 1919, se jette dans ce grand ébranlement des mœurs et des apparences qui va faire des années vingt une période de mobilité, de fièvre, d'invention comparable seulement à la Régence et aux lendemains de Thermidor. Après l'austérité, la peur, la violence, le relâchement. *La Garçonne*, en 1922, coûte sa Légion d'honneur à Victor Margueritte. L'argent coule. Les Américains mènent la fête. Le jazz et l'art nègre tournent les têtes. Cocteau, Monsieur Loyal du cirque parisien, explique leur temps à ses contemporains. Les surréalistes étoilent le miroir où se regardent les années folles. C'est déjà le crépuscule de Poiret mais voici Schiaparelli et, bien sûr, Chanel. La reine Chanel, « l'Irrégulière » comme l'a baptisée Edmonde Charles-Roux, dont le sombre et agressif éclat va faire pâlir le rayonnement de tous les autres, Doucet, Vionnet, Patou, Jeanne Lanvin, Lelong. Avec eux on glisse déjà vers les années trente, la fragile décennie d'avant l'écroulement de 1940, sa grande mode un peu molle évocatrice des glaïeuls sur le pont d'un yacht, ses capelines, ses pyjamas de plage, ses satins, ses lamés, ses crêpes de Chine ou de soie, ses drapés moelleux et alanguis, qui fait rimer Anabella (la star) avec Vivastella (la voiture), dans un décor de transatlantique éphémère, de pianos blancs, de peaux d'ours devant une commode de Ruhlmann, où le dernier cri du fauvisme retentit dans les portraits de Van Dongen que bientôt Domergue, hélas, va éclipser de toute sa complaisance épicée...

Les années 1940 à 1945, au gré des restrictions, inventent une extravagance pauvre et d'autant plus provocante. Personne ne l'a mieux évoquée que Germaine Beaumont dans un texte de 1951 : « *Tour à tour disparurent la laine, la soie, le lin, le fil, le cuir, la paille, le feutre. Autrement dit, il fallut faire des robes, des souliers, des chapeaux "avec ce qui restait" et que nos adversaires jugeaient sans doute inutilisable, c'est-à-dire la dentelle, les rubans, les perles, le tulle, la gaze. La mode utilisa l'inutilisable.* »

C'est l'époque où, dans nos rues vides, circulent à bicyclette de jeunes femmes aux courtes jupes gonflées en corolle par le vent (quelquefois un élastique et une pince retiennent le bas de la robe au cadre du vélo et sauvent les convenances...). Les jambes, largement découvertes par l'été, sont brunies au soleil ou à la lotion censée imiter les bas de soie. Les chaussures à semelles « compensées », de

Un des premiers soins de mon nouveau retour, en 1916, ayant envie d'entendre parler de la seule chose qui m'intéressait alors, la guerre, je sortis après le dîner pour aller voir Mme Verdurin, car elle était avec Mme Bontemps une des reines de ce Paris de la guerre qui faisait penser au Directoire. Comme par l'ensemencement d'une petite quantité de levure, en apparence de génération spontanée, des jeunes femmes allaient tout le jour coiffées de hauts turbans cylindriques comme aurait pu l'être une contemporaine de Mme Tallien, par civisme ayant des tuniques égyptiennes droites, sombres, très « guerre », sur des jupes très courtes : elles chaussaient des lanières rappelant le cothurne selon Talma ou de hautes guêtres rappelant celles de nos chers combattants. [...]

C'étaient [ces bijoux] des bagues ou des bracelets faits avec des fragments d'obus ou des ceintures de 75, des allume-cigarettes composés de deux sous anglais auxquels un militaire était parvenu à donner, dans sa cagna, une patine si belle que le profil de la reine Victoria y avait l'air tracé par Pirandello.

Marcel Proust, *le Temps retrouvé*

La mise de Mme Keller, trop voyante pour notre milieu terne, trop somptueuse, « extravagante » disait mon père le lendemain matin, fit valoir aussitôt la discrétion modeste de Mme Marchant et de ma mère. Mais par contraste, les robes sombres et montantes de celles-ci me parurent aussitôt désuètes, étriquées, et ennuyeusement « comme il faut ». Quant à moi-même qui avais revêtu ce soir-là une toilette claire des plus modestes, je me sentis toute guindée auprès de Sarah qu'enveloppait harmonieusement et comme négligemment une souple soie rouge sombre, dont le ton chaud faisait valoir l'éclat ambré de sa peau.

André Gide, *l'École des femmes*

Une robe d'une déconcertante simplicité allait devenir une sorte d'uniforme unanimement adopté. Sans col ni poignets, en crêpe de Chine noir, à manches longues et très ajustées, blousant sur les hanches, c'était une création Chanel, un simple fourreau. Que des femmes en grand nombre acceptent de porter la même robe ? La prédiction paraissait des plus déraisonnables. Alors, afin que ses lectrices admettent que ce serait à sa commodité et peut-être même à sa simplicité impersonnelle que cette robe devrait son succès,

Vogue la compara à une automobile... : « Voici la Ford signée Chanel. »

EDMONDE CHARLES-ROUX, *l'Irrégulière ou mon itinéraire Chanel*

J'enfile la jaquette Schiaparelli, pourquoi ne serait-ce pas solennel ? Couper ainsi du tissu, c'est de la sorcellerie. Il y a de tout en elle : du gilet de groom, du boléro, du veston orgueilleusement rapetissé de danseur espagnol.

VIOLETTE LEDUC, *la Bâtarde*

Il savait qui elle était, cette dernière venue dans sa robe de velours vert d'eau, plus longue qu'on ne les portait cette année-là, une robe qui aurait fait de toutes les autres femmes un paquet, avec ses plis tout autour de la taille, tout de suite lâchés et allant se briser aux chevilles comme la pierre des statues. Et ce ruban noir qui encerclait les cheveux coupés, ces cheveux de garçon fou dont on se souvenait à cause de D'Annunzio, de la célèbre scène au Châtelet à la fin de son dernier triomphe. [...]

« C'est Rose Melrose », souffla Paul à Bérénice. [...] « Ma Rose, — s'écriait Mary de Perseval, — ma Rose ! Quelle robe incroyable... incroyable... l'antique ! tout simplement l'antique... Vionnet comme toujours ? Je m'en doutais... Il n'y a qu'elle... Moi, si j'avais une robe comme ça, j'aurais l'air d'une marchande des Halles... Mais cette Rose ! Elle la porte comme si de rien n'était ! »

LOUIS ARAGON, *Aurélien*

liège ou de bois, lâchent parfois l'élégante en pleine marche. Sur les têtes s'élèvent des coiffures à rouleaux étagés ou d'arrogants chapeaux « soufflés comme des ballons ». Mode inadaptée, irréelle, que les moralistes condamneront comme ils condamneront les outrances pileuses et vestimentaires des « zazous » mâles, baptisés aussi « gaullistes » ou « attentistes » par la propagande vichyste, grands buveurs de jus de fruit et nostalgiques des introuvables 78-tours du jazz américain...

C'est deux ou trois ans seulement après la Libération que le *New look* voulu par Christian Dior (le Larousse 1980 que j'ai sous les yeux, malgré ses 665 pages consacrées aux noms propres ignore aussi bien Dior que Mlle Chanel...) va renouveler une fois de plus la silhouette féminine. Corsage ajusté, taille fine, jupe ample et très longue, toutes les robes créées par Dior semblent être des « robes à danser », à virevolter, à tourbillonner, à perdre la tête. Peut-être est-ce la dernière fois — autant que puisse, en 1985, en juger un homme pour qui ce fut là l'élégance des amoureuses de ses vingt ans ! — qu'on impose une mode indiscutablement conçue pour *embellir* la femme. Nulle idée de derrière la tête — féminisme sourcilleux ou sournoise férocité — n'intervient dans cette mode vouée au charme, au mouvement. Le *New look* est un apogée de la mode classique, une sorte d'ultime promontoire à partir duquel vont se déchaîner des intentions contradictoires, anarchiques, au milieu desquelles pendant quelques années Mlle Chanel réapparue essaiera d'imposer sa formidable discipline. Mais Chanel II, ce sera la résistance aux raz de marée du laisser-aller, du goût dévoyé; Dior, c'est encore l'épanouissement d'une mode qui n'eût pas surpris une contemporaine de Watteau ni un modèle de Winterhalter.

A partir de là — nous sommes aux environs de 1950 — la forêt va nous cacher parfois les arbres. Et jusqu'à la résurrection de Chanel en 1954, c'est moins la patte d'un créateur qui va marquer la mode, que l'apparition de phénomènes sociaux et économiques inséparables depuis plus de trente ans de l'idée d'élégance.

Voici venu le moment où les bourgeois découvrent chez Sagan que leurs filles ont des amants, et à travers Bardot que la traditionnelle *séduction* risque de voler en éclats. Un gentil film de Vadim, aux audaces acidulées, fait retentir un mini-coup de tonnerre. Bardot se brouille les cheveux en « choucroute » et lance la mode des « petites robes » de vichy. Babette s'en va-t'en guerre en robette : c'est l'engouement immédiat. La familière fréquentation des boutiques va succéder au culte (inabordable) des Grandes Maisons. Les jeunes bourgeoises s'habillent rue de Sèvres et toute la France rêve de les suivre. On est descendu de l'Olympe. Les modèles prestigieux, sans prix, taillés et drapés dans des matériaux rares, cessent de fasciner. C'est contre cette évolution minorative de la couture que va lutter Chanel, orgueilleusement. Elle va réhabiliter le grand savoir-faire.

Le retour de Chanel aux affaires va ressembler à celui du général de Gaulle. Il y aura deux Chanel comme il y eut deux gaullismes. Et le second triomphe de la « Grande Mademoiselle » — qu'auront du mal à s'imaginer les jeunes femmes de demain — va coïncider avec la période d'euphorie économique des années soixante. Femmes riches, vedettes, épouses de notables, femmes ministres, journalistes à succès : toutes porteront l'inimitable (et follement imité) « tailleur Chanel ». Une bonne partie du monde, Japon compris, sera gagnée à cette vogue. Ce sera une sorte de victoire absolue, bientôt statique et monotone comme tous les absolutismes. Mlle Chanel s'était toujours fait une certaine idée de la femme et de l'élégance, comme de Gaulle une « certaine idée de la France ». Après un quart de siècle cette idée reste vivace. Une dame habillée en 1985 selon la stricte orthodoxie Chanel de 1955 aurait toujours grand genre, de même qu'au politicien réputé gaulliste bon teint s'ouvrira demain encore la carrière de son choix, à droite comme à gauche. La mode Chanel, contrairement à la formule de Cocteau, n'est pas morte jeune. Ce fut une dictature capable de survivre à la ravageuse despote qui l'établit et la restaura.

Une réflexion sur le mouvement de la mode depuis le début du siècle serait incomplète si l'on n'y consacrait pas quelque attention à l'homme. L'évolution des usages et du goût, en ce qui concerne son vêtement, n'obéit ni aux mêmes lois ni aux mêmes rêves que la mode féminine, mais ceci peut néanmoins éclairer cela.

En presque un siècle, le caractère symbolique fondamental n'a pas changé : à l'heure et dans les circonstances où la femme se pare, se métamorphose, l'homme — qui fut autrefois, sans complexe, paon et perroquet — s'est fait corbeau. Elle est le bijou — il est l'écrin. L'homme, en se vêtant de noir comme pour un deuil les soirs de fête, a tourné le dos à la Nature, où le mâle est volontiers multicolore. Toujours est-il que cette permanence est bien à l'image de la mode masculine, aussi constante et lente que la féminine est versatile et capricieuse. Un élégant de 1913, de 1925, de 1935 pourrait entrer dans un salon ou un restaurant de 1985 sans se faire trop remarquer — sinon par son élégance, précisément ! Seuls des détails ont changé : abandon de la canne, quasi-disparition du chapeau, raréfaction du gilet. Quelques crises, quelques excès (les « zazous » de la guerre, les « pattes d'éléphant » d'il y a dix ans) n'ont rien changé à l'essentiel : les canons de l'élégance masculine sont stables depuis 1900. Les changements sont superficiels. Les tissus, les chaussures ne se sont guère démodés. Les vestes d'été en alpaga, en tussor ou en lin de son arrière-grand-père feraient l'orgueil d'un dandy d'aujourd'hui; de même tel chandail ou accessoire 1925, style « mousquetaires ». Les tentations italiennes sont passées sur le goût de l'homme sans le troubler : il reste, *grosso modo,* fidèle au modèle anglo-saxon. On a beau, régulièrement, l'allécher, lui proposer une extravagance, une illusoire modernisation de son image, l'homme élégant semble toujours sortir de chez son tailleur londonien. Appauvrie, en formes et en couleurs, il y a cent trente ans environ, la mode masculine s'est stabilisée dans cette modestie. A peine pourrait-on remarquer que, peu à peu, le sport a mordu sur la ville, qui mordait sur le soir. C'est là une loi de l'habillement depuis le début du siècle. Les tenues de tennis et de plage ont inspiré à Chanel sa révolution des années vingt, et l'on sait que l'homme portera sous peu, pour aller à son bureau, les vêtements et les tissus mis au point pour le sport : tweed, blazer, blouson, mocassins, etc. Peut-être les seuls créateurs de formes, pour l'homme, ces années-ci, se trouvent-ils chez les grands négociants du prêt-à-porter de plein air : Lacoste, Mc Douglas ? On assiste moins à une démocratisation de la mode qu'à son *aération :* les tenues de week-end envahissent irrésistiblement la vie de tous les jours et toutes les heures de la journée. Cette évolution intéresse aussi le vêtement féminin.

Au début du XX*e siècle, entre l'homme tuyauté de noir, empesé de blanc, barbu ou moustachu, le cheveu très court et la femme à la lourde chevelure qu'enpanache un vaste chapeau fleuri, emplumé, enfruité, aux hauts talons, au corps moulé par un corset en forme de S, parée par les bijoux et les tissus qui la pavoisent, le visage rehaussé par le fard et embrumé par une voilette, entre ces deux êtres qui, à première vue, ne semblent pas appartenir à la même espèce, il ne subsiste plus le moindre détail commun.*

JACQUES LAURENT, *le Nu vêtu et dévêtu*

ET DEMAIN ?

Il est difficile, à un observateur comme je suis, extérieur aux métiers de la mode, donc aux connivences professionnelles, d'enfermer sa réflexion entre deux dates et dans les limites de la révérence. Aussi voudrais-je terminer par quelques remarques qui n'engagent que moi, débordent la période 1900-1940 à laquelle j'étais cantonné et expriment quelque inquiétude.

Dans les années cinquante, qui sont à la fois, selon la façon qu'on a de les considérer, le zénith d'une certaine hautaine Haute Couture et peut-être son crépuscule, on a du mal à imaginer quelles évolutions et révolutions vont bientôt fondre sur l'élégance féminine. Sous les yeux de Mlle Chanel, octogénaire encolérée, on va voir la mode, création parfois spontanée de la rue, subir des métamorphoses spectaculaires. *« La France s'ennuie »*, écrira Pierre Viansson-Ponté au début de 1968 dans un éditorial célèbre et prémonitoire : tout va se passer comme si les Françaises, les jeunes en tout cas, s'ennuyaient elles aussi dans la mode classique et avaient décidé de la rudoyer. La prédication écologique, les chimères *hippy*, l'anarchie *beat* seront sans doute inséparables de ces silhouettes nouvelles qui vont apparaître dans les rues de Londres, de Paris, bientôt de l'Occident tout entier : fausses gitanes, rêveuses *baba-cool*, jeunes femmes ensachées, devenues par la superposition de vêtements hétéroclites et vagues de véritables coq-à-l'âne vestimentaires. Dans le même temps, la brusque libéralisation des mœurs qui accompagnera le triomphe de la contraception ne sera sûrement pas étrangère à la révolution de la mini-jupe. Du jour au lendemain, la femme va être mise en situation de ne pouvoir plus s'asseoir, s'agenouiller, monter en voiture, se pencher sans commettre une extravagante provocation. Elle que mode et convenances, pendant des siècles, avaient protégée, interdite, parfois tyrannisée, va se trouver livrée aux regards, aux désirs — à proprement parler : *troussée.* Certes, le corps féminin n'avait pas toujours été voilé, dérobé aux curiosités. Si des époques d'austérité religieuse, morale ou politique l'avaient mis en pénitence, d'autres, de licence, de paganisme ou de rupture l'avaient révélé, exposé. Antiquité, Régence, Directoire : le corps se devine ou s'exhibe. Mais aucune époque n'avait encore osé la libération radicale qui va être menée à toute allure dans la décennie suivant celle à laquelle nous nous sommes arrêtés. Plage, piscine, petit et grand écran, publicité : la nudité va conquérir sa place. La gorge sera nue sous le chemisier ou la robe; la lingerie sera réduite à rien. Ce n'est pas une évolution, c'est une véritable mue d'une société. Le créateur de vêtements n'aura plus à tenir compte d'impératifs moraux ni sociaux, mais seulement de ce corps que selon les époques il torturait, libérait, servait, asservissait — mais toujours dans l'intention proclamée de l'embellir. Il semble qu'en ce domaine-là aussi tout doive changer.

Si j'ai poussé mon investigation jusqu'à ces phénomènes postérieurs aux années qui nous occupent, c'est que ce déshabillage brutal de la femme, aussi bien que les extravagances qu'on pourrait ranger sous l'invocation d'une mythique Katmandou, vont mettre en cause, chaque phénomène à sa façon, et peut-être rompre *le vieux pacte mode-beauté.* Sous la pression de la rue, en quelque sorte, et des trouvailles spontanées de la jeunesse, on va voir se manifester une sorte de coquetterie de la laideur tout à fait déroutante. Les oukases des créateurs de mode l'administreront, cette coquetterie, mais elle sera d'abord une création spontanée du goût, des mœurs, des nouveaux conformismes. On sent bien qu'il y aura là un phénomène passionnant et difficile à analyser.

Sans doute faudra-t-il lui chercher une explication au delà du seul domaine de la mode ? Après tout, notre temps n'aura-t-il pas été celui de la destruction des formes ? Le cubisme a démantibulé la silhouette humaine, et Picasso atomisé le visage. Qu'il s'agisse du texte ou de l'image, de la sculpture ou de la musique, des vagues de dérision assaillent les vieux modèles vermoulus. Pourquoi, face à un Christ de Germaine Richier, à une chèvre de Picasso, à un portrait longiligne de Giacometti, la mode, qui est création esthétique elle aussi, échapperait-elle à la sombre tentation de *briser l'image ?* Une femme, la romancière Marguerite Duras, n'intitulera-t-elle pas un de ses livres et un de ses films : *Détruire, dit-elle ?*

Feuilletons ces magazines que la mode a créés, qu'elle fait vivre, de *Vogue* à *Harper's Bazaar* et à *Elle,* où elle a inventé, imposé les plus grands photographes : une esthétique y est née, a évolué très tôt, qui a influencé d'autres créations parfois étrangères à la mode. Cette esthétique, depuis longtemps déjà, était de moins en moins celle de la beauté académique. On y percevait de la démesure, de la sauvagerie, de la violence, du pessimisme même, comme dans telle ou telle grande séquence photographique de *Vogue*. Des présentations de collections y étaient depuis longtemps prétextes à variations parfois agressives, déroutantes. C'est dire qu'autour de la mode comme en d'autres domaines s'est développée très tôt une esthétique de l'excès, de la contestation. Elle était déjà sous-jacente, à la fin des années cinquante, aux apparences d'une mode encore *rassurante* et classiquement belle. Dans les années qui suivront, ces cheminements souterrains éclateront au grand jour et bouleverseront nos goûts. On pourra en être comblé ou choqué, s'y adapter ou y résister, la question sera posée : le vêtement sera-t-il encore fait, demain, pour parer la femme, l'embellir ? Ou pour donner forme aux fantasmes d'une époque, d'un créateur ?

Encore une fois je n'oblige personne à me suivre sur ce terrain et je n'y prends pas parti. Je dis simplement : ouvrons l'œil. Toute mode paraît belle, proposée sur les corps des plus belles femmes du monde... Mais au-delà de cette séduction, la mode ne va-t-elle pas exprimer, de plus en plus souvent et ouvertement, des incertitudes, des désarrois avec lesquels, autrefois, elle n'avait rien à voir ? « *La couture,* disait Chanel, *crée des choses belles qui deviennent laides, alors que l'art crée des choses laides qui deviendront belles.* » Jugement étonnant de lucidité, mais il semble bien que « la couture » ait décidé, quelle que soit sa forme professionnelle, de devenir un art... L'avenir dira si cet avatar est éphémère, si les turbulences passeront, ou si la mode, après la décennie 1950-60, s'est définitivement engagée sur la voie d'une *autre* aventure.

Le vêtement féminin peut absorber presque tout le vêtement masculin, qui se contente de « repousser » certains traits du vêtement féminin (un homme ne peut porter de jupe, tandis qu'une femme peut porter un pantalon) ; c'est que le tabou de l'autre sexe n'a pas la même force dans l'un et l'autre cas : il y a interdit social sur la féminisation de l'homme, il n'y en a presque pas sur la masculinisation de la femme : la Mode, notamment, reconnaît le boy-look.

ROLAND BARTHES, *Système de la mode*

FRANÇOIS NOURISSIER
de l'Académie Goncourt

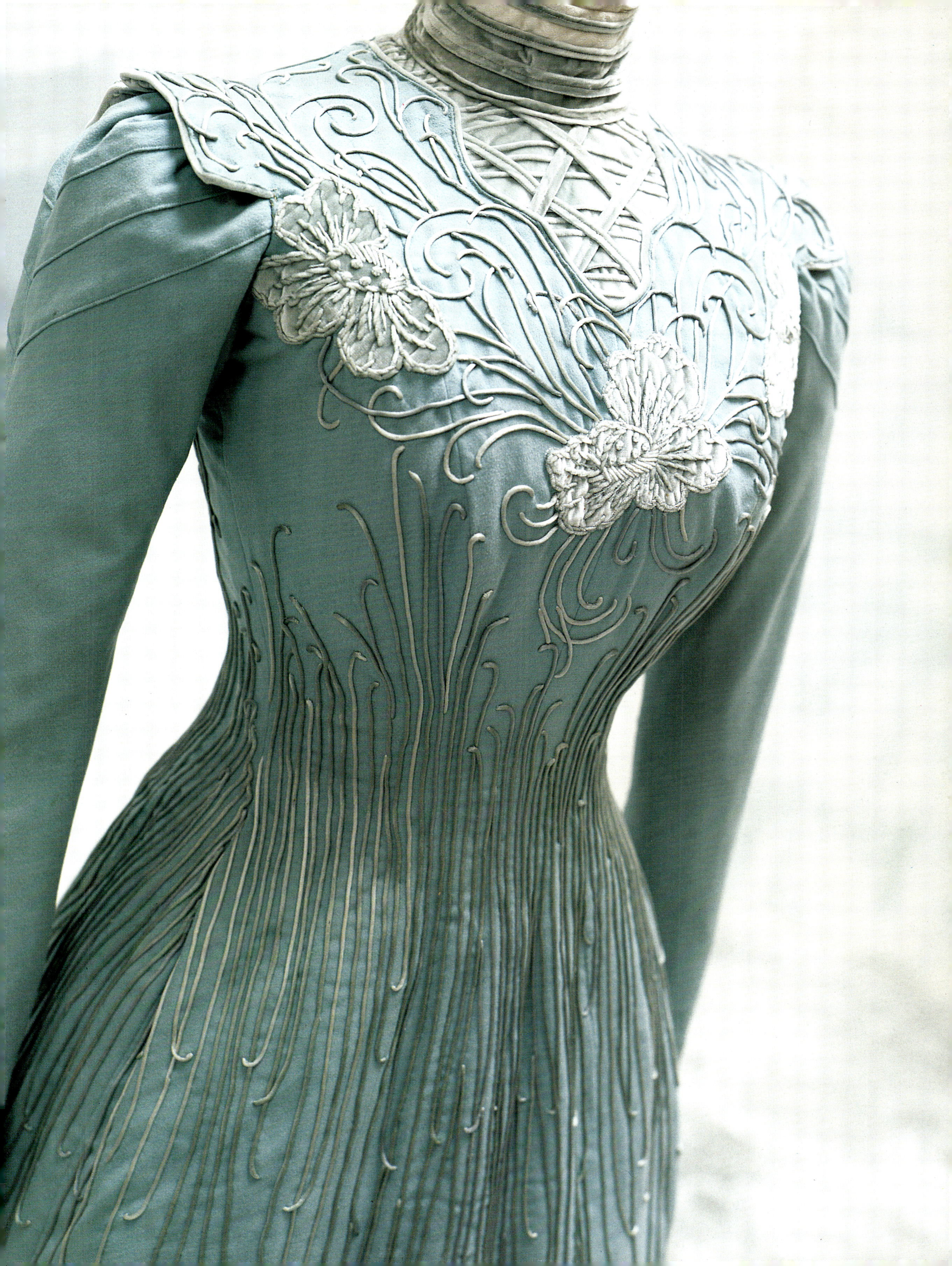

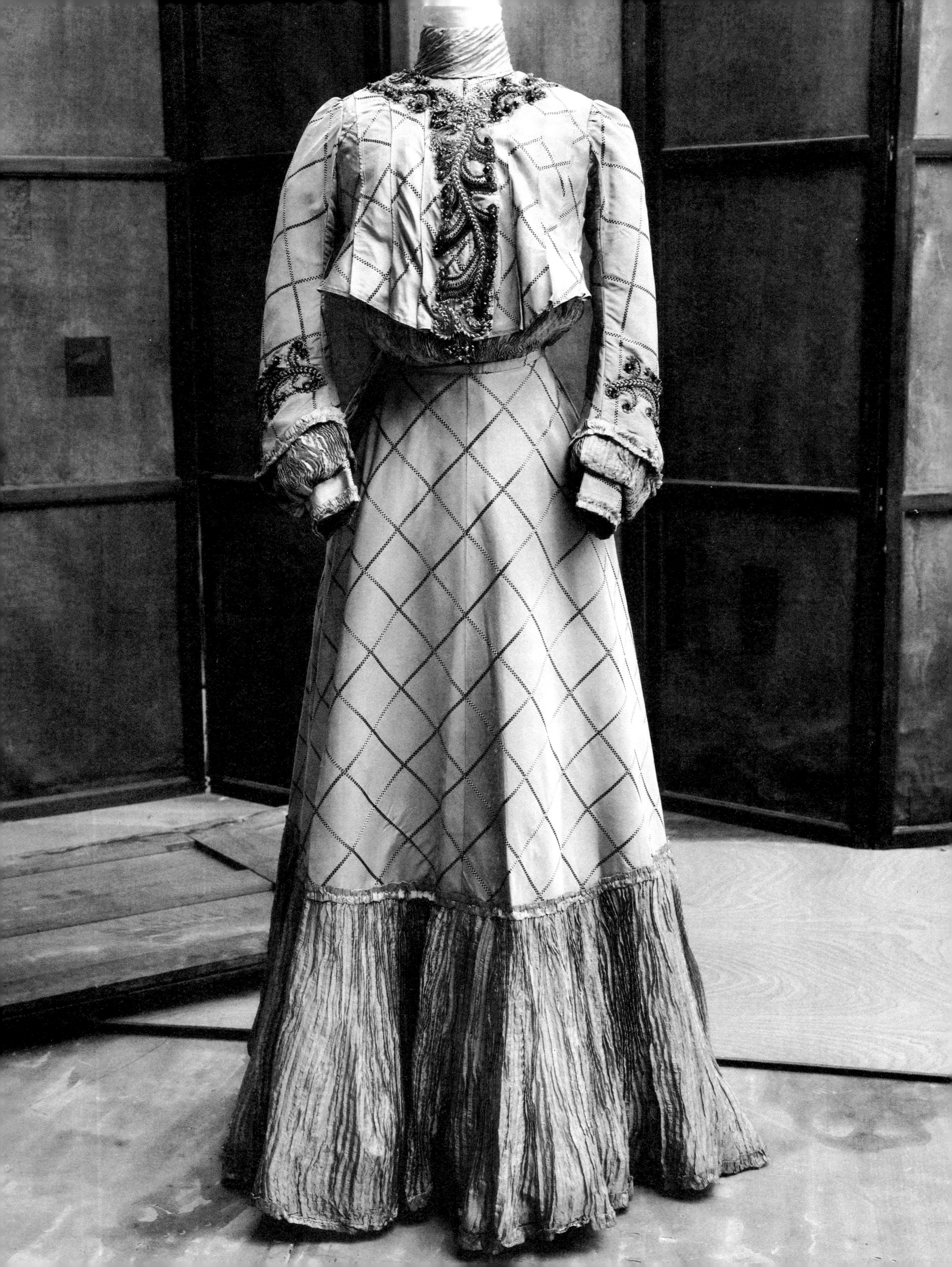

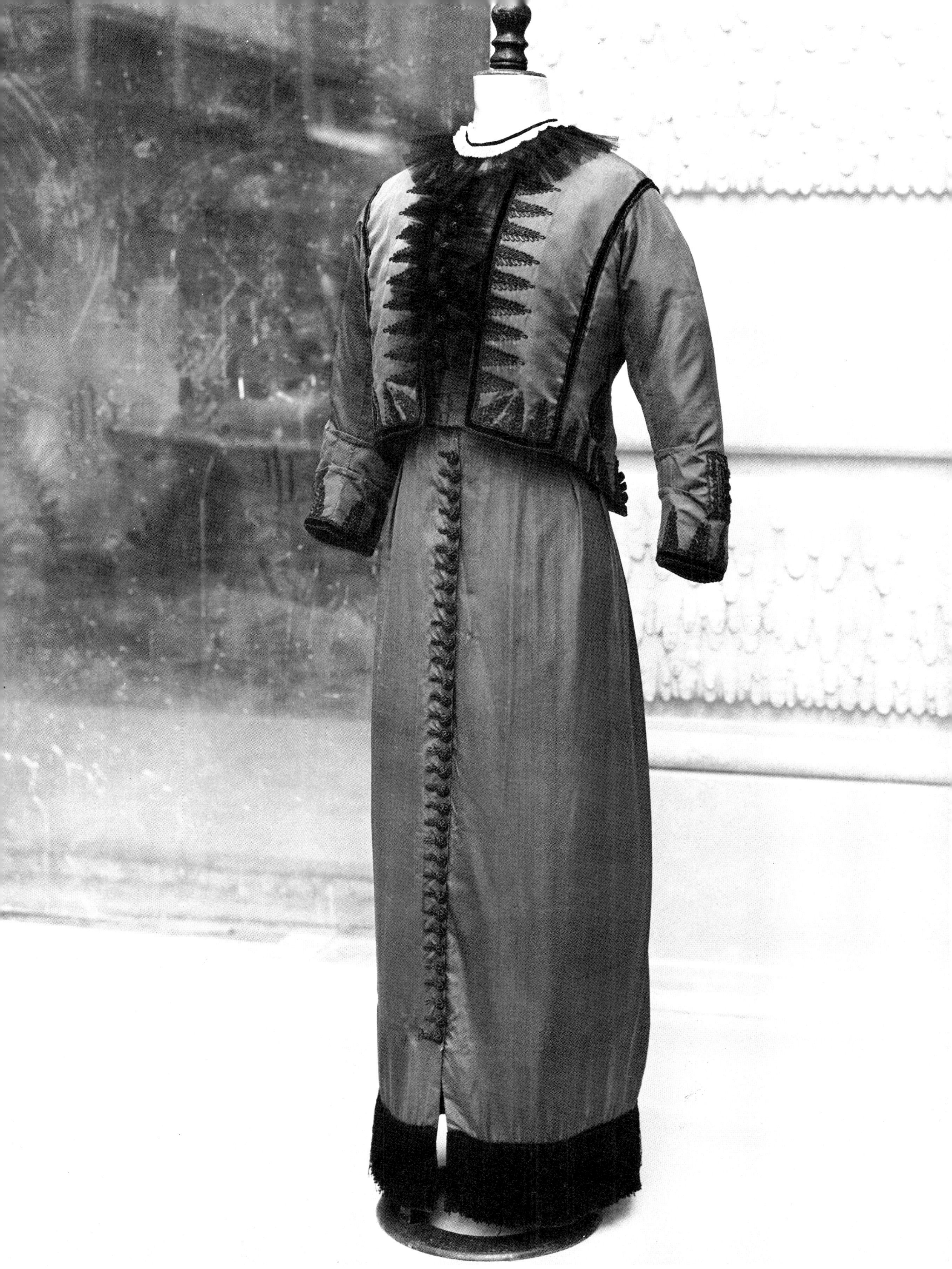

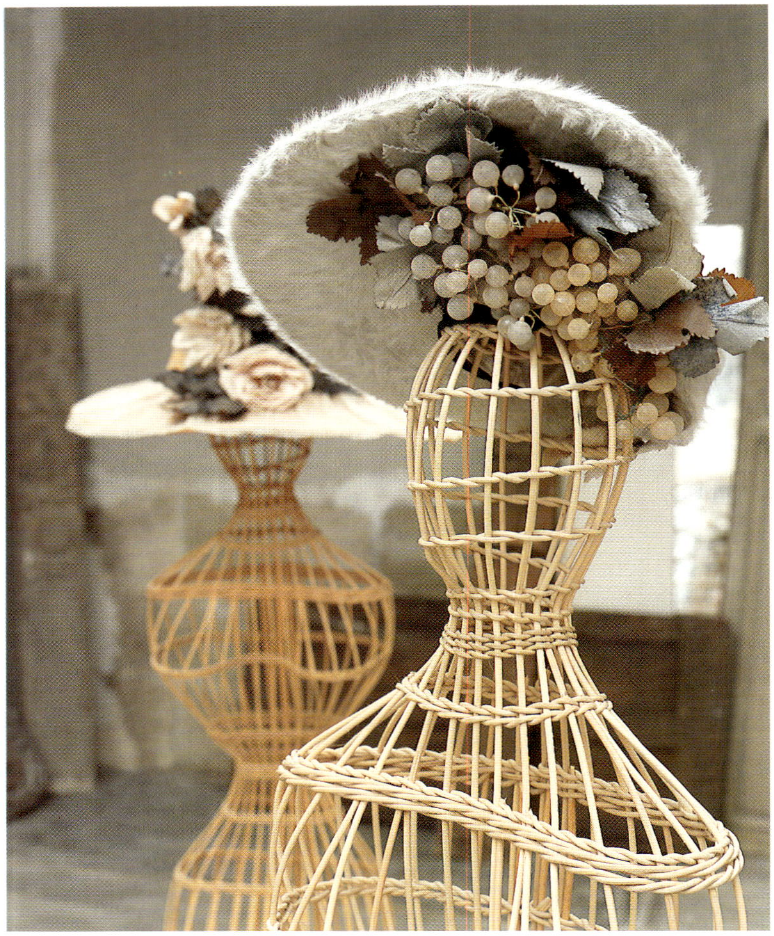
I

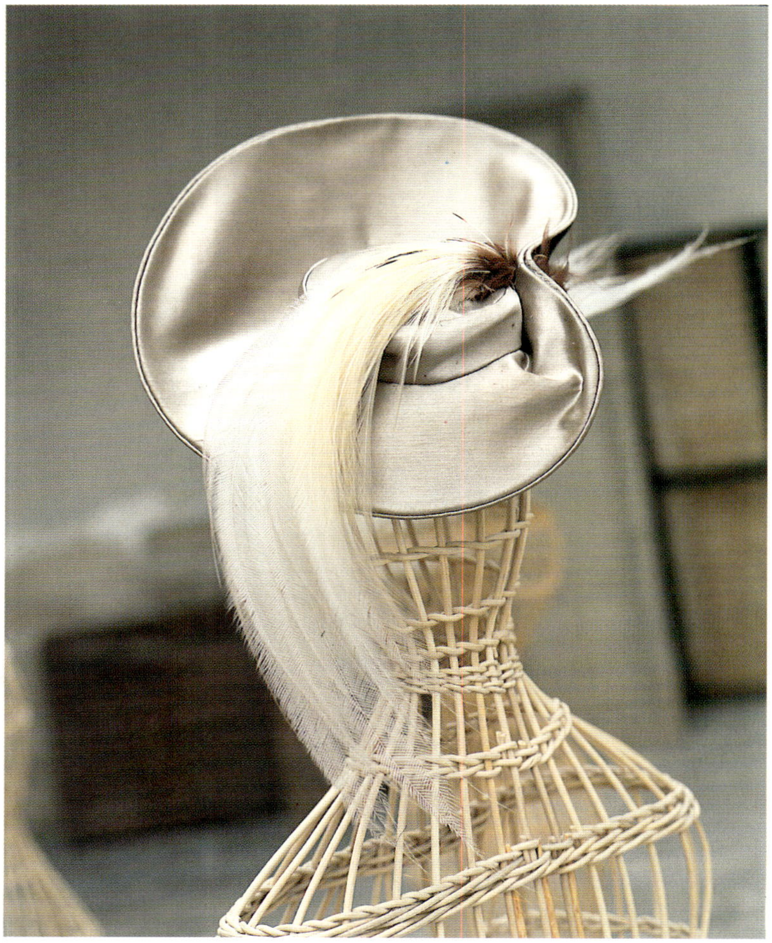
II

III IV

Pages précédentes : 54, 60

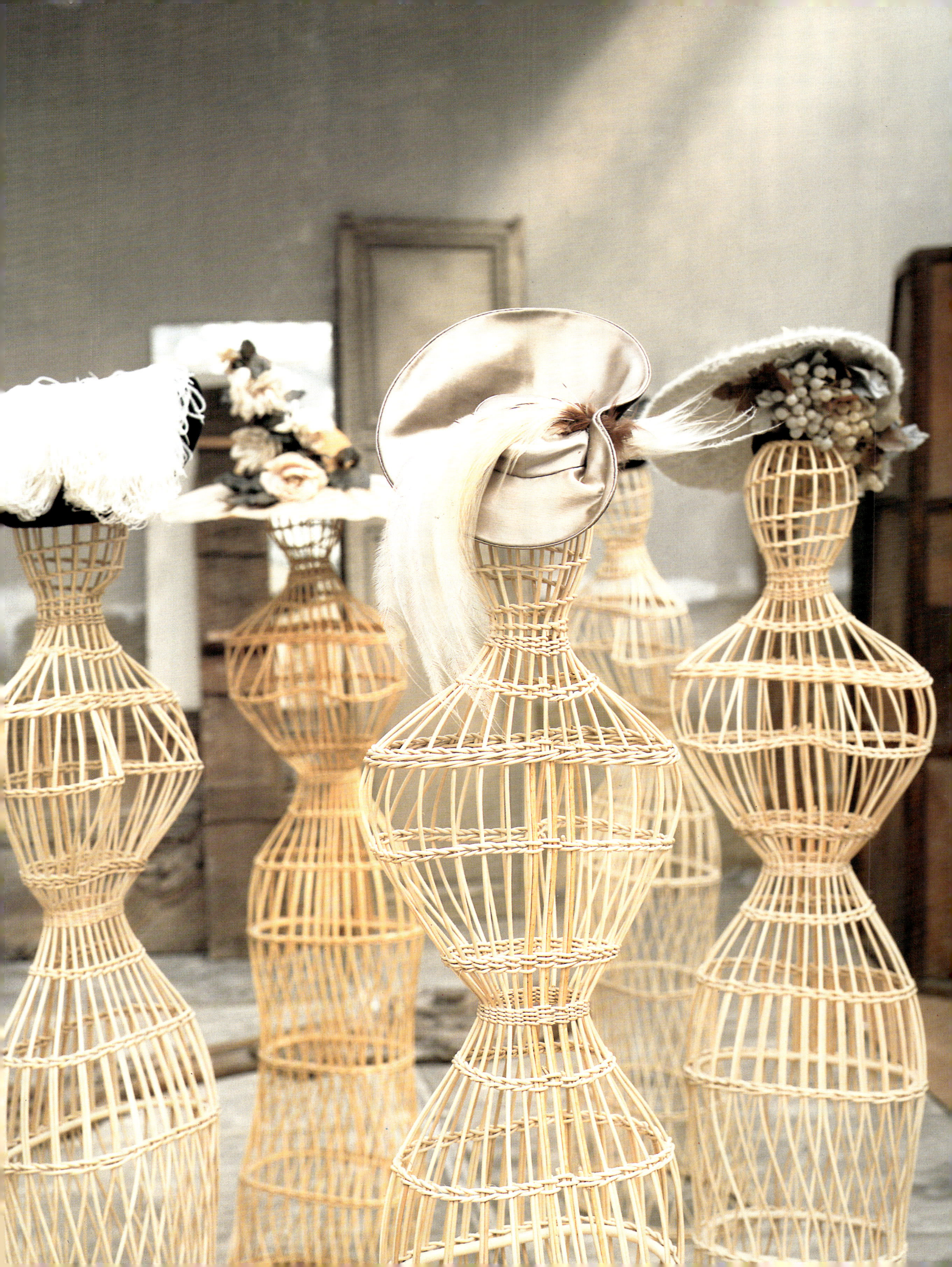

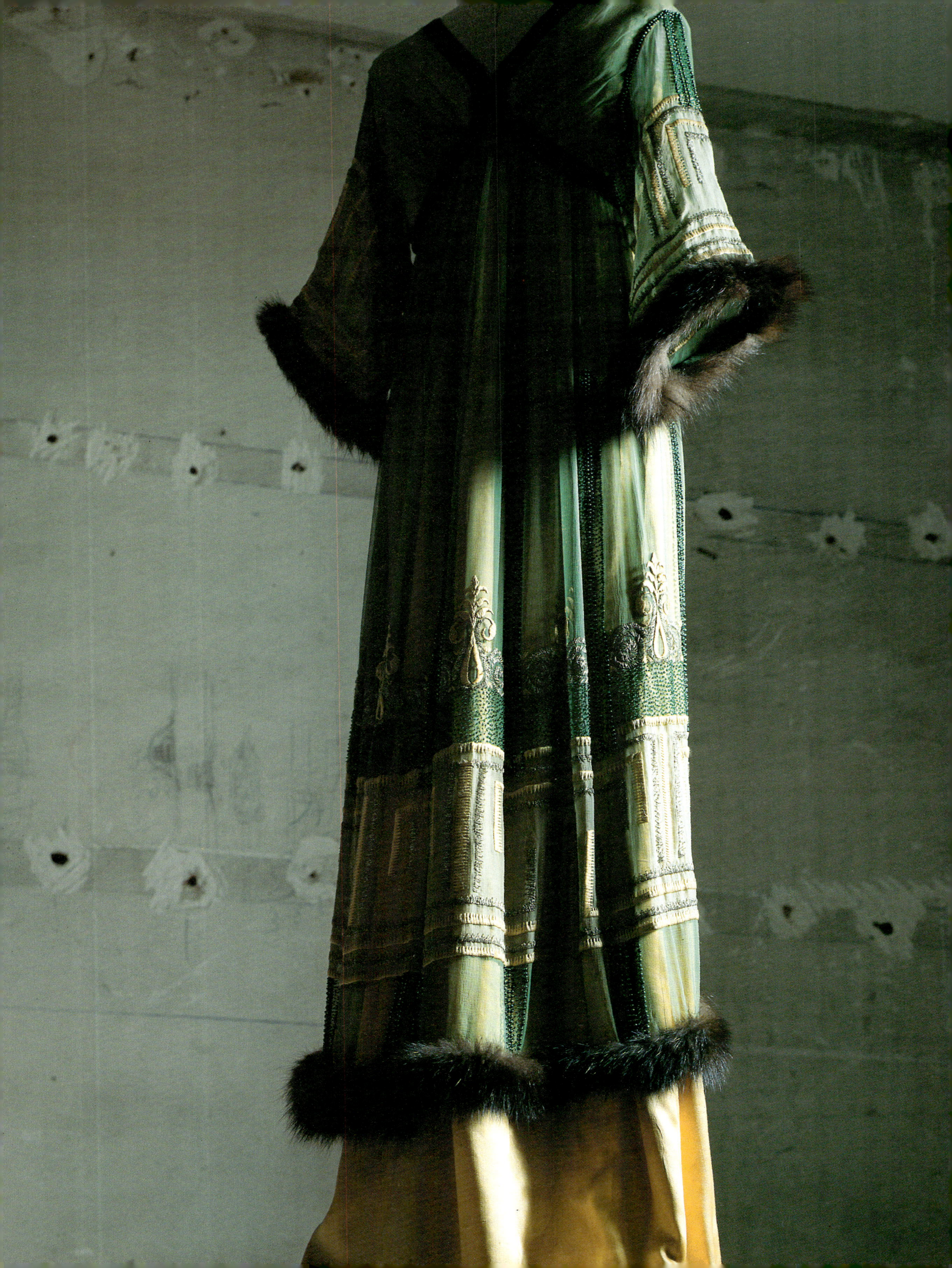

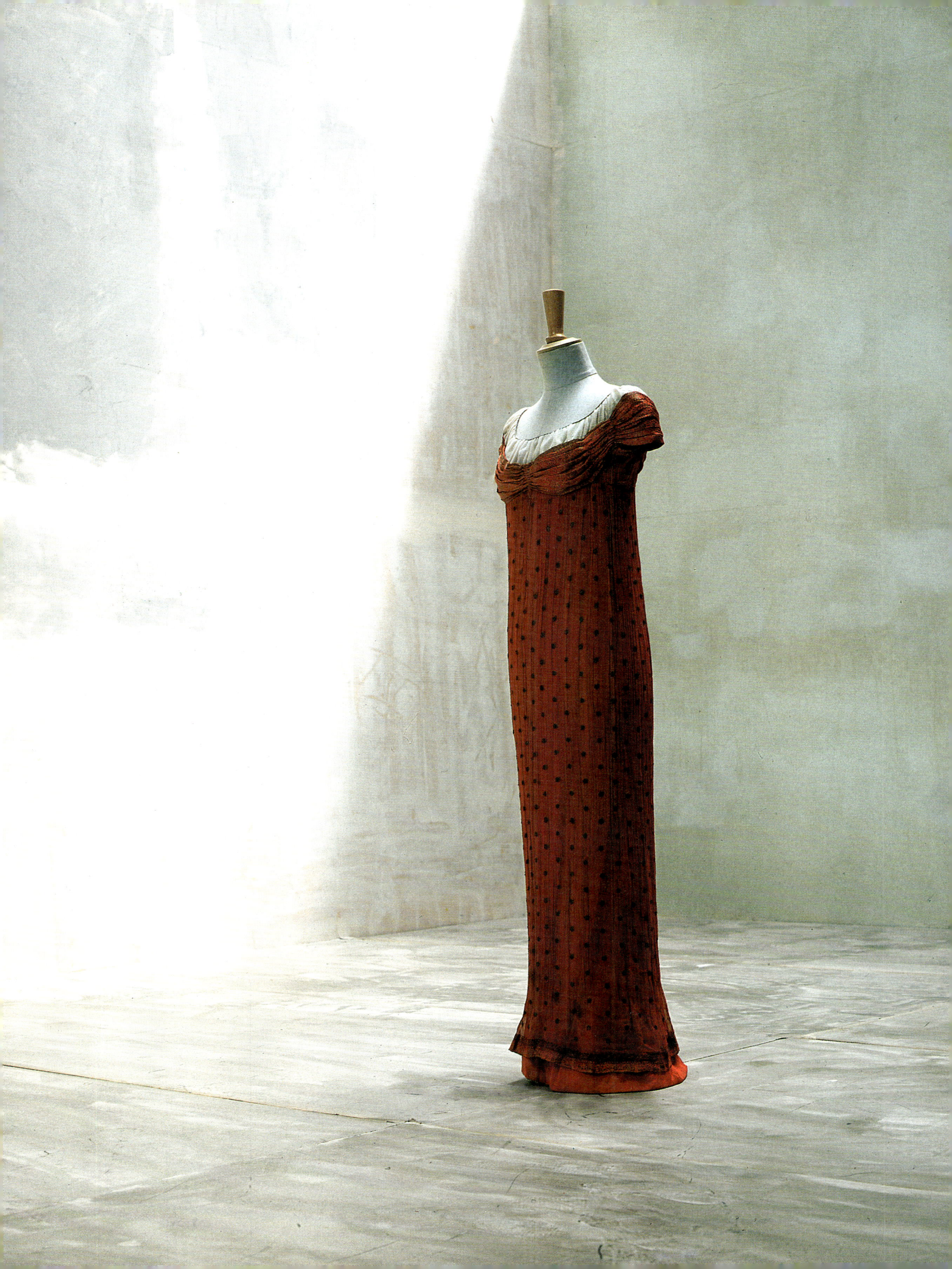

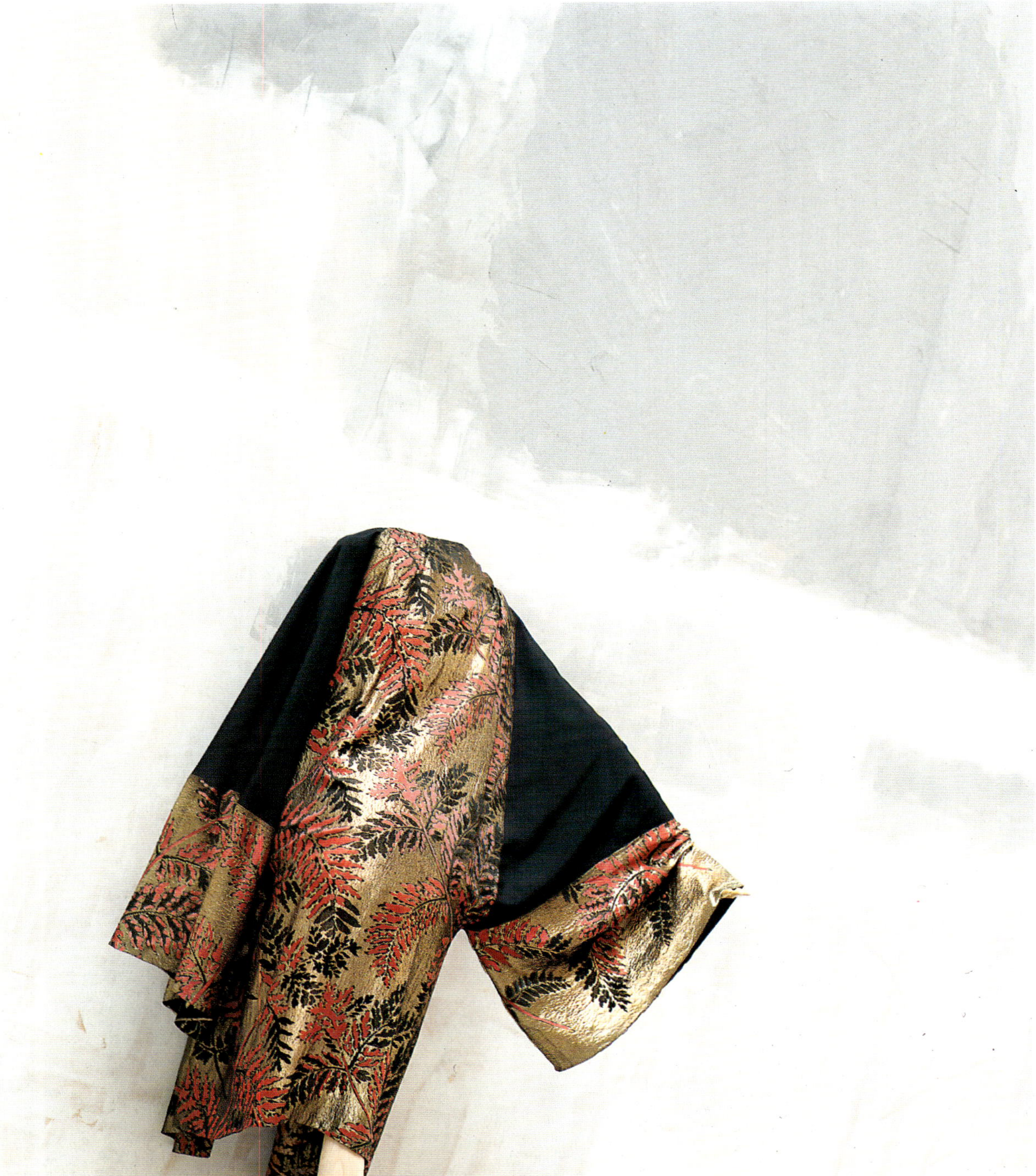

Pages précédentes : 57,56

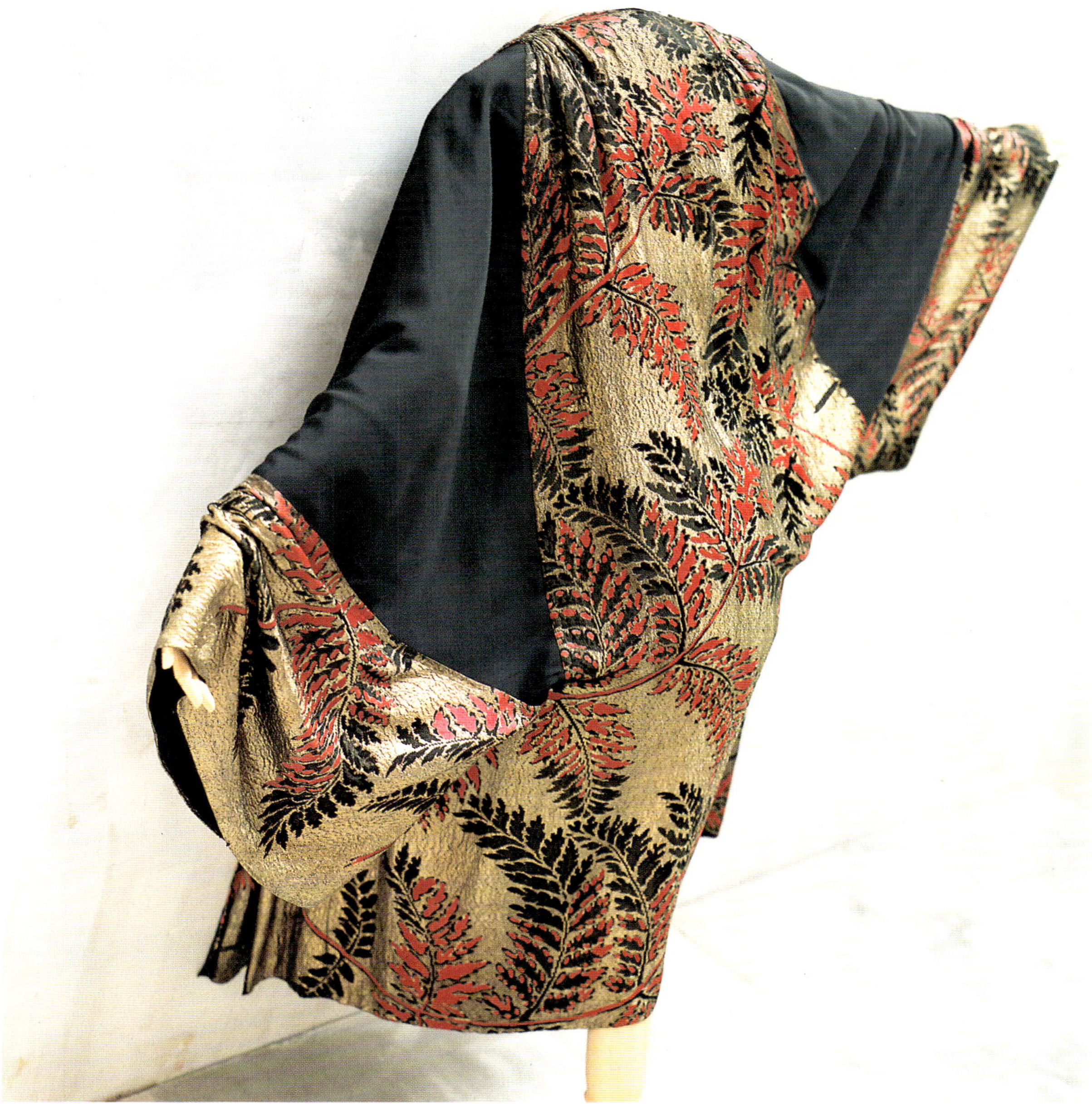

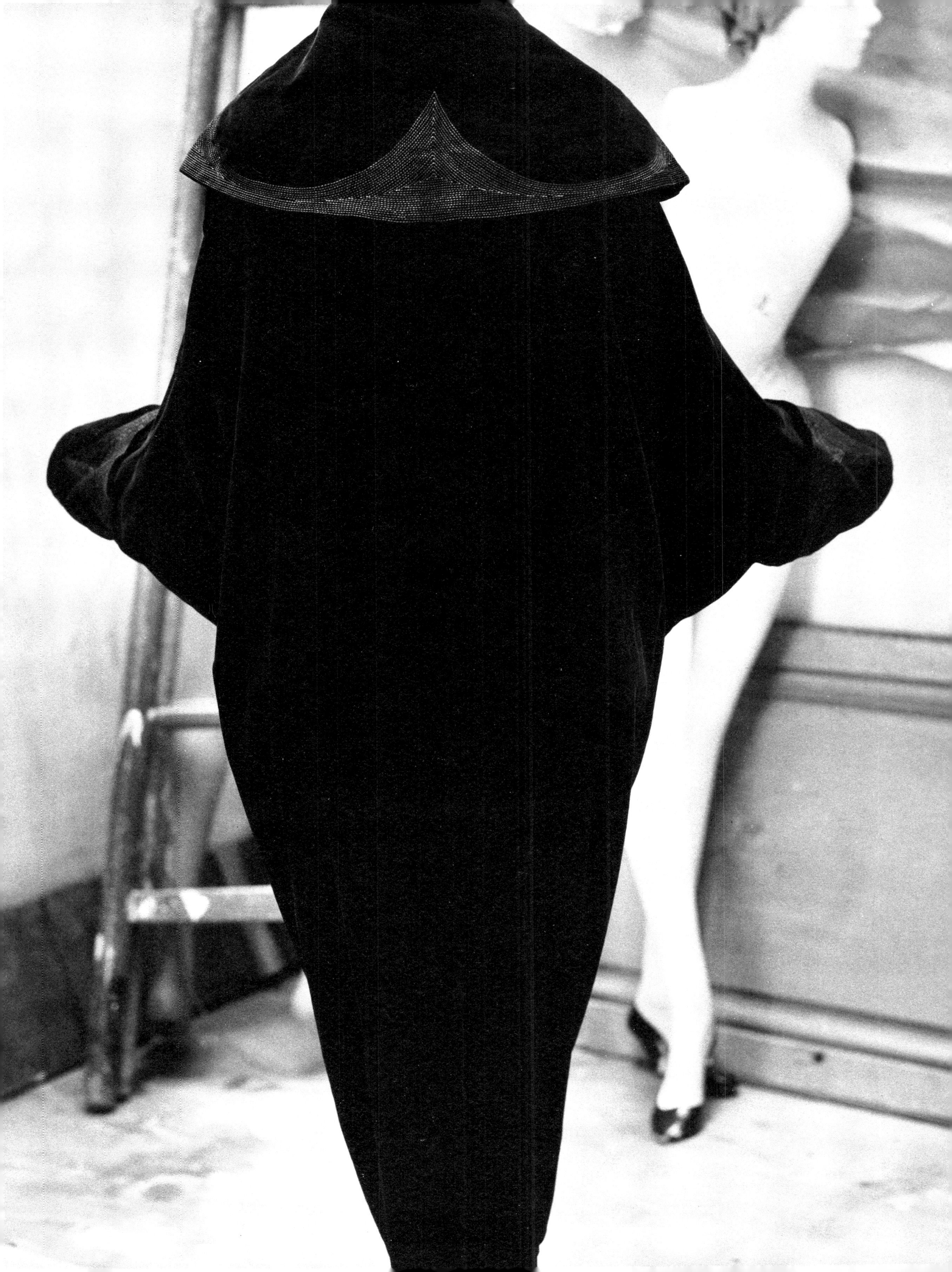

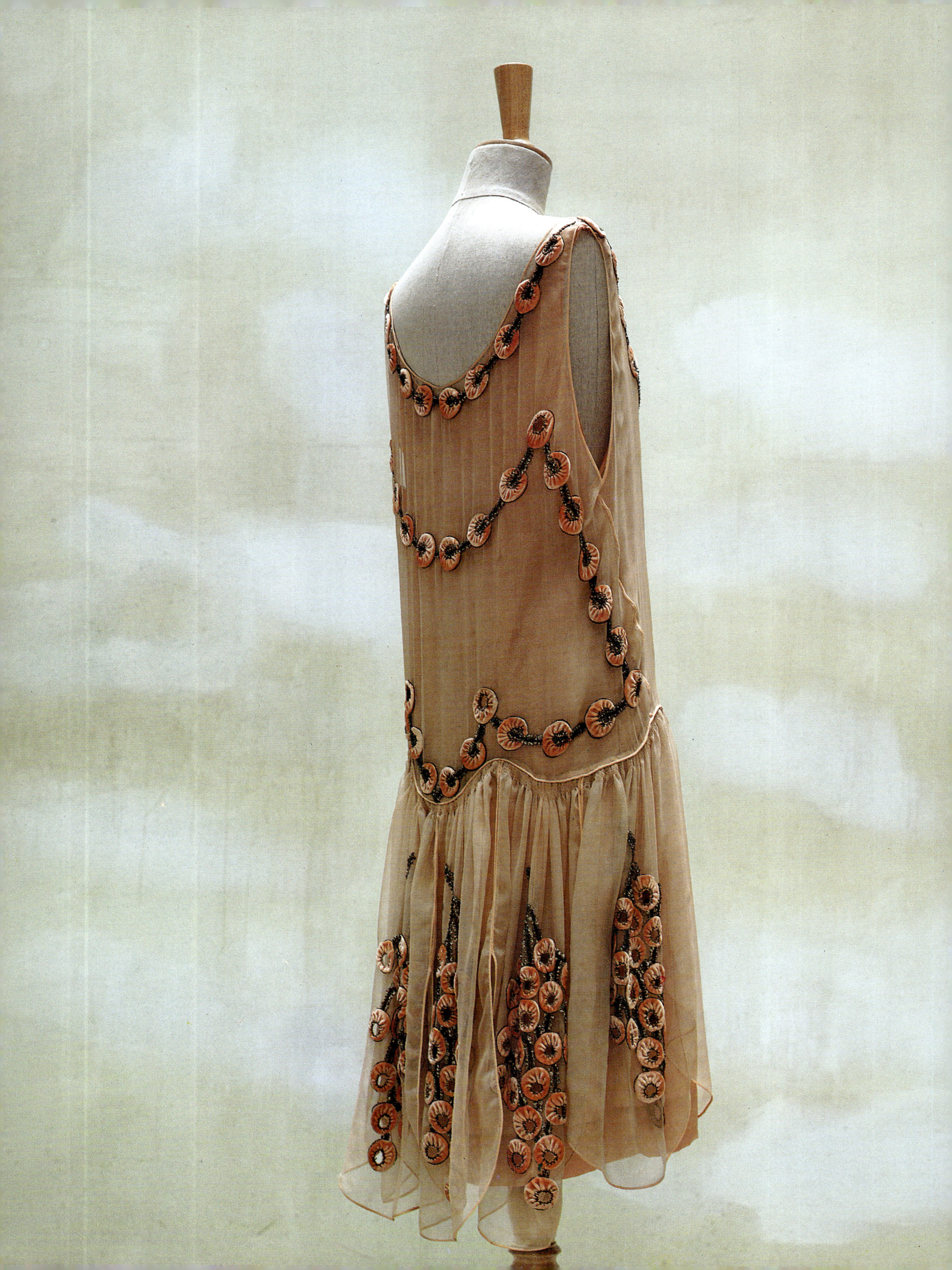

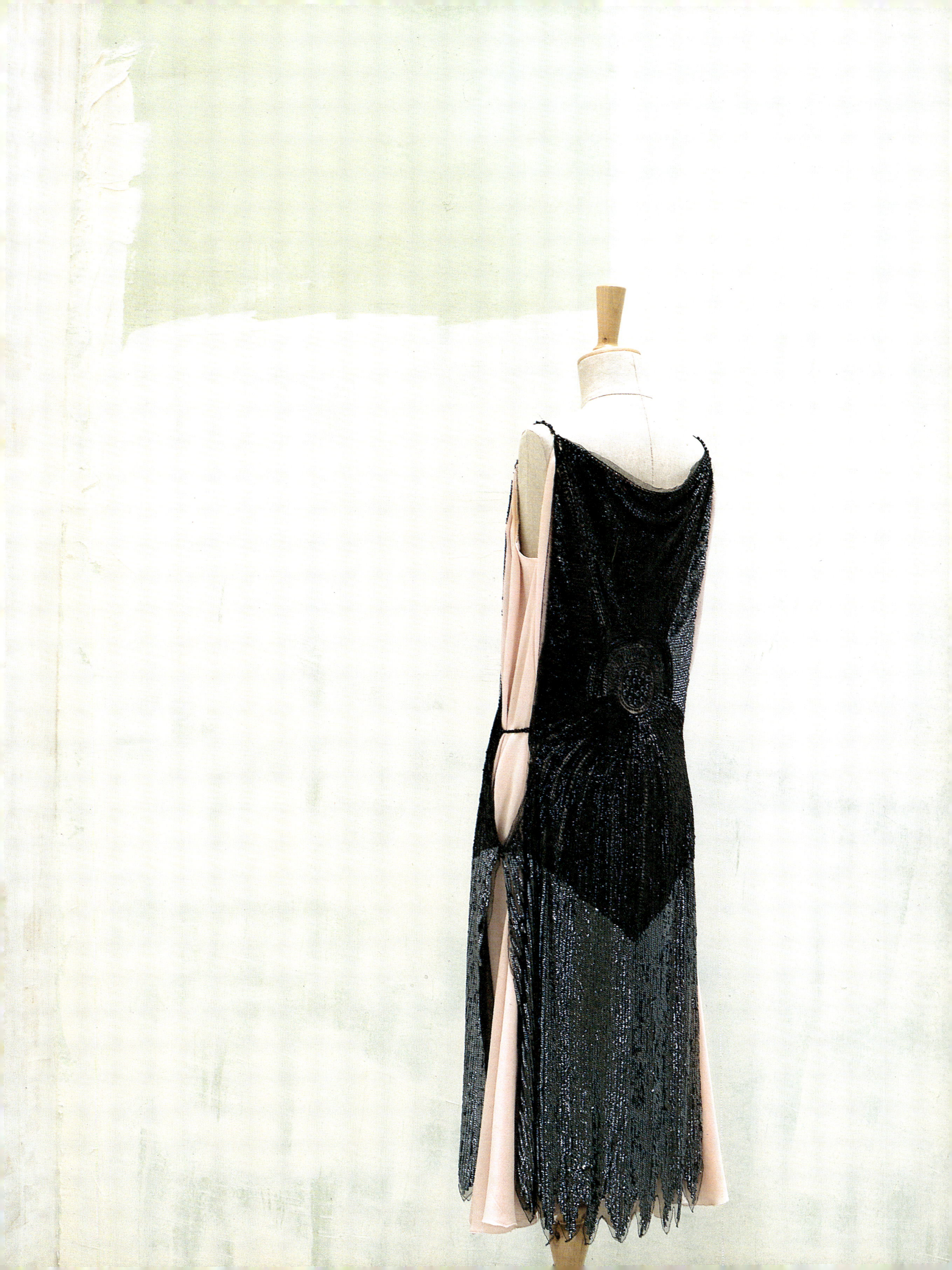

Pages précédentes : 77,67

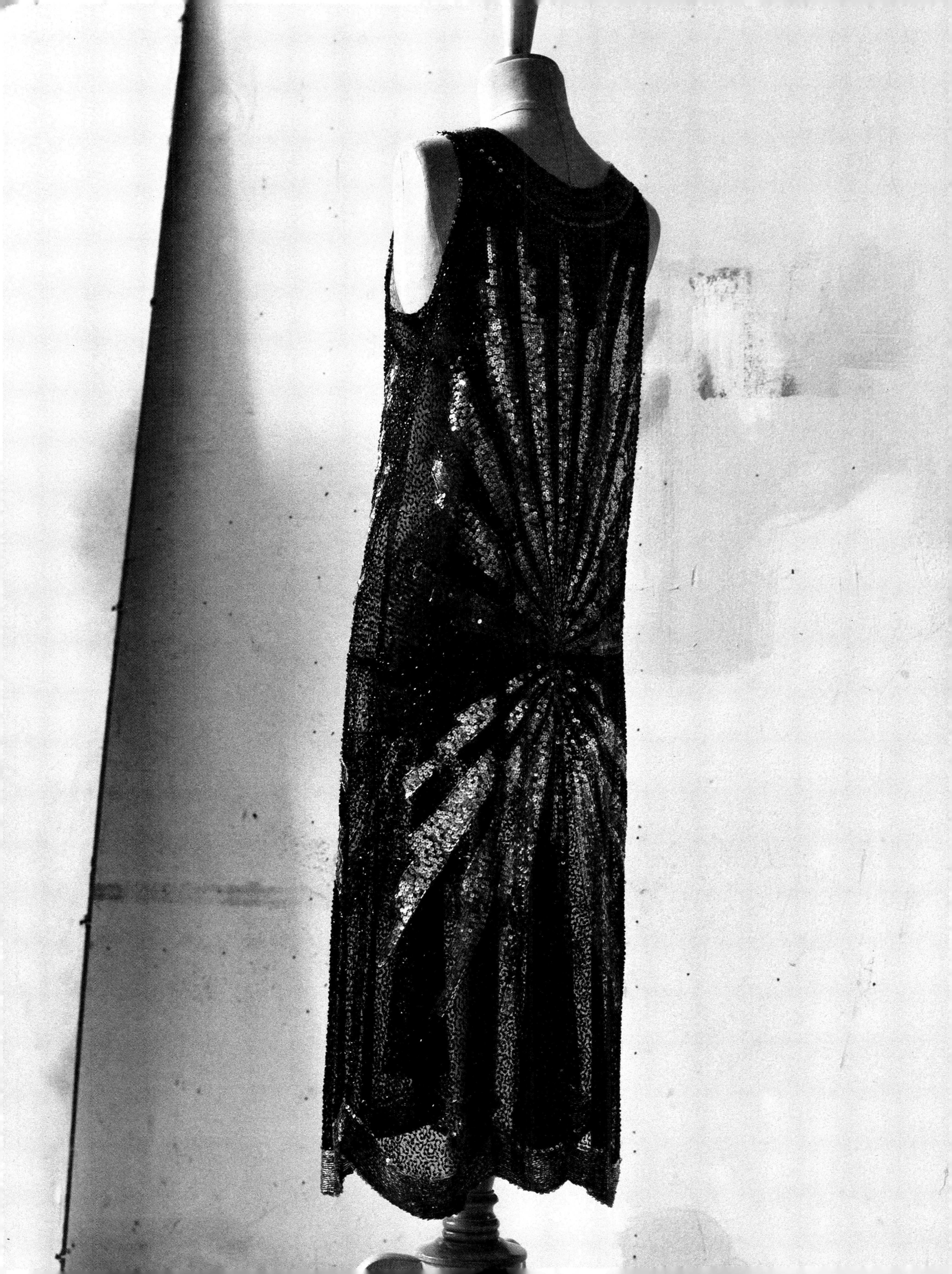

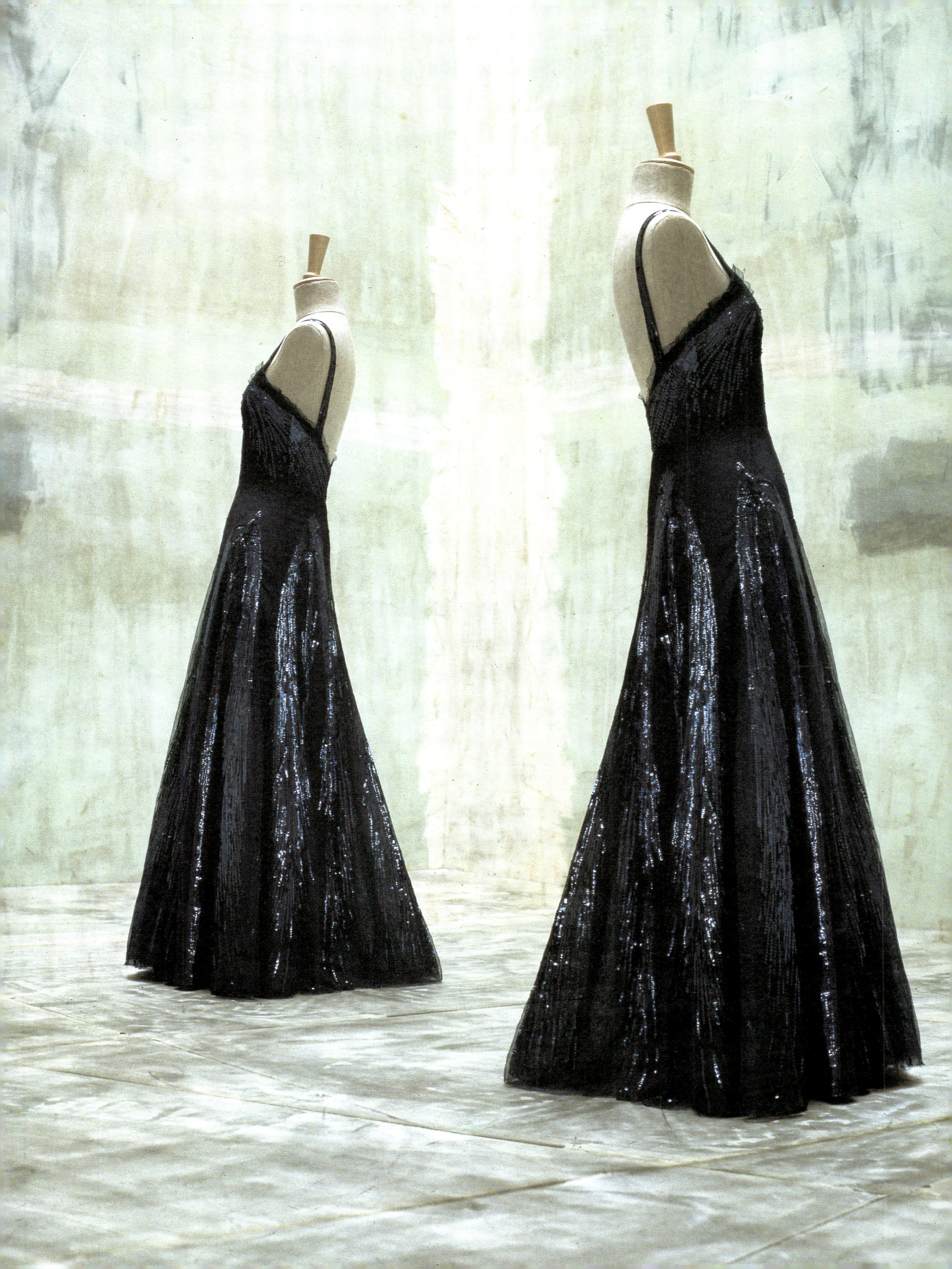

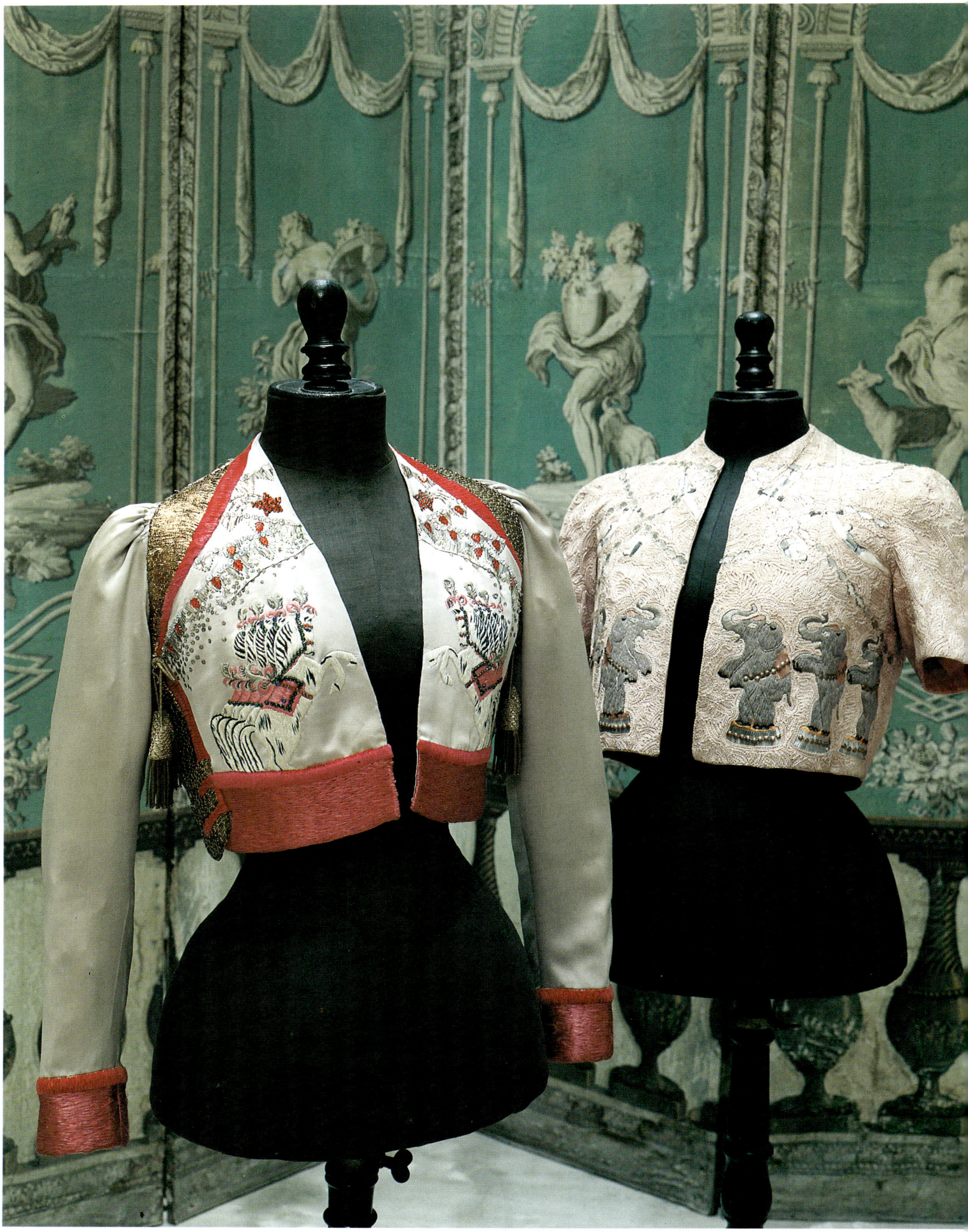

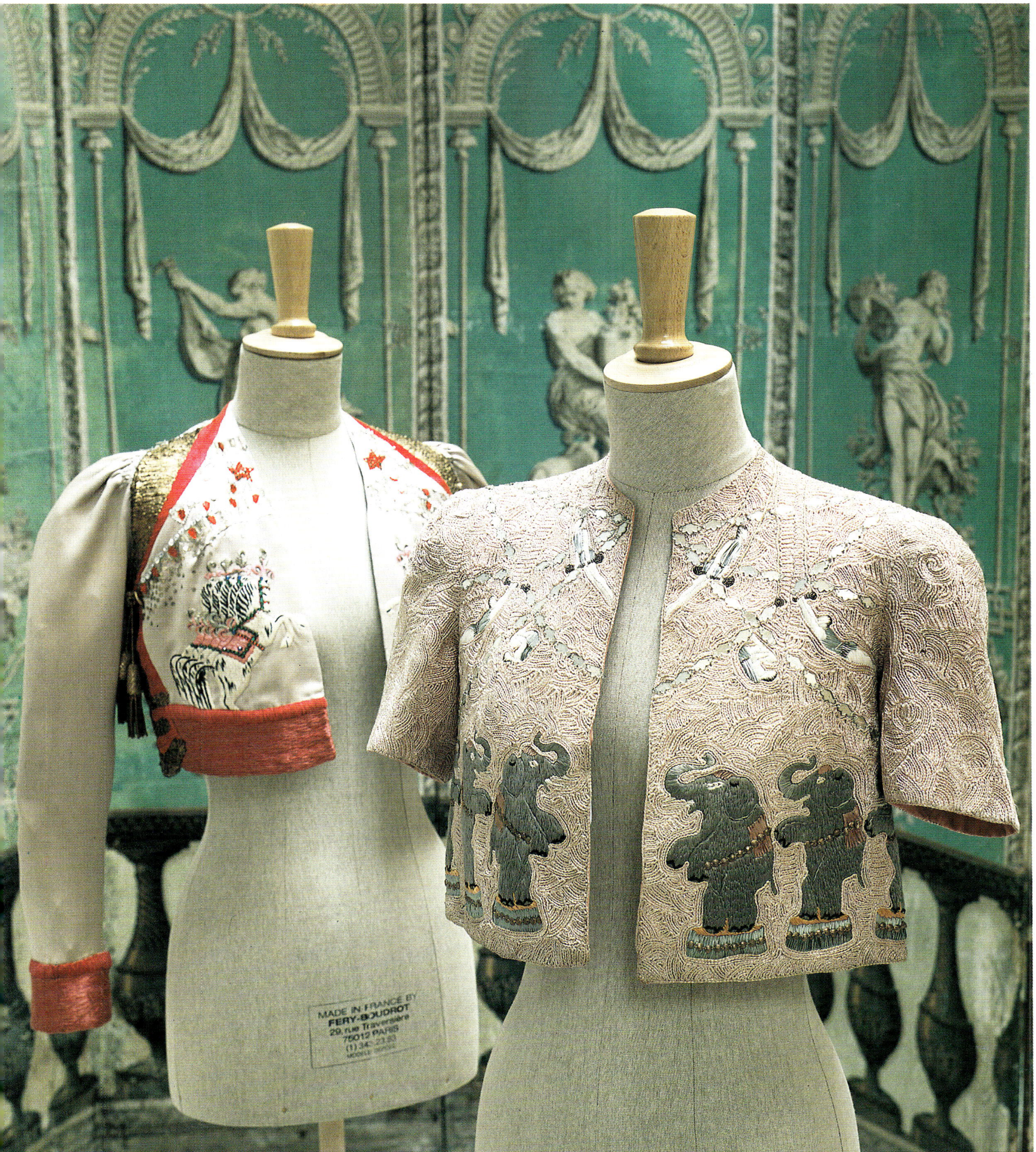
MADE IN FRANCE BY
FERY-BOUDROT
29, rue Traversière
75012 PARIS
(1) 343.23.83
MODÈLE DÉPOSÉ
36

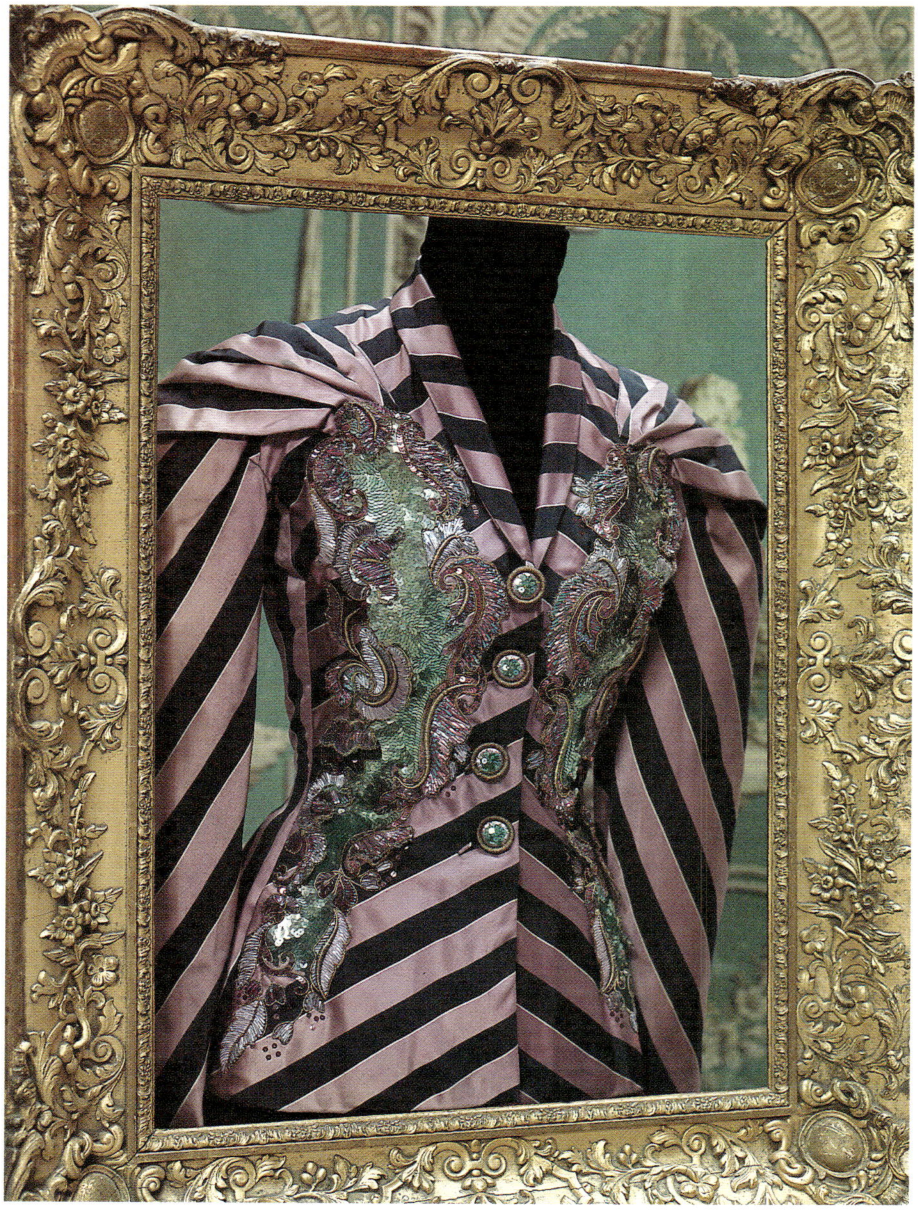
103

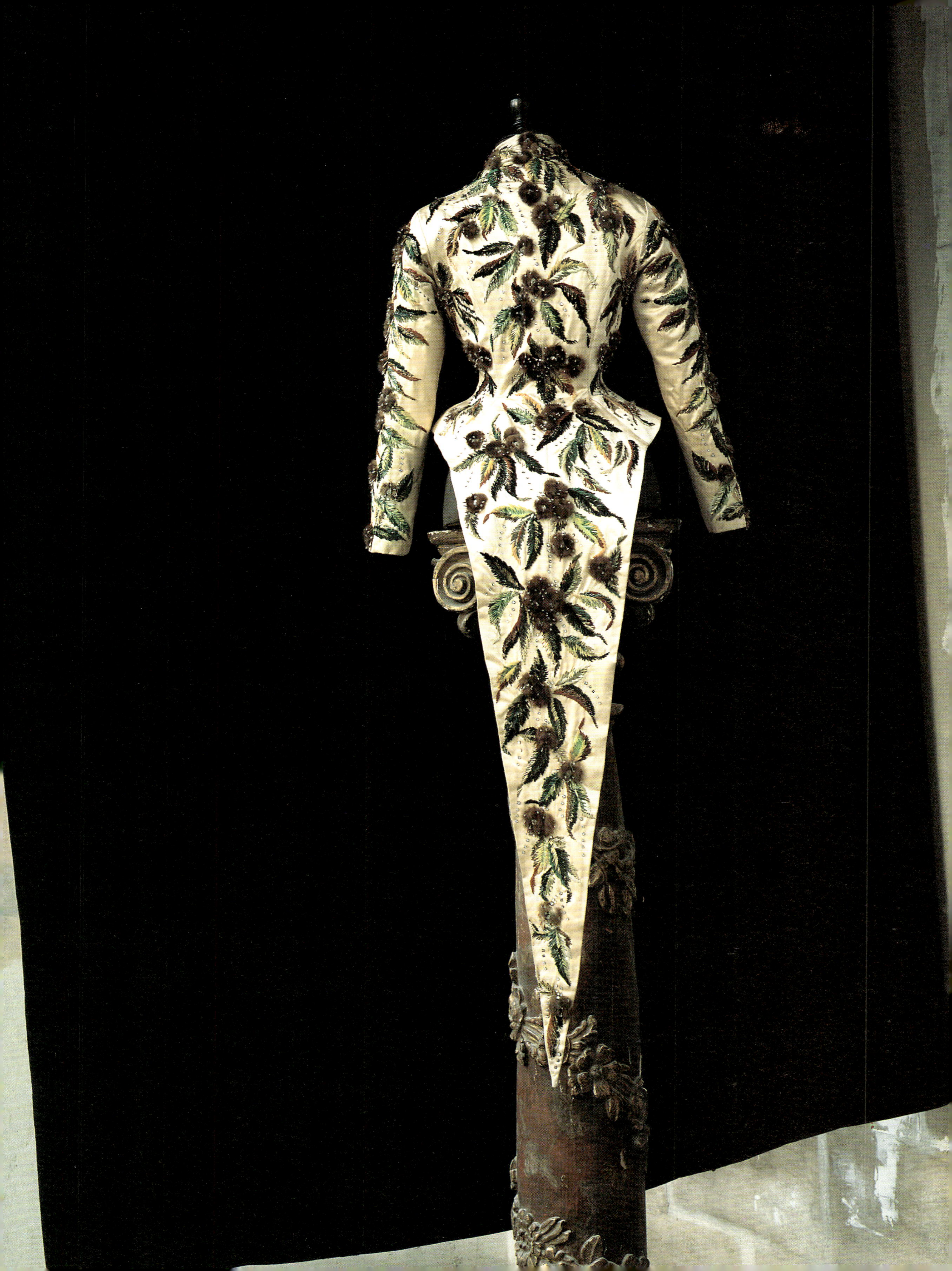

I

CHAPEAU
Vers 1903

« LOYS SŒURS »

Feutre mélusine gris argent : plateau relevé derrière et orné de grappes de raisin et de feuillages.

FEUTRE.

Don de Mme Doat, 1954.
Inv. U.F.A.C. 54

II

CHAPEAU
Vers 1911

« CAROLINE REBOUX »

Satin écaille blonde à bord relevé, doublé de marron et orné de deux paradis.

SOIE.

Créé pour Gabrielle Dorziat.

Don de Mme Rabatte, 1956.
Inv. U.F.A.C. 56.62.83

III

CHAPEAU
Vers 1903

« CAROLINE REBOUX »

Velours noir bord relevé, garni d'amazones blanches.

SOIE.

Don de Mme Rabatte, 1956.
Inv. U.F.A.C. 56.62.72

IV

CHAPEAU
Vers 1910-1912

« DONDEL, 11, rue du faubourg Saint-Honoré »

Paille d'Italie à grands bords recouverts d'un volant de tulle blanc, ornée d'une branche de roses dressées.

PAILLE.

Chapeau porté par une jeune fille de dix-huit ans.

Don de Mlle de Lestrange, 1954.
Inv. U.F.A.C. 54.58.1

53

ROBE
1898

« E. COGENHEM, 12, rue de Port-Mahon »

Drap bleu brodé de grosses fleurs en velours et chenille reliées entre elles par des biais de satin qui se prolongent en fines rayures pour souligner la taille (bleu).
Ce motif floral se retrouve sur le bas de la jupe découpée, chaque dent venant se fixer sur un jupon bordé de velours.

LAINE, SOIE.

BRODERIE D'APPLICATION AGRÉMENTÉE DE POINTS LANCÉ ET DE TIGE.

Cette robe fut exécutée pour un mariage célébré en décembre 1898.

Don de Mme G. Salomon, 1934.
Inv. U.C.A.D. 32188 AB

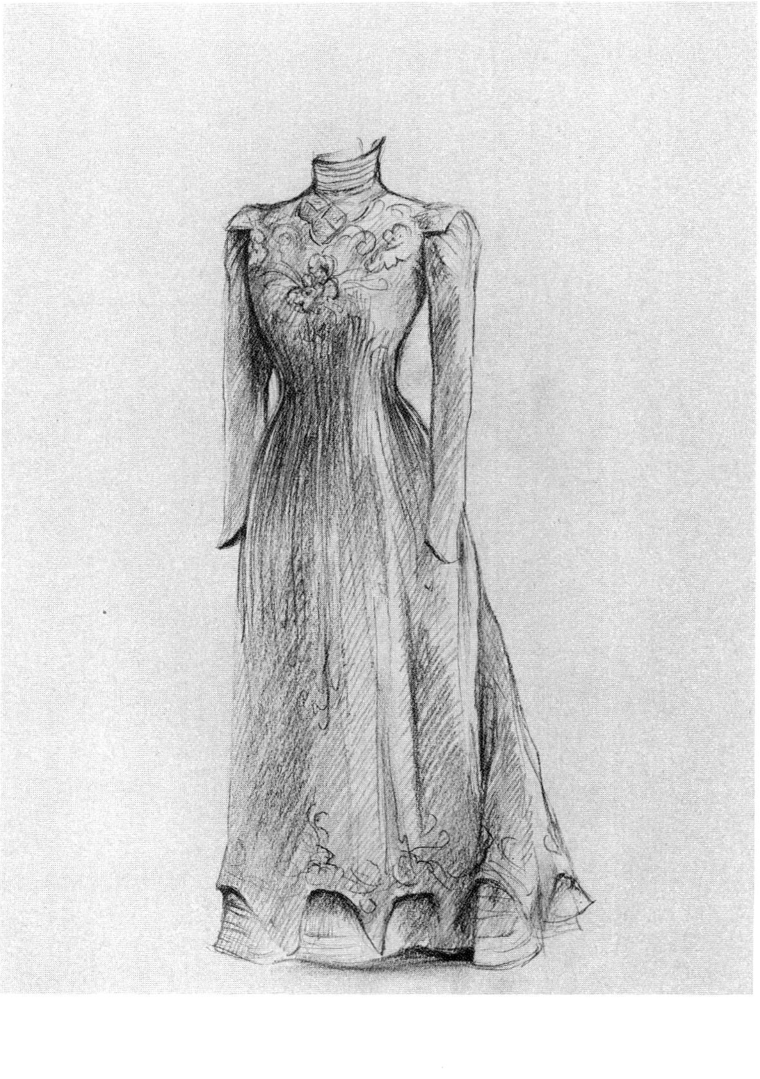

54

ROBE
Vers 1900

« MAISON IMBERT, boulevard du Montparnasse »

Reps beige à carreaux marine, corsage, bas des manches et de la jupe garnis de mousseline beige finement plissée.
SOIE, MÉTAL.

Don de Mme Guynet Pechardre, 1978.
Inv. U.F.A.C. 78.15.2 AB

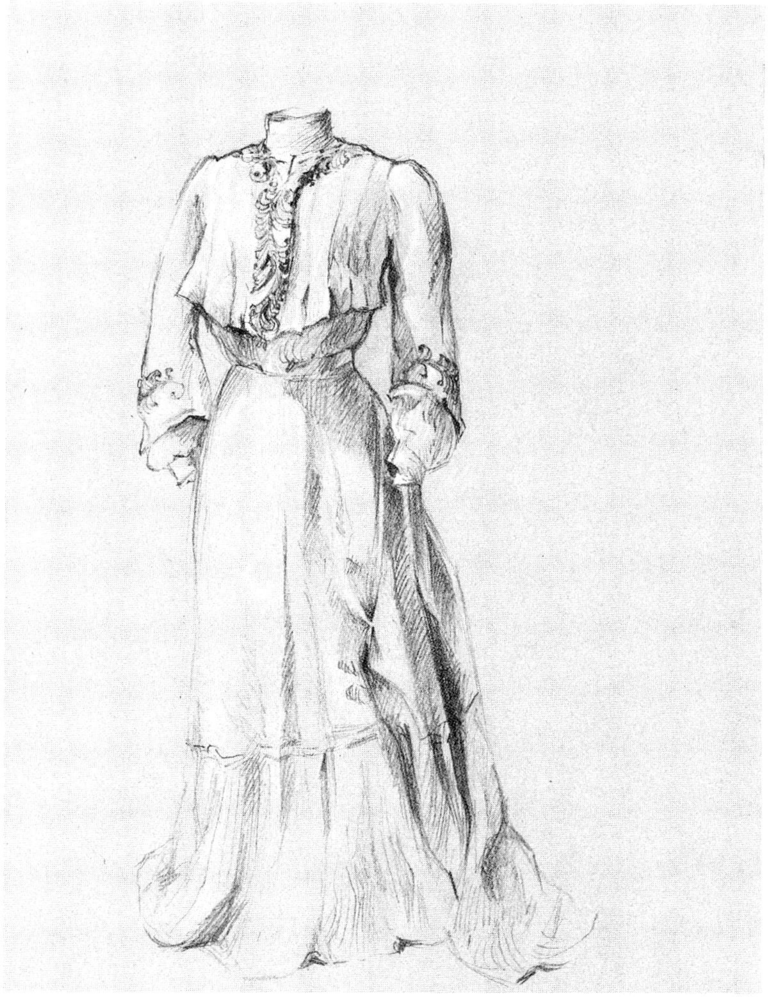

55

ROBE
Vers 1900

Toile écrue incrustée de motifs de guipure.
Corsage décolleté en carré monté sur une guimpe de tulle plissé horizontalement à col haut, manches longues de même tissu.
LIN, SOIE.

Don de Mme Lebocq, 1974.
Inv. U.F.A.C. 74.21.71

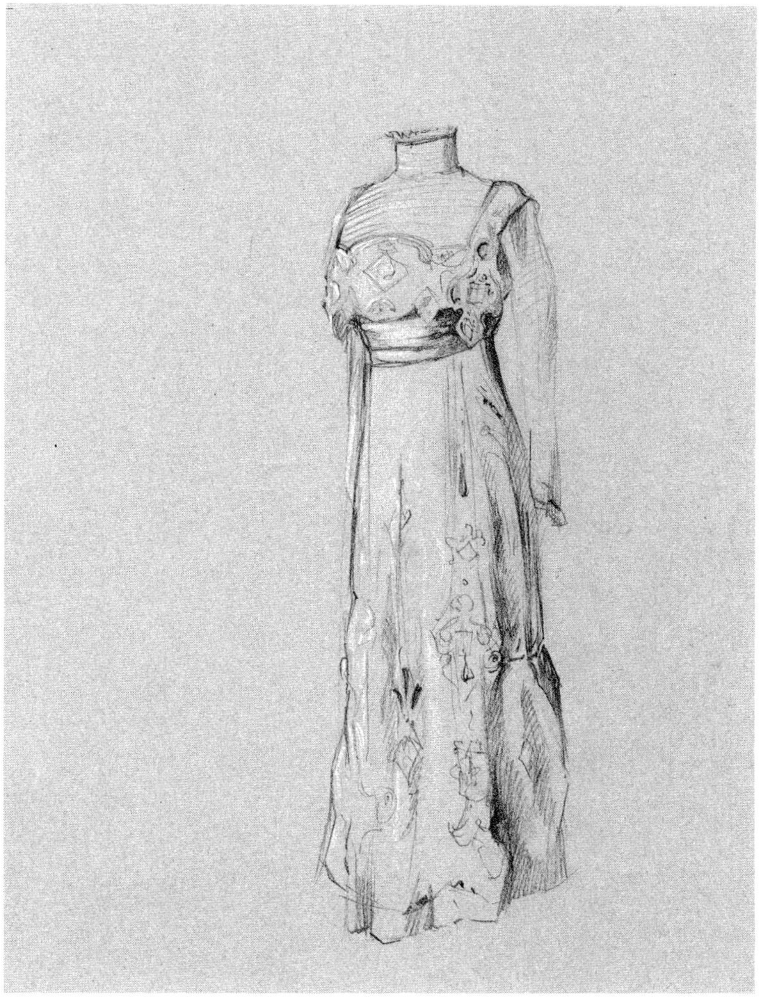

56

ROBE
Vers 1907

« PAUL POIRET, 37, rue Pasquier »

De forme Empire en gaze rouge parsemée de petits motifs d'or, guimpe de tulle formant décolleté rond et bordé d'une ganse d'or, large bande de dessins d'or au corsage et au bas de la robe.

SOIE, MÉTAL (OR).

Cette robe nommée « Eugénie » figure dans l'album édité par Poiret en 1908, les Robes de Paul Poiret racontées par Paul Iribe.

Don de Mme Boulet Poiret, 1964.
Inv. U.F.A.C. 64.46.2

MANTEAU
Vers 1910-1915

« PAUL POIRET, 107, faubourg Saint-Honoré, Paris »

Velours épinglé rouge doublé de violet, bordé de fourrure et de franges d'argent, col et poignets brodés et rehaussés de strass.

SOIE, FOURRURE, MÉTAL (ARGENT).

Don de Mme S. Lami, 1953.
Inv. U.F.A.C. 53.33.1

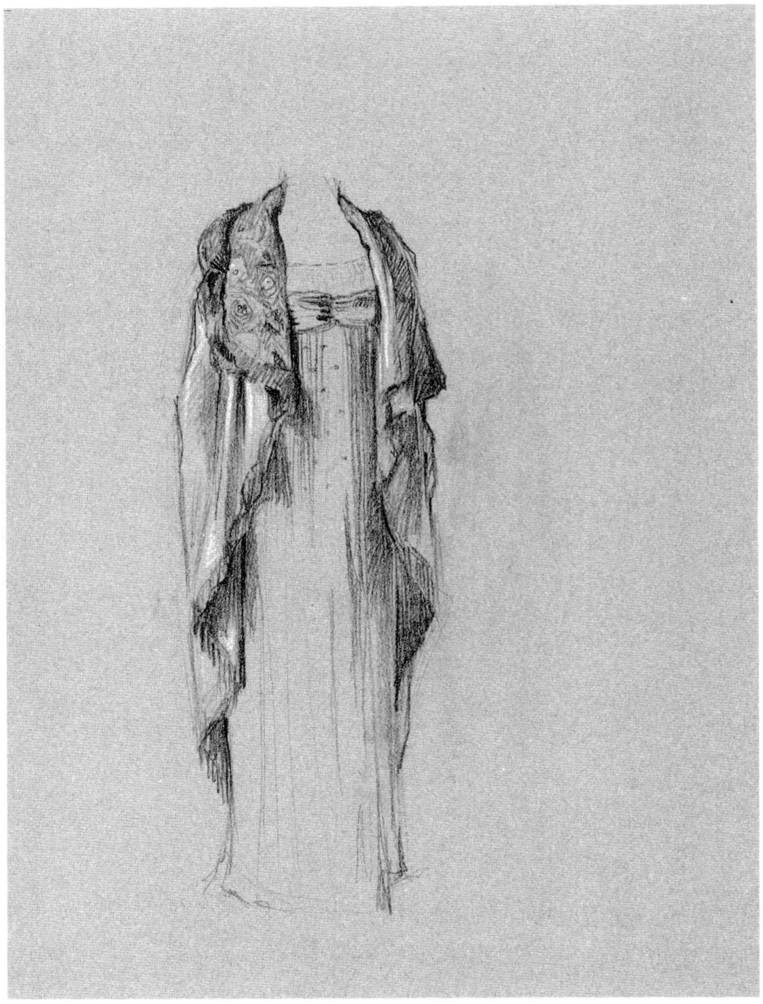

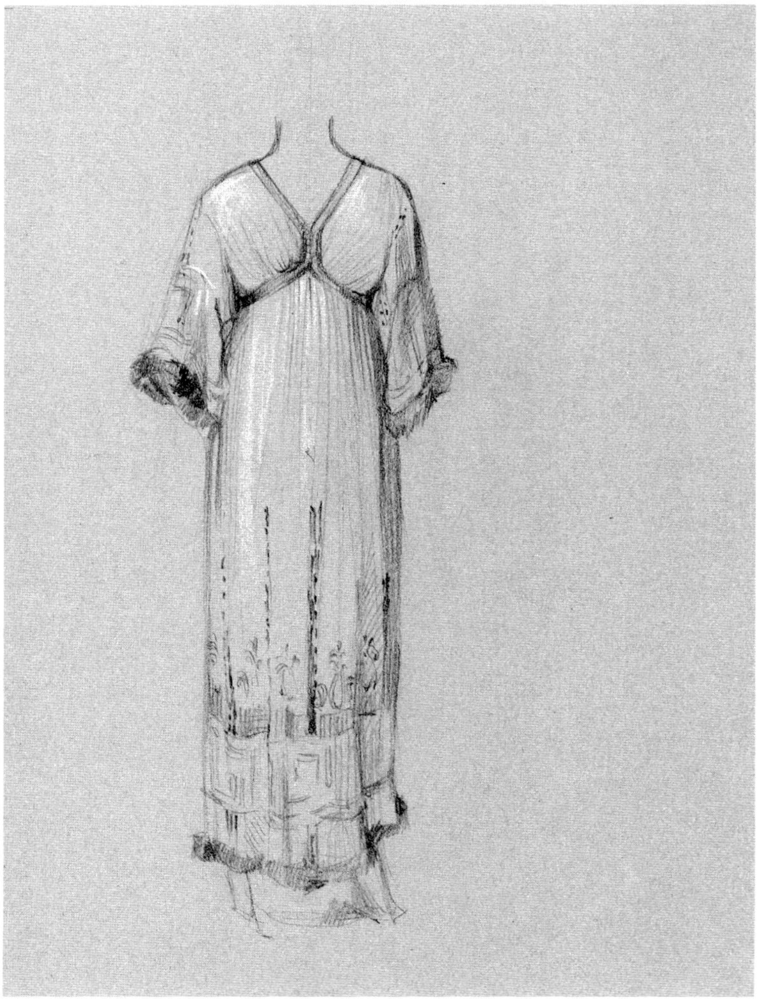

57

ROBE
Vers 1908

« PAUL POIRET, 37, rue Pasquier, Paris »

Satin jaune, voilé d'une tunique à manches courtes en mousseline verte bordée de vison et brodée de motifs d'inspiration orientale en perles vertes, fils d'or et soie.

SOIE, FOURRURE, MÉTAL (OR).

Don de M. Veysset, 1961.
Inv. U.F.A.C. 61.22.1

58

ROBE
Vers 1912

« PAUL POIRET, 107, faubourg Saint-Honoré, Paris »

Reps damassé violet, jupe étroite boutonnée devant.
Corsage recouvert d'une tunique en velours violet retenue par un bouton et gansée de rouge.
SOIE.

Don de Mme Poiret, 1963.
Inv. U.F.A.C. 63.18.8

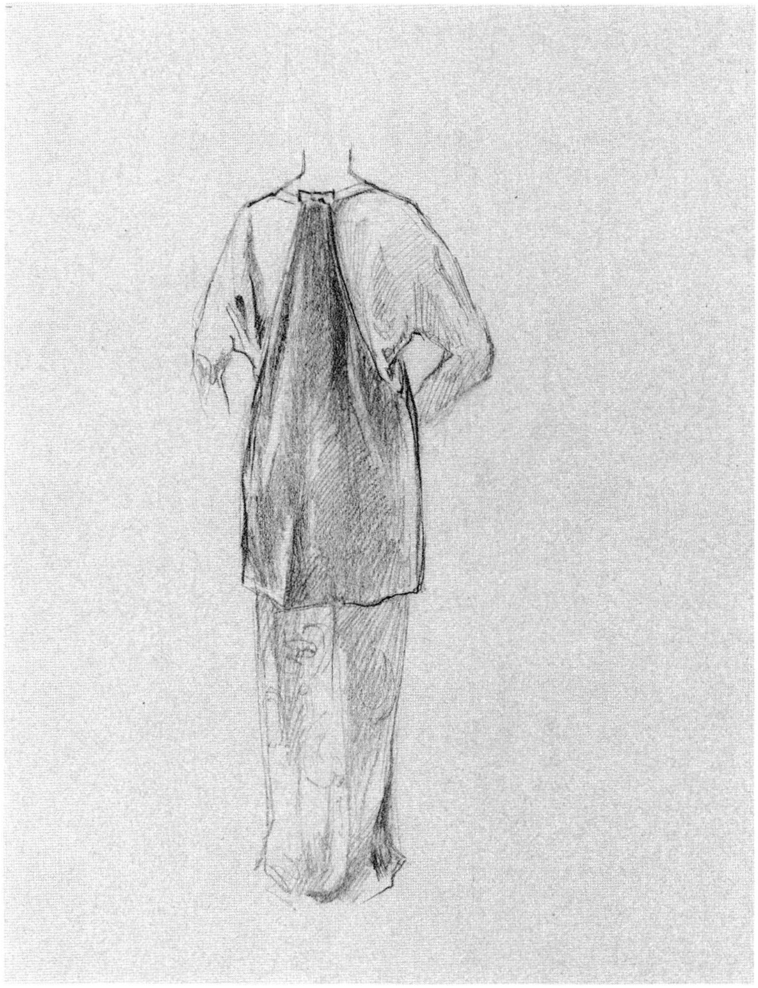

59

ROBE
Vers 1910-1912

« BOURNICHE, 5, rue Royale, Paris »

Mousseline verte sur fond de satin de même ton. Des rinceaux formés de petites perles recouvertes de soie ornent la jupe, le haut des manches et encadrent sur le corsage une broderie en tulle dont le motif géométrique se prolonge en double frise pour former un volant à partir de la taille.
SOIE.
BRODERIE D'APPLICATION ET BRODERIE MÉCANIQUE.

Don de Mme Zogheb, 1982.
Inv. U.C.A.D. 51056

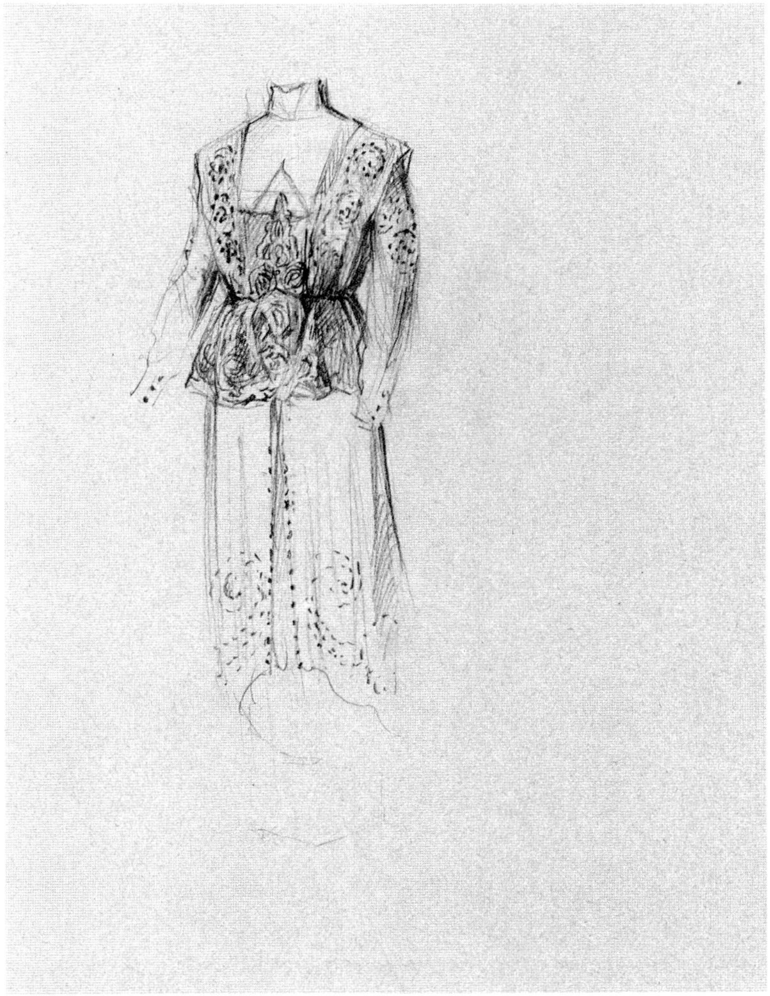

60

ROBE-TAILLEUR
Vers 1910-1912

« CALLOT SŒURS »

Taffetas vert, coutures et bords de la veste gansés et garnis de velours noir, broderies et boutons de passementerie verte, jupe étroite à faux boutonnage, garnie dans le bas de franges de soie noire.

SOIE.

Don de Mme Lindon, 1951.
Inv. U.F.A.C. 51.5.1 ABC

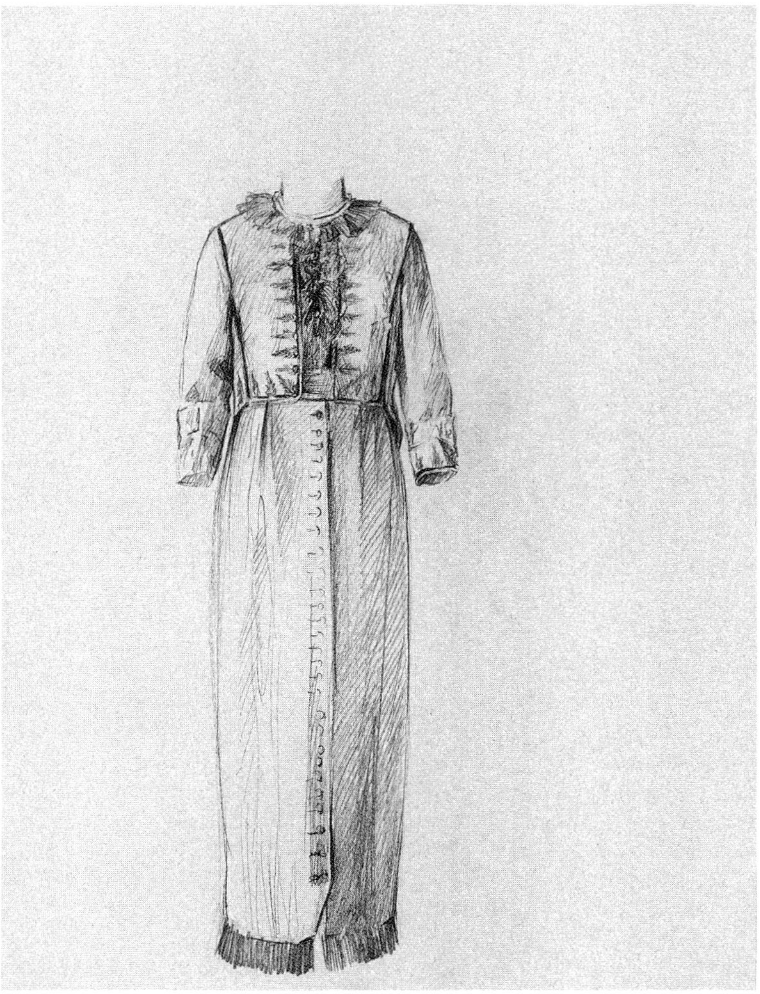

61

ENSEMBLE D'ÉTÉ
Vers 1910-1912

« DŒUILLET, 18, place Vendôme »

Mousseline blanche brodée d'une frise à décor de fleurs et rinceaux sur le devant de la jupe et agrémentée d'un entre-deux de dentelle formant volant dans le dos.
On retrouve le même travail sur la petite veste qui s'ouvre sur un gilet de faille rayée parsemée de bouquets.

COTON, SOIE.

BRODERIE AU PLUMETIS ET POINT D'ŒILLET. DENTELLE AU CROCHET.

Don de la vicomtesse de Pélacot, 1971.
Inv. U.C.A.D. 42971

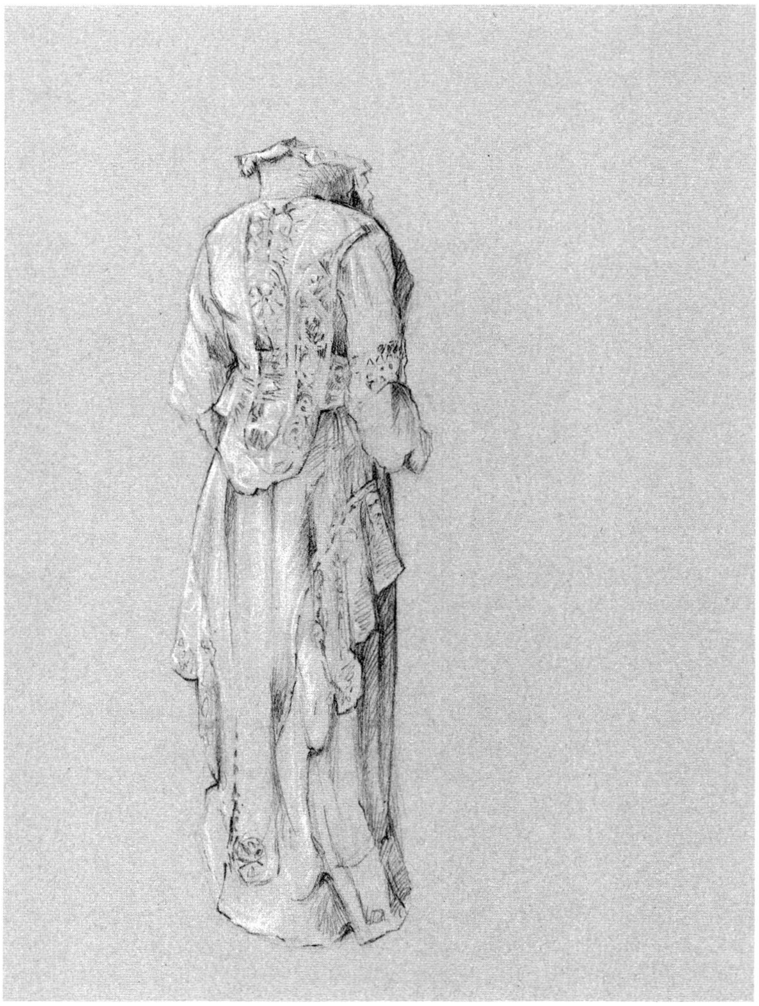

62

ROBE
Vers 1915

Mousseline et tulle blanc, col, manches et jupe à quatre volants festonnés en coton perlé blanc.
SOIE, COTON.

Don de Mme Lebas, 1949.
Inv. U.F.A.C. 49.16.7

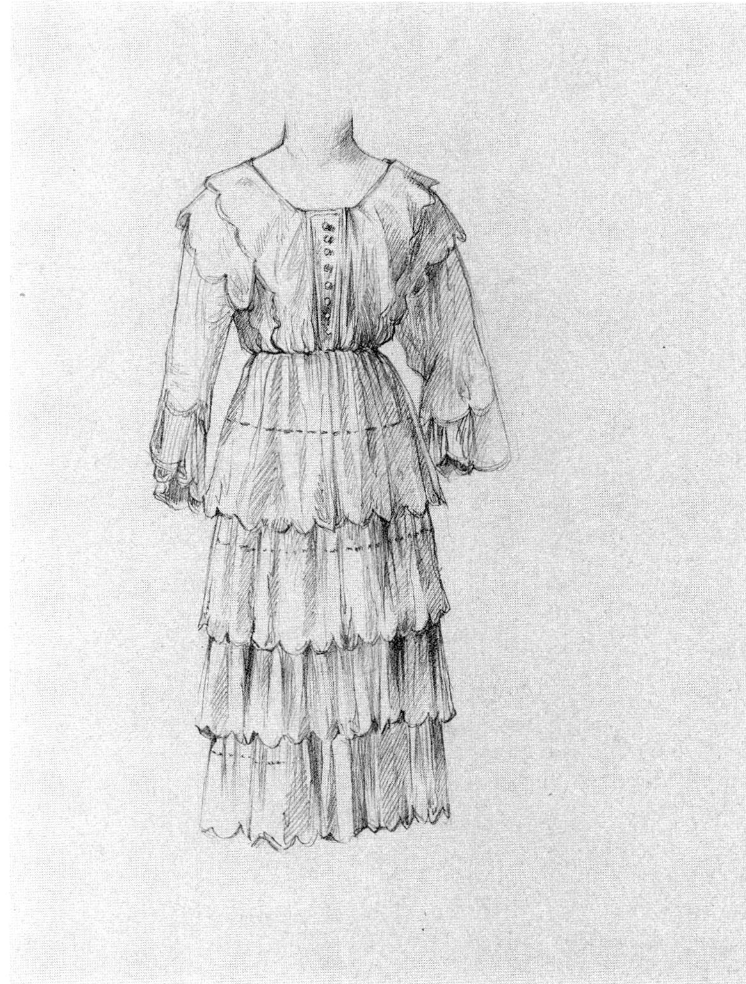

63

ROBE
Vers 1916

« JEANNE LANVIN, 22, faubourg Saint-Honoré, Paris »

Mousseline blanche plissée ornée d'une guirlande de taffetas bleu pervenche autour du décolleté, application de cinq rangs de ruban de même ton au bas de la robe.
SOIE.

Don anonyme transmis par le Musée de Romans, 1984.
Inv. U.F.A.C. 84.21.2

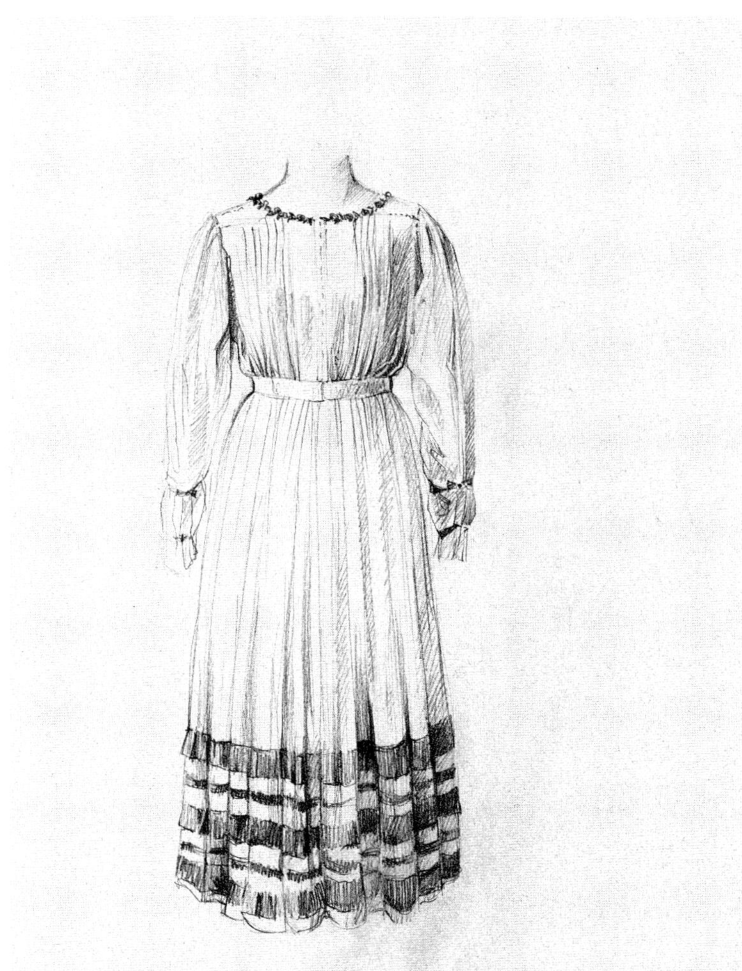

64

TAILLEUR DE DEUIL
Vers 1916-1917

Cachemire noir, robe à plis plats brodée de perles de bois, veste longue à faux boutonnage, ceinture à franges de perles de bois.

LAINE, BOIS.

Don de Mme Daujat, 1970.
Inv. U.F.A.C. 70.45.4

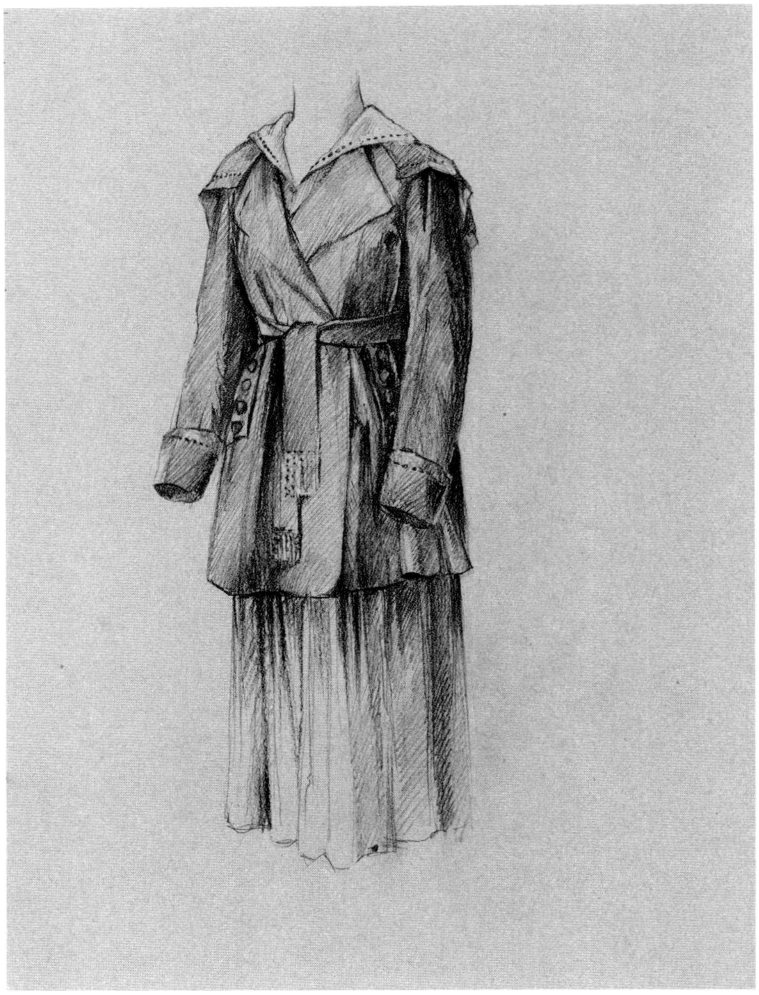

65

ROBE
Vers 1919

Mousseline rayée gris et blanc avec un entre-deux de cordonnets de soie grise. Encolure garnie de deux pans de mousseline ivoire et d'un petit col rabattu de même tissu dans le dos.

SOIE.

Don de Mme Chenain, 1980.
Inv. U.F.A.C. 80.28.18 AB

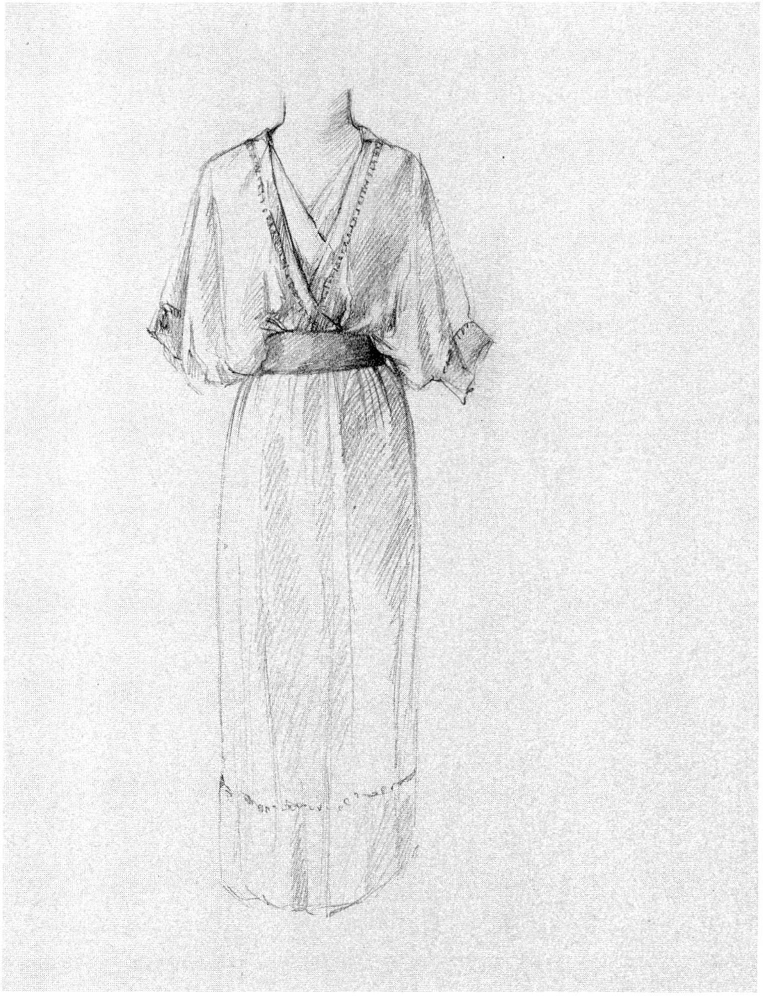

66

ROBE
1918-1920

« MOLYNEUX, 5, rue Royale, Paris »

Lamé argent recouvert d'une résille argent brodée de brillants.
SOIE, MÉTAL (ARGENT).

Don de la baronne Gourgaud, 1951.
Inv. U.F.A.C. 51.21.1

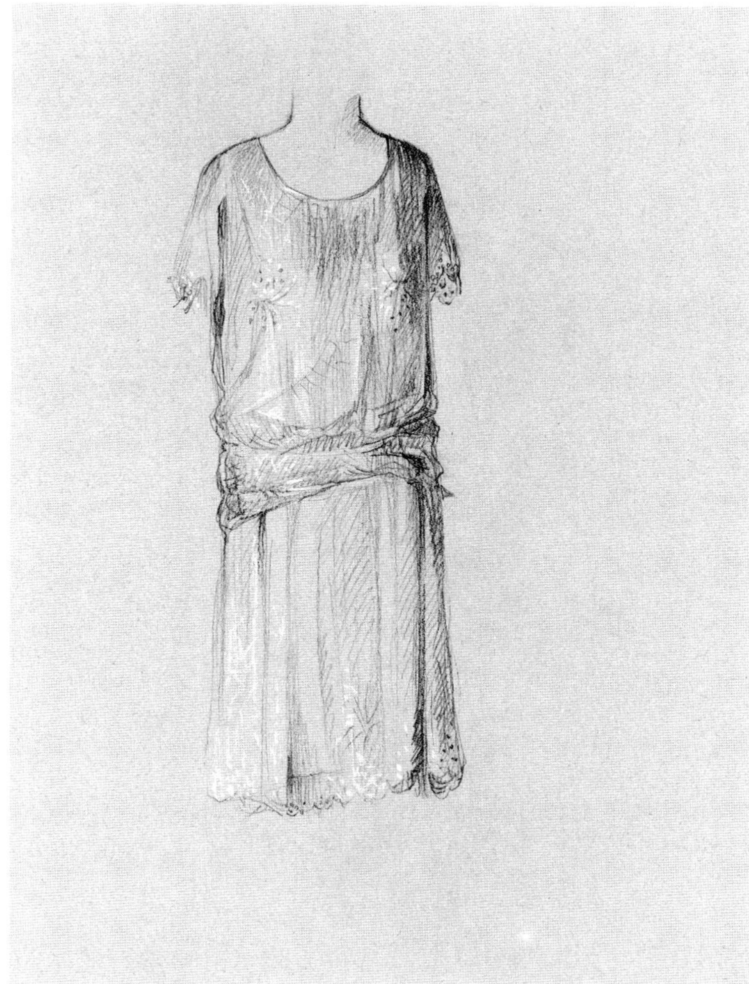

67

ROBE DU SOIR
Vers 1923

Tunique entièrement pailletée avec un motif circulaire formé de perles de jais au niveau de la poitrine. Les deux tons de paillettes, noir jusqu'au bas des hanches puis gris argent, dessinent la structure de la robe dont le fond de satin parme forme un large pantalon.
SOIE.
BRODERIE D'APPLICATION.

Robe ayant appartenu à Mme V. Simon.

Don de Mme Chimènes, 1982.
Inv. U.C.A.D. 51010

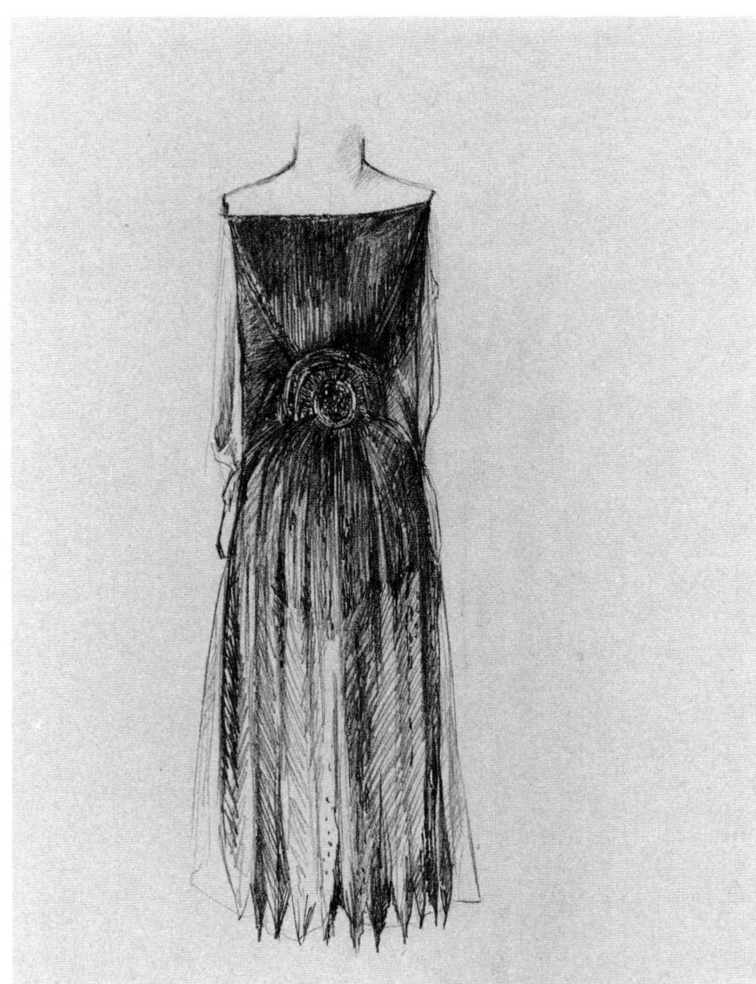

68

ROBE
Vers 1920-1925

« PAUL POIRET, 107, faubourg Saint-Honoré, Paris »

Panne rouge brodée de perles d'acier, longues manches ouvertes.
SOIE, MÉTAL (ARGENT).

Don de Mme Natter, 1956.
Inv. U.F.A.C. 56.61.2

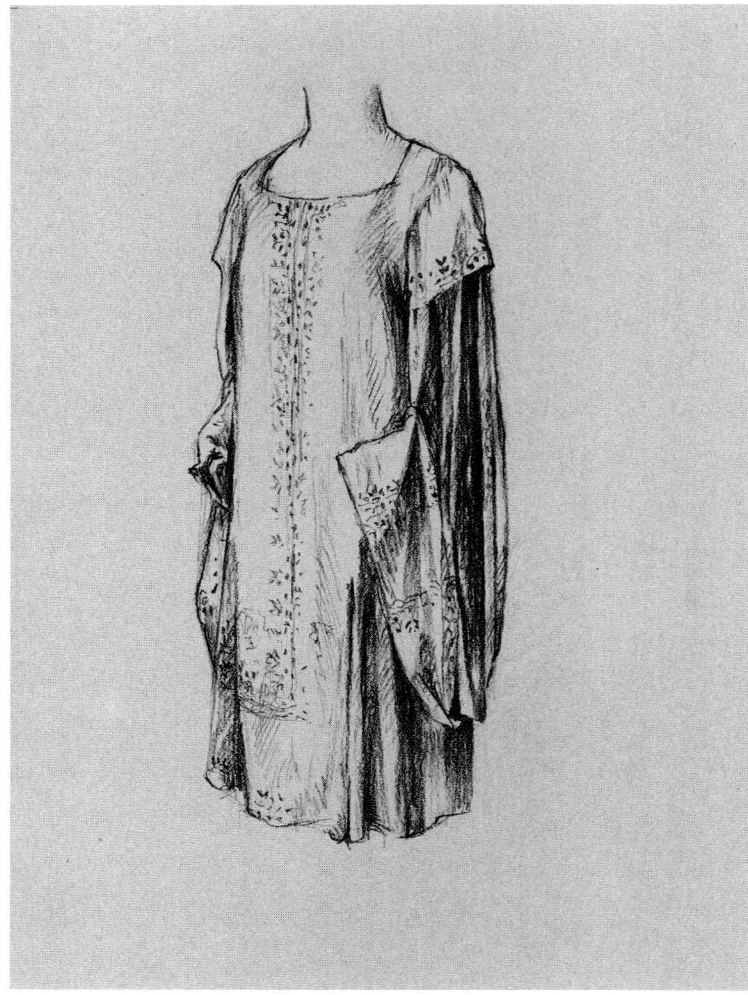

69

ROBE
Vers 1920-1925

« CALLOT SŒURS »

Laize de dentelle beige coulissée autour du cou par une cordelière d'or à glands de perles et incrustée dans le bas de la robe d'une bande horizontale de dentelle or.
SOIE, MÉTAL (OR).

Don de Mme Bres, 1975.
Inv. U.F.A.C. 75.7.8 AB

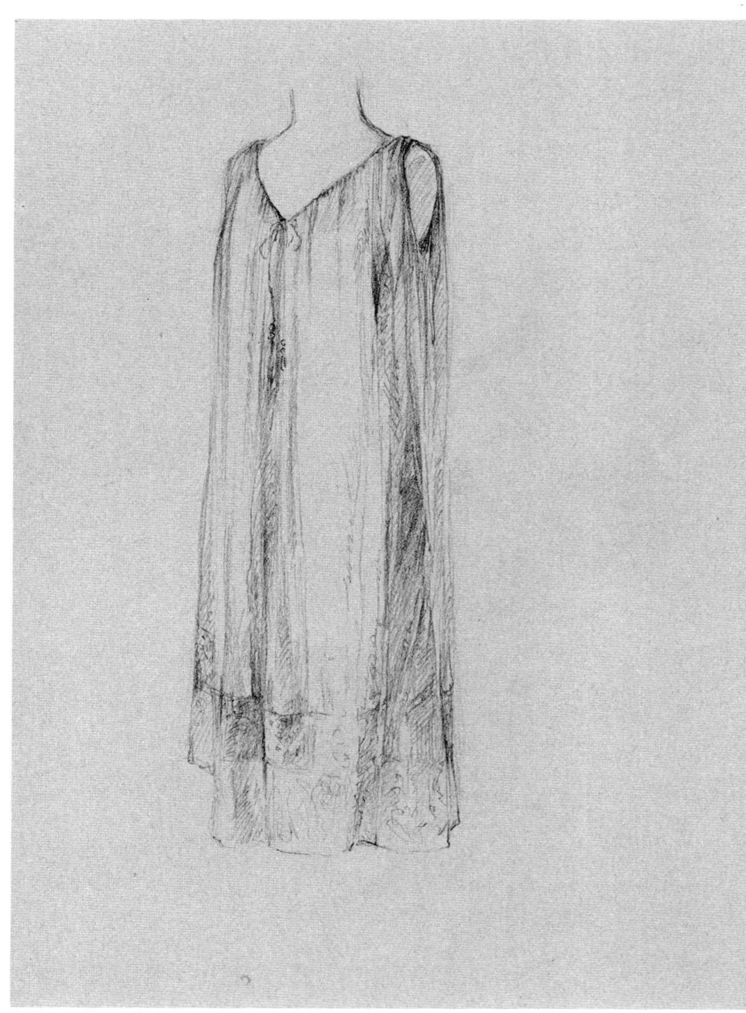

70

ROBE
Vers 1925

« CALLOT SŒURS »

Tulle grège brodé de perles et de cabochons de métal, motif de grandes palmettes dans le bas de la robe.
SOIE, MÉTAL.

Acquisition Drouot, 1963.
Inv. U.F.A.C. 63.34.1

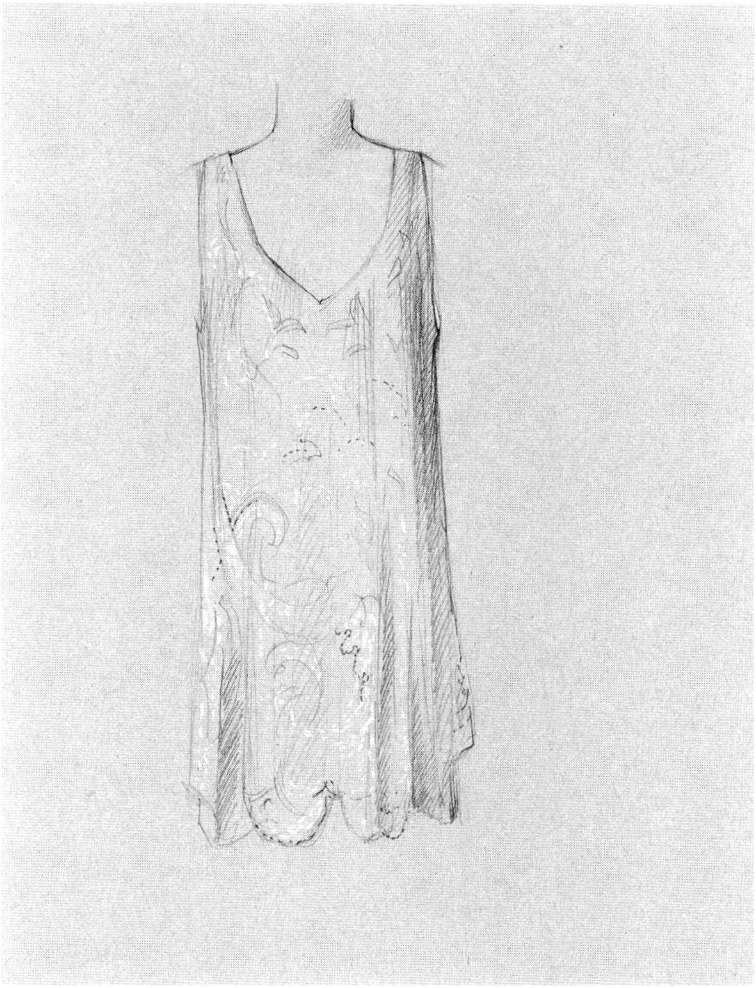

71

MANTEAU
Vers 1925

« CALLOT SŒURS »

Crêpe de Chine noir et lamé or, rouge et noir à décor de palmettes.
SOIE, MÉTAL (OR).

Don de Mme Kempf-Berthelot, 1956.
Inv. U.F.A.C. 56.21.7

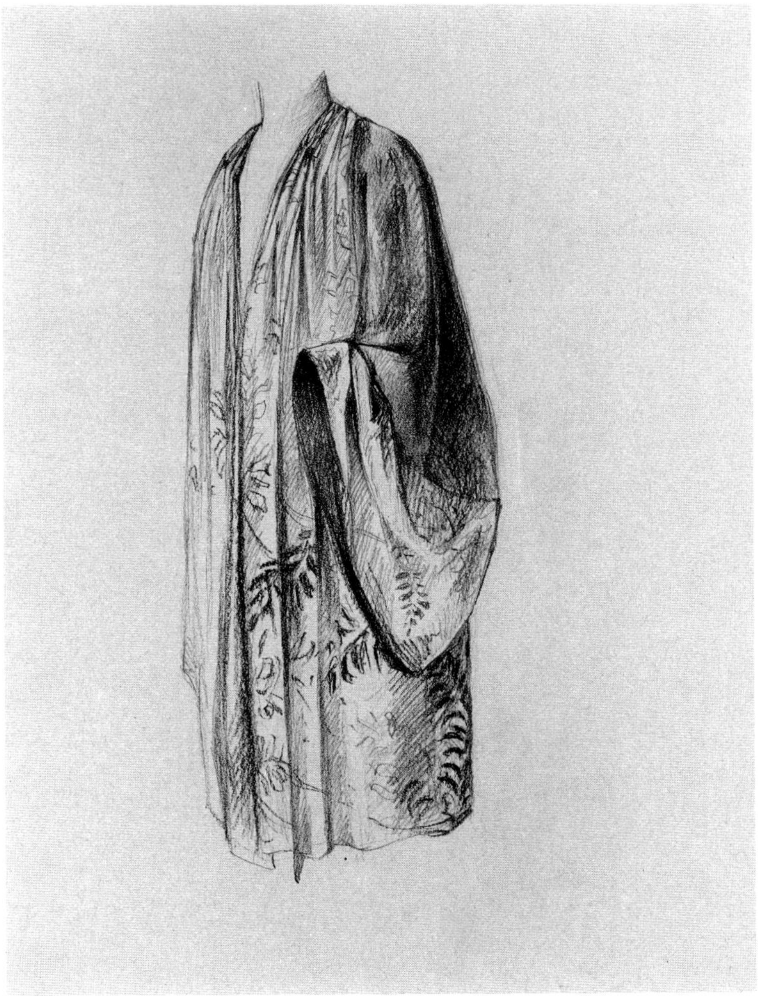

72

MANTEAU
Vers 1925

« DOUCET »

Soie noire brochée or, col capuchon à gland de passementerie noire, bordé de velours noir et doublé de satin.
SOIE, MÉTAL (OR).

Don de M. Leurpeux, 1959.
Inv. U.F.A.C. 59.15.1

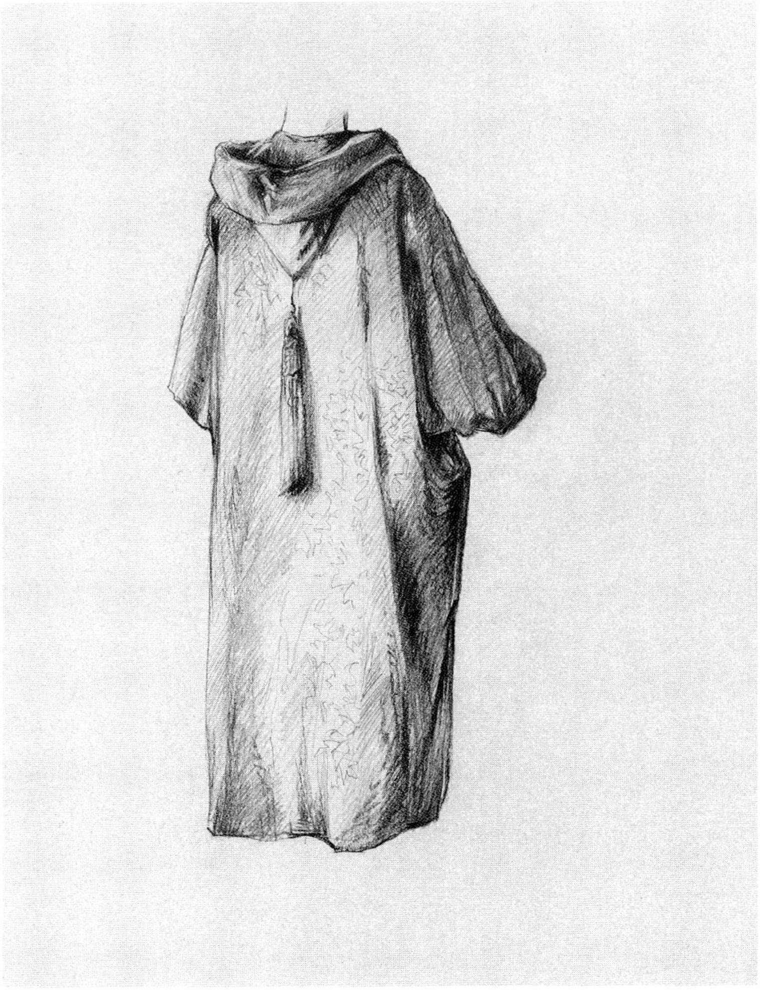

73

MANTEAU
Vers 1925

Velours noir à larges mancherons, col et poignets garnis de piqûres de fil doré. Doublure de satin imprimé.
SOIE.

Don de Mme Daujat, 1970.
Inv. U.F.A.C. 70.45.9

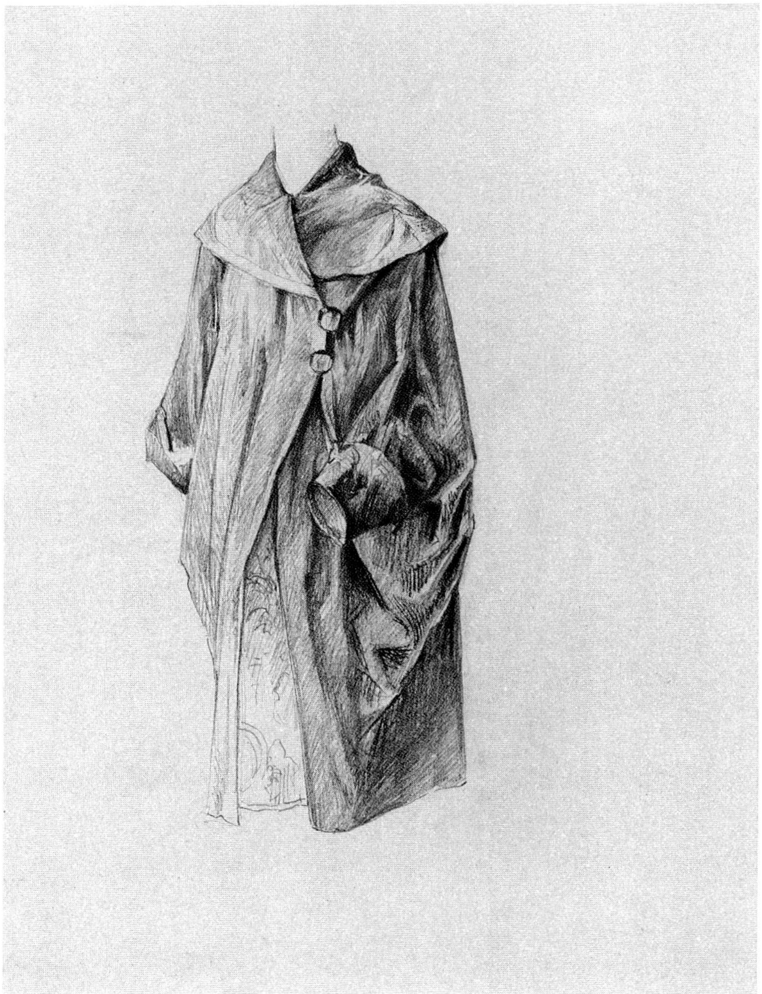

74

ROBE
Vers 1925

« CYBES, 4, place de l'Opéra, Paris »

Tulle bleu nuit, grands motifs de paillettes de perles bâtonnets bleues et perles acier sur le côté gauche avec franges de soie bleue.
Même motif sur l'épaule droite avec franges identiques, modestie de crêpe beige rosé.
SOIE, MÉTAL.

Robe portée par la belle-mère de la donatrice.

Don de la comtesse de Bourboulan, 1979.
Inv. U.F.A.C. 79.3.1

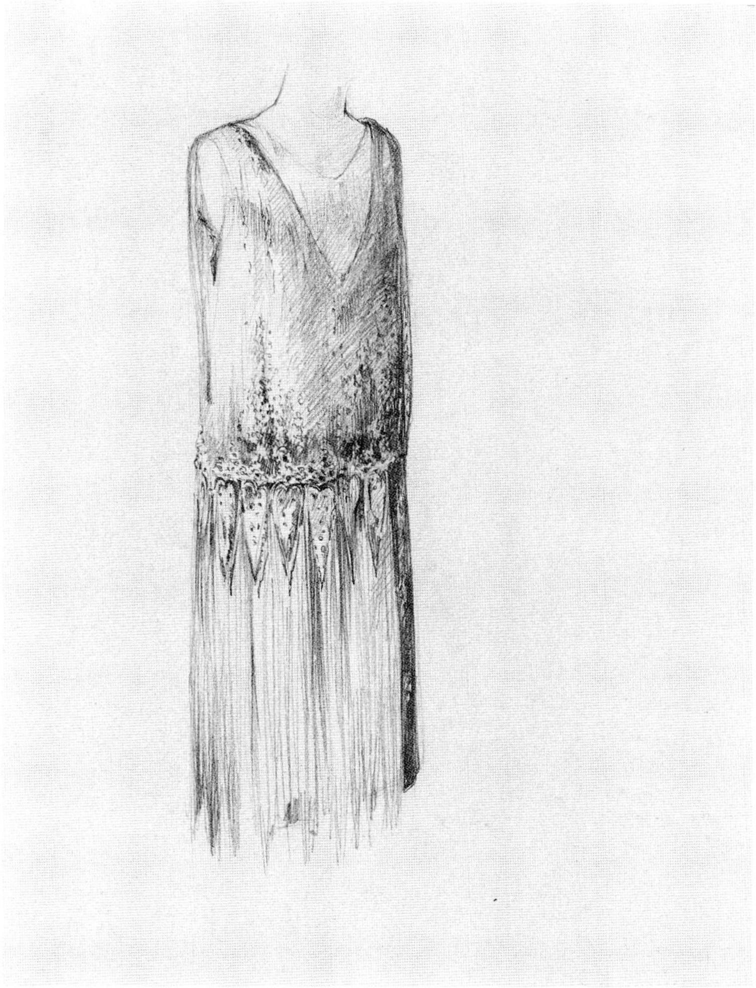

75

ROBE
Vers 1925

Tulle noir brodé de perles de jais et de soutache noire, franges de perles au bas de la robe et des manches. Fond de pongé beige rosé.
SOIE.

Don de Mme Audoubert, 1970.
Inv. U.F.A.C. 70.12.9

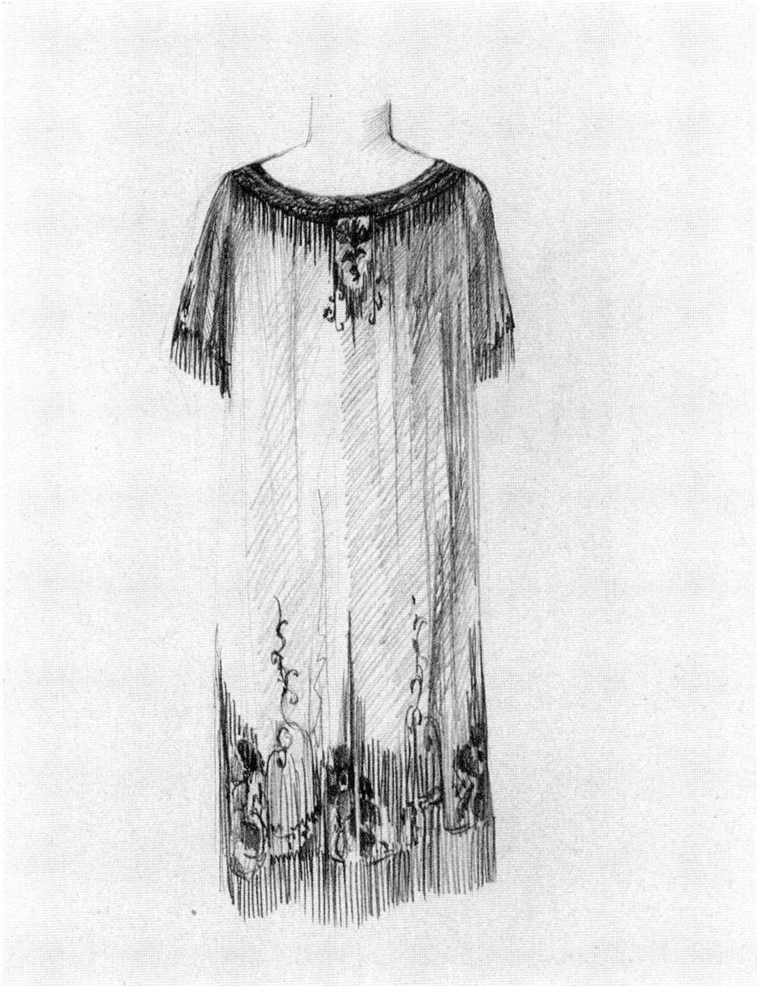

76

ROBE
Vers 1925

Crêpe georgette vert brodé de perles tubulaires et de paillettes blanches et translucides.

SOIE.

Don de Mme Seligmann, 1958.
Inv. U.F.A.C. 58.36.2

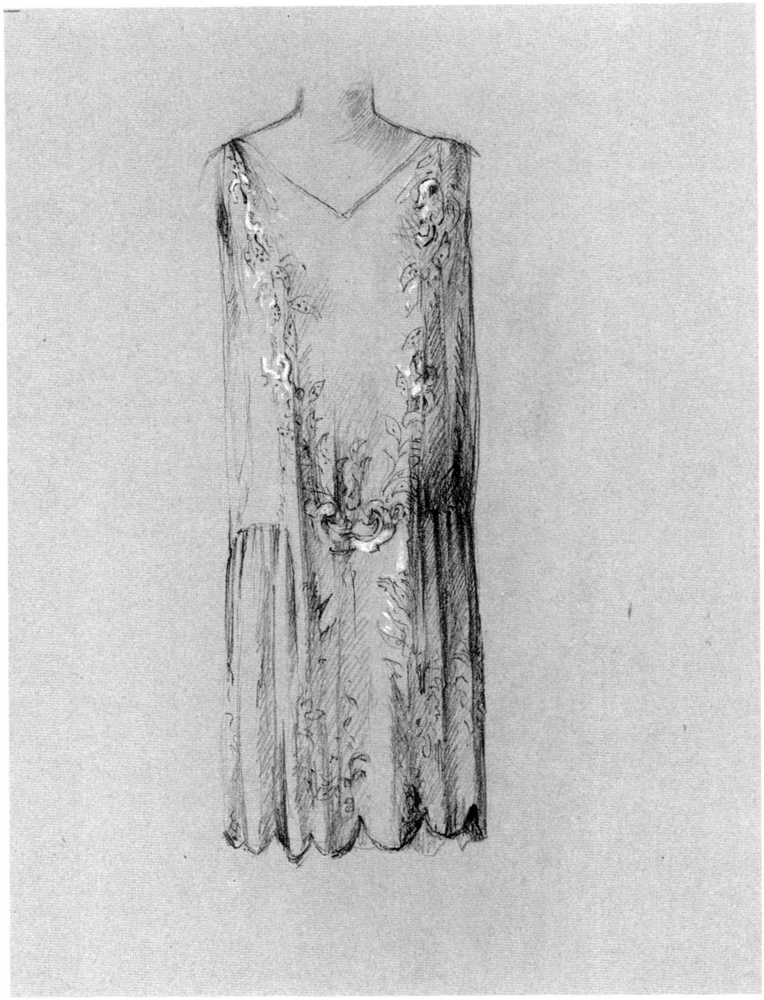

77

ROBE DU SOIR
Vers 1925

Mousseline rose brodée d'une guirlande de fleurs stylisées en velours rose vif et or. A partir des hanches, le bas de la jupe est découpé en pétales ornés des mêmes fleurs disposées en grappes.

SOIE, MÉTAL (OR).
BRODERIE D'APPLICATION.

Don de Mme de Montbrison.
Inv. U.C.A.D. 55282

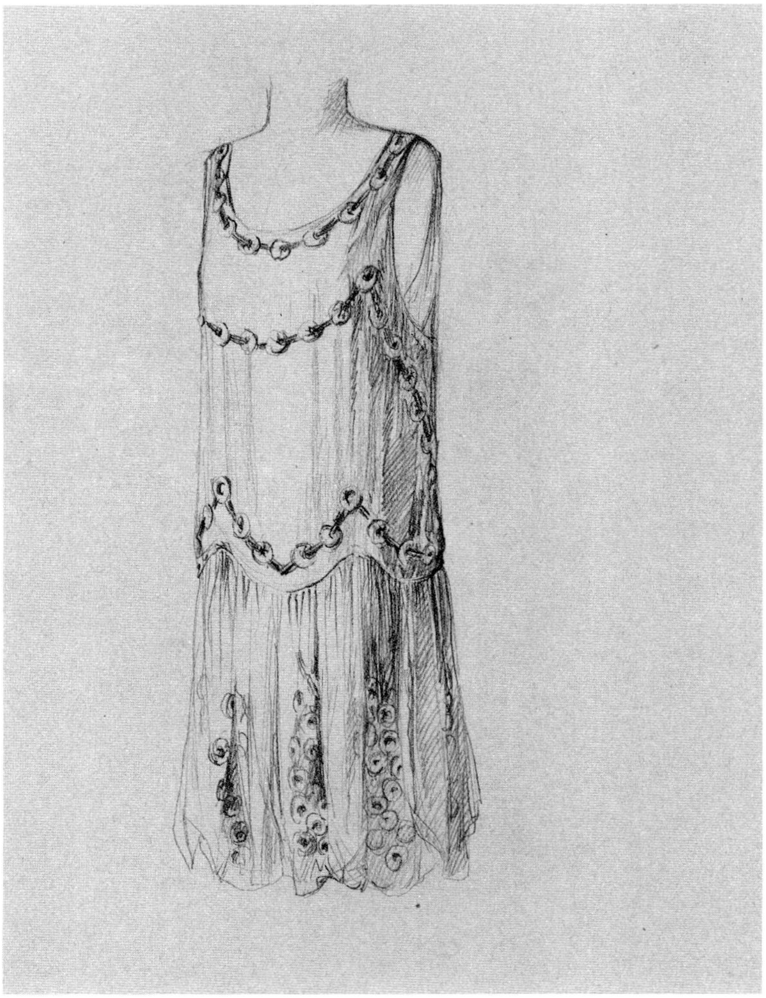

78

ROBE DU SOIR
Vers 1925

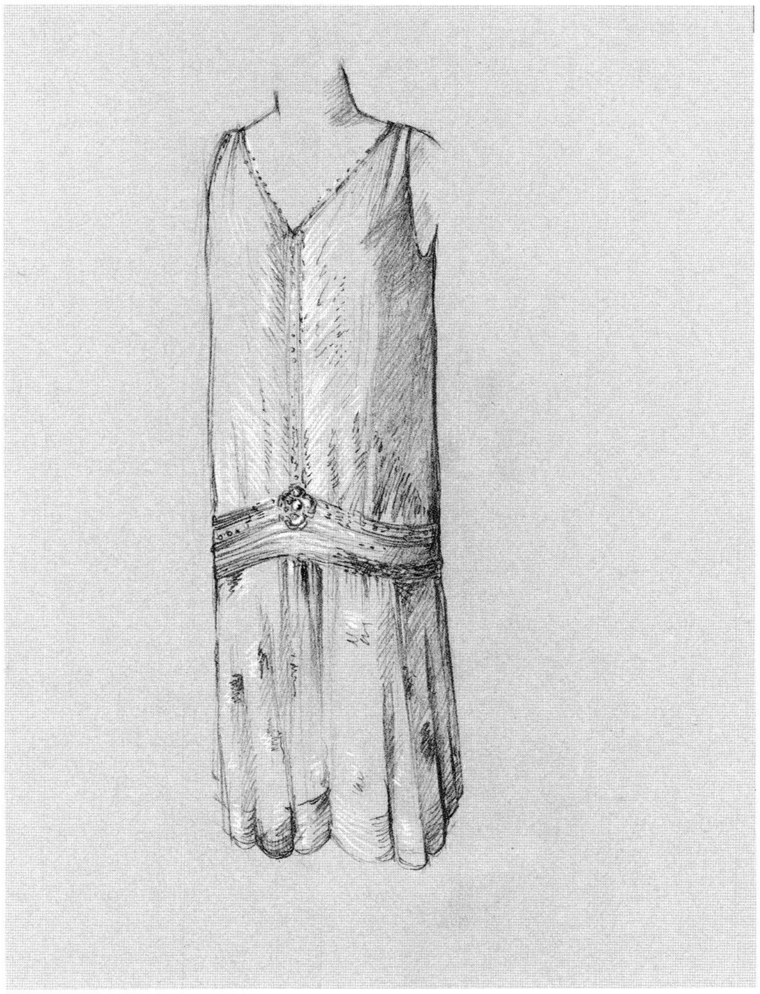

Étamine verte brodée de fines rangées de perles blanches séparant le corsage, formant ceinture au niveau des hanches et bordant le bas de la jupe. Une broderie métal (or, argent) recouvre entièrement le fond dont certaines parties sont agrémentées de motifs perlés en forme de rayons ou de nuages.

COTON, MÉTAL (OR, ARGENT).

BRODERIE D'APPLICATION, POINTS DE DEVANT ET CHAÎNETTE.

Don de Mme de Montbrison.
Inv. U.C.A.D. 55283

79

ROBE DU SOIR
Vers 1925

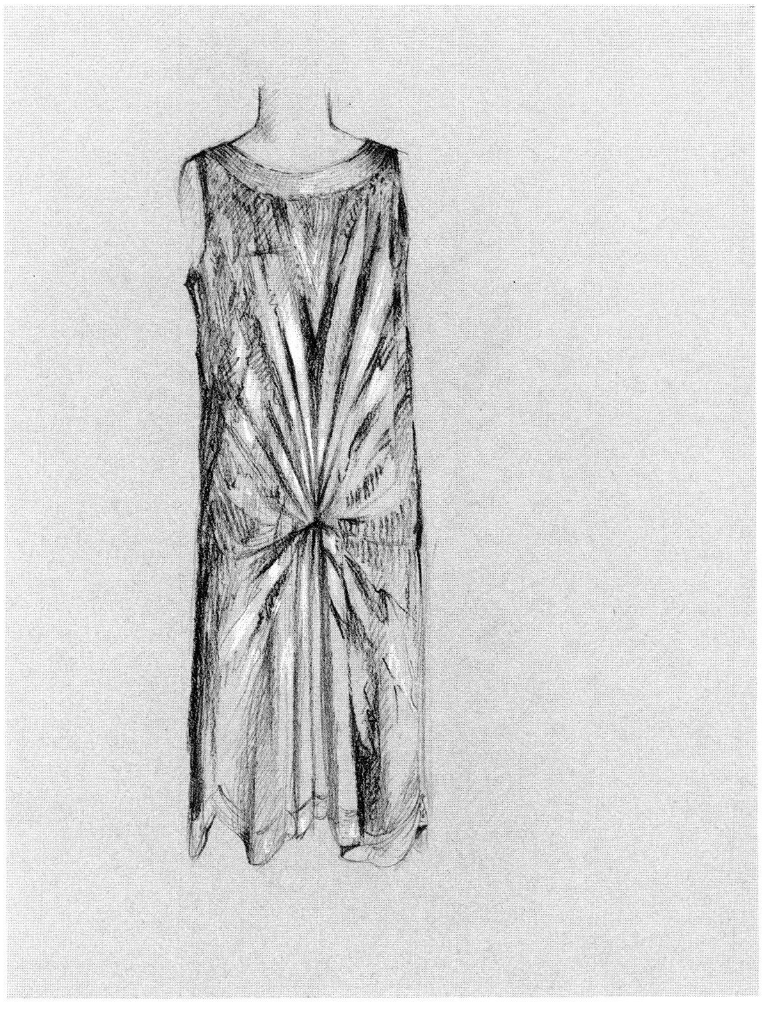

Fond de tulle brodé de perles de jais, sur lequel se détache un motif étoilé en paillettes (or).
Bas de robe dentelé et encolure rehaussés d'une bordure de perles et paillettes.

FIBRE ARTIFICIELLE.

BRODERIE D'APPLICATION.

Don anonyme, 1984.
Inv. U.C.A.D. 56108

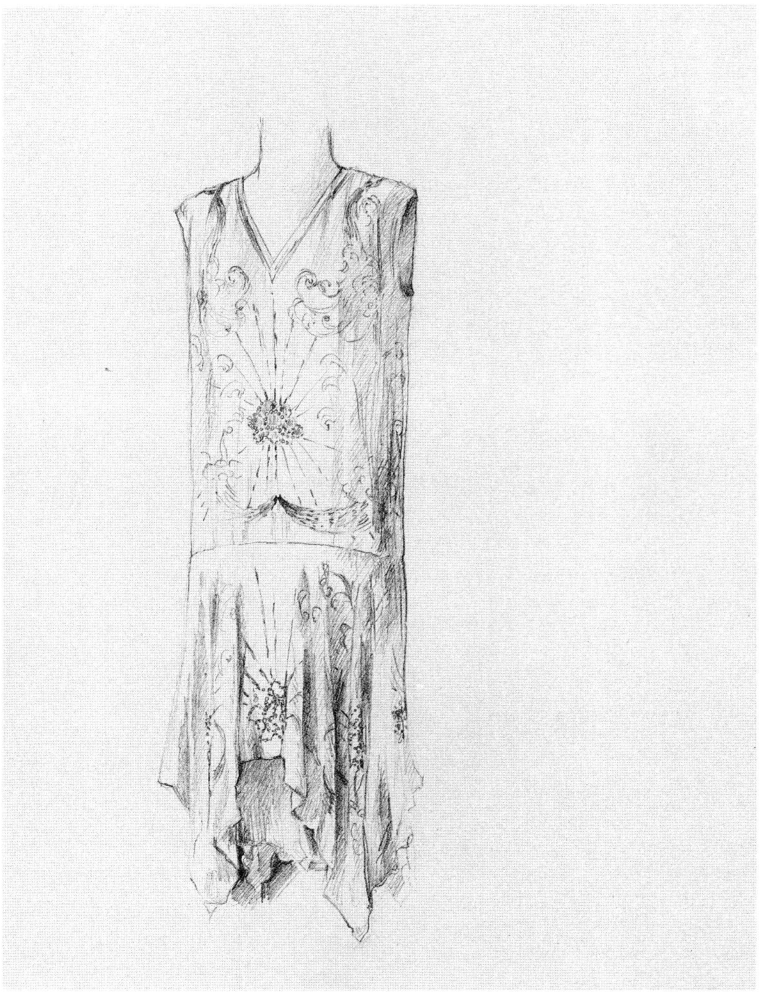

80

ROBE
Vers 1925-1927

Crêpe georgette rose tango brodé de motifs en perles de verre grises rehaussées de perles fines.

SOIE, VERRE.

Don de Mlle R. Reverdy, 1970.
Inv. U.F.A.C. 70.20.1

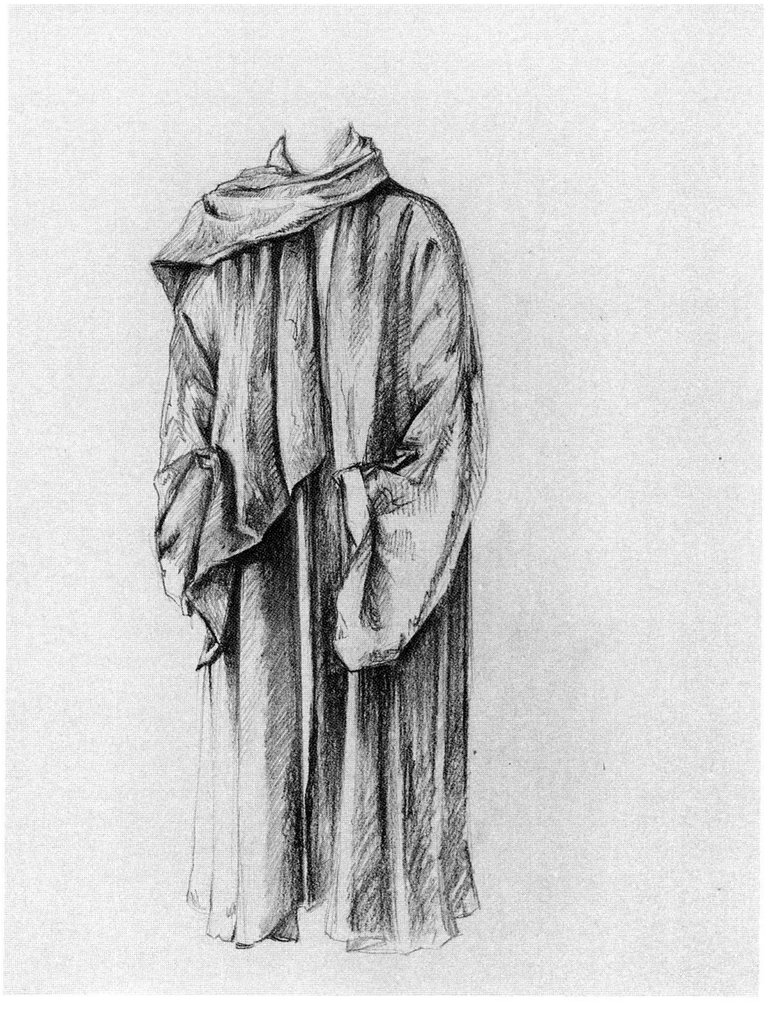

81

MANTEAU DU SOIR
Vers 1929

Panne de velours à décor de carreaux dans des tons fondus de beige rosé et gris. Une longue écharpe accompagne ce manteau, non boutonné, dont le bas des manches laisse entrevoir une doublure de satin beige foncé.

SOIE.

Manteau ayant appartenu à Nathalie Clifford Barney.

Legs Mme Dreyfus-Barney, 1975.
Inv. U.C.A.D. 45264 AB

82

ROBE
Hiver 1918-1919

« VIONNET, 50, avenue Montaigne, Paris »

Crêpe blanc formant quatre grands carrés.
SOIE.

Don de Mme M. Vionnet, 1952.
Inv. U.F.A.C. 52.18.12

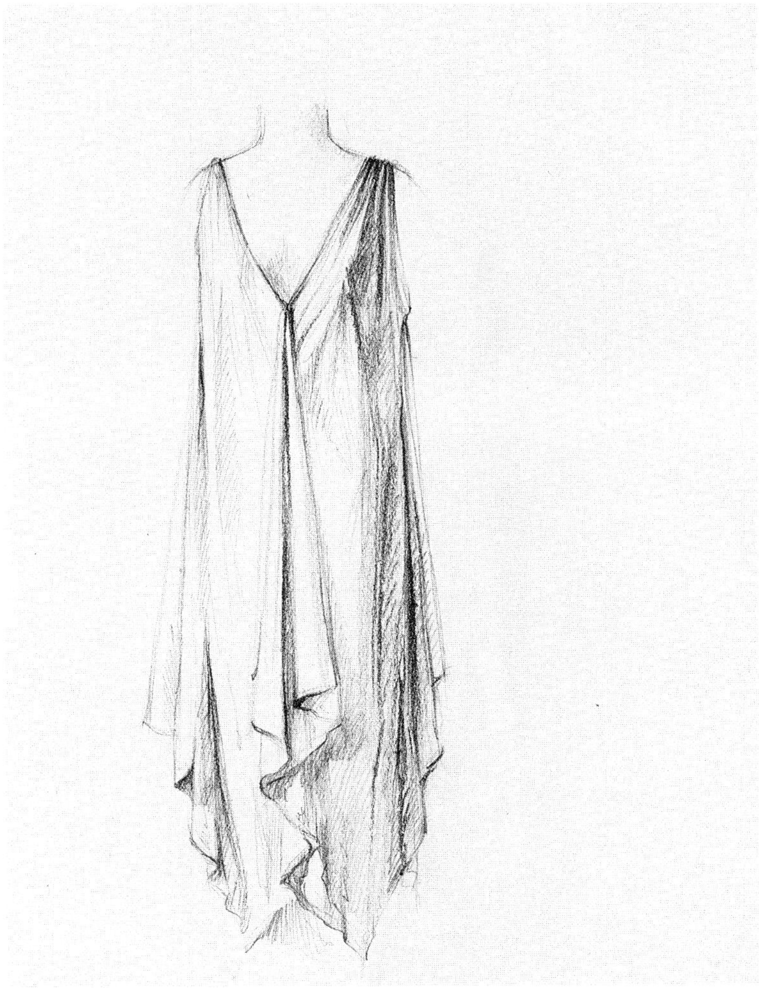

83

ROBE
Vers 1935

« VIONNET, 50, avenue Montaigne, Paris »

Crêpe blanc ivoire avec corsage drapé.
SOIE.

Don de Mme M. Vionnet, 1952.
Inv. U.F.A.C. 52.18.851

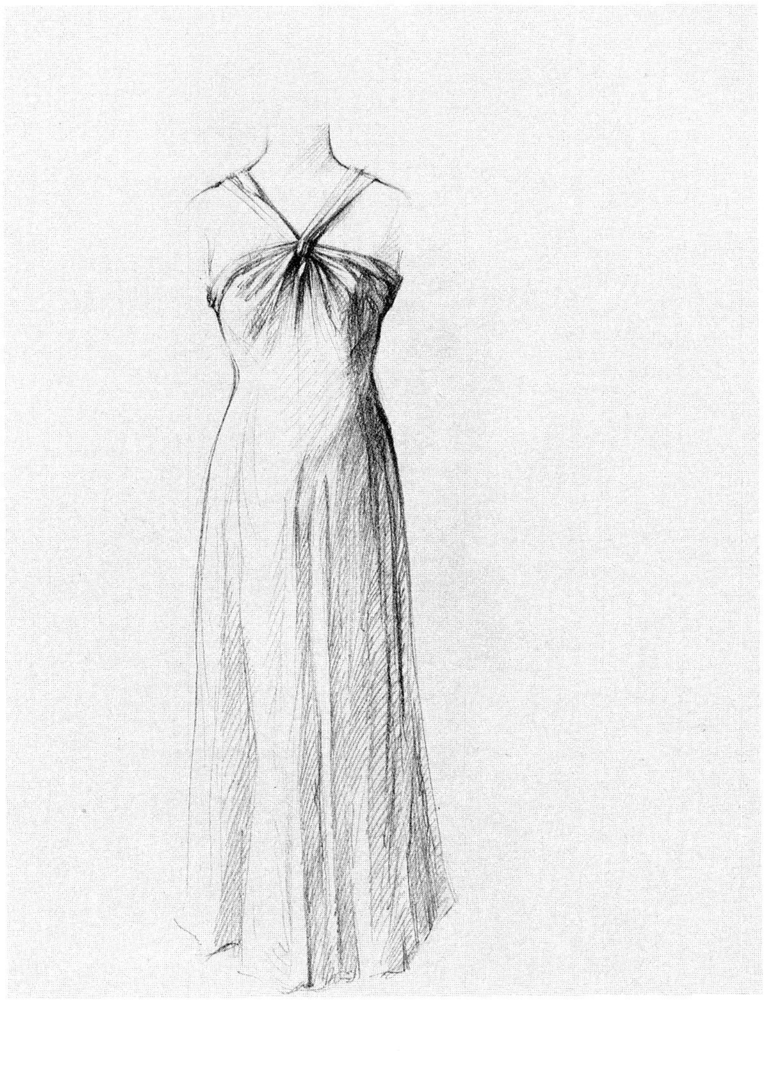

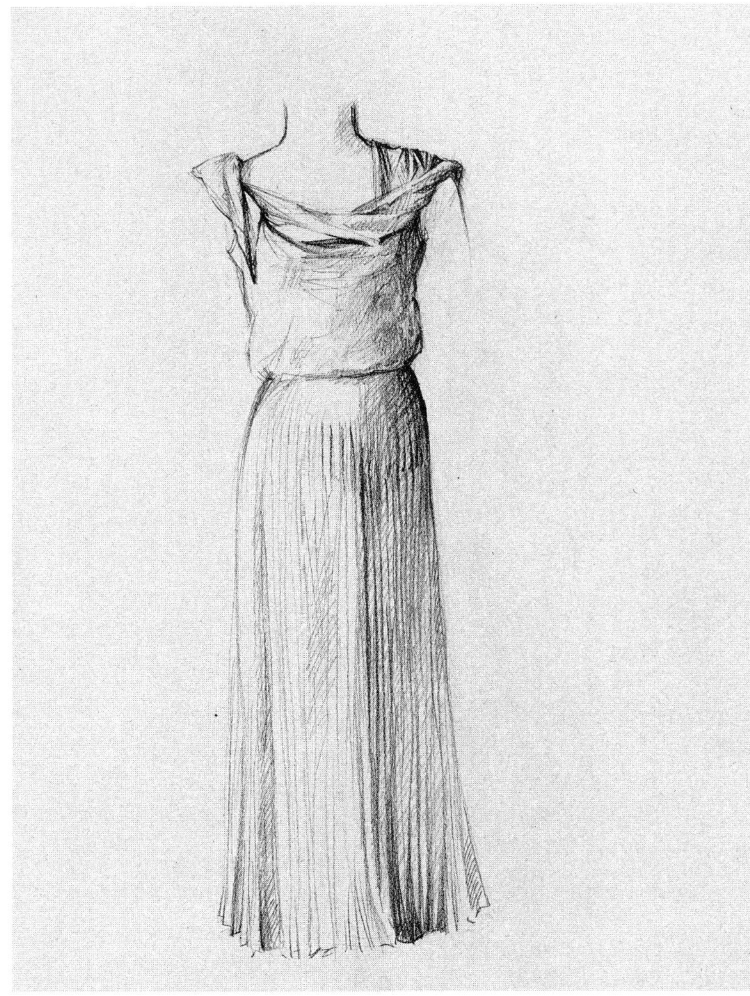

84

ROBE
Été 1935

« VIONNET, 50, avenue Montaigne, Paris »

Crêpe marocain blanc, corsage drapé aux épaules et froncé à la taille, jupe nervurée dans le haut et plissée dans le bas.
SOIE.

Don de Mme Brodie, 1969.
Inv. U.F.A.C. 69.28.11

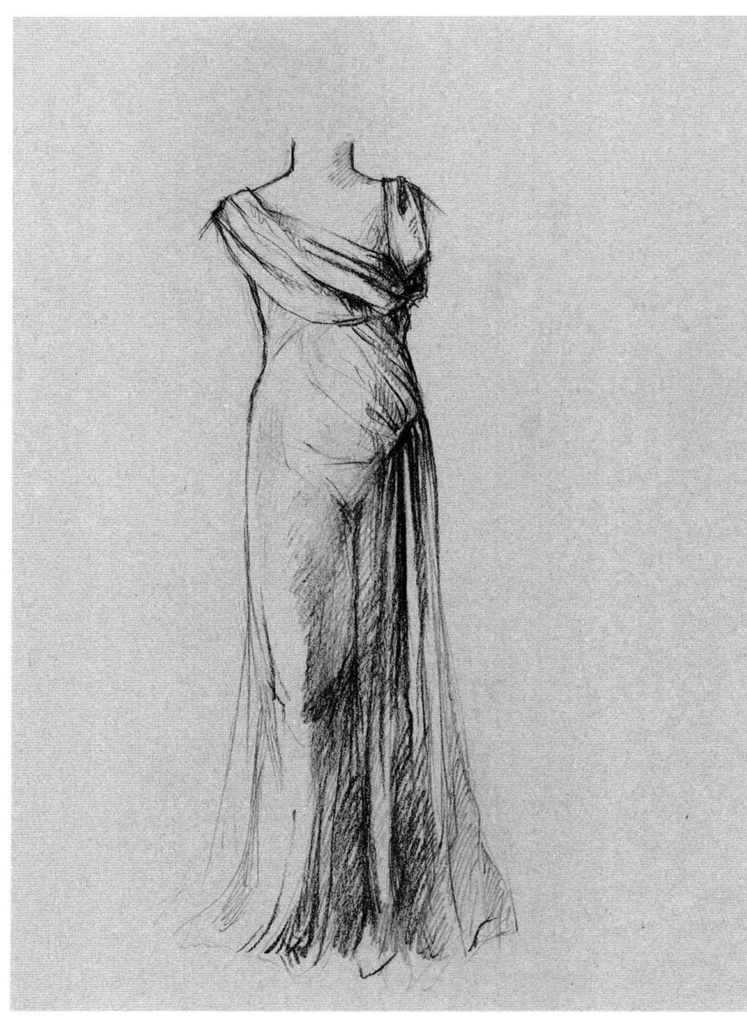

85

ROBE
Hiver 1935-1936

« VIONNET, 50, avenue Montaigne, Paris »

Crêpe blanc ivoire, drapé asymétrique, jupe tombant en lourds godets avec un panneau plissé flottant.
SOIE.

Don de Mme M. Vionnet, 1952.
Inv. U.F.A.C. 52.18.94

86

ROBE
1936

« VIONNET, 50, avenue Montaigne, Paris »

Crêpe blanc, fourreau sans dos, panneaux tabliers ouverts sur la poitrine.
SOIE.

Don de Mme M. Vionnet, 1952.
Inv. U.F.A.C. 52.18.101

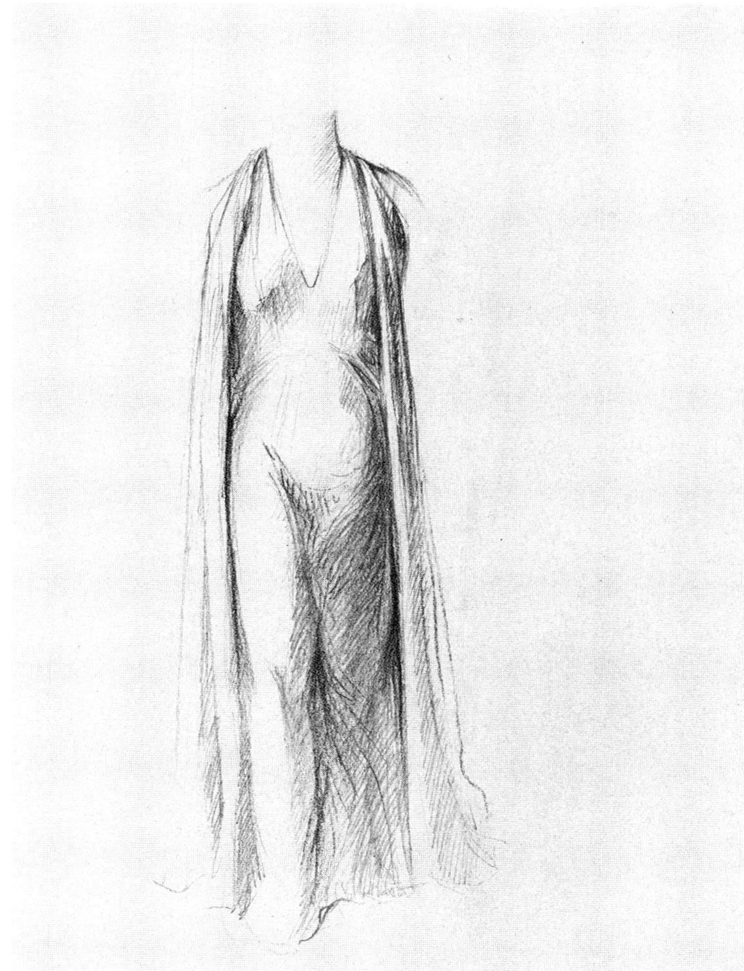

87

ROBE
Vers 1930

« CHANEL, 31, rue Cambon, Paris »

Dentelle noire représentant de grosses fleurs, ornée de quilles dentelées sur fond de crêpe marocain noir.
SOIE.

Don de Mme Le Bas, 1959.
Inv. U.F.A.C. 59.27.7

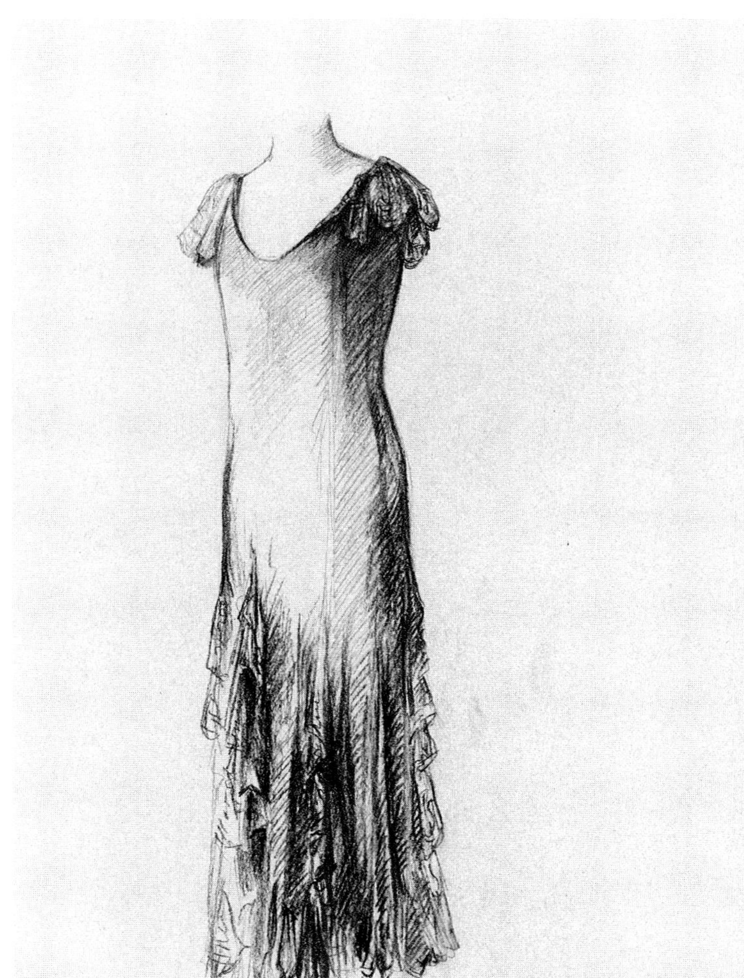

88

ROBE
1935-1938

« CHANEL, 31, rue Cambon, Paris »

Robe du soir longue, tulle noir, manches longues, corsage montant fermé par six boutons de strass, décorée d'application de tulle noir en forme de fougères. Volants plissés autour des épaules.
SOIE, STRASS.

Don de Mme J. Betz, 1972.
Inv. U.F.A.C. 72.17.7

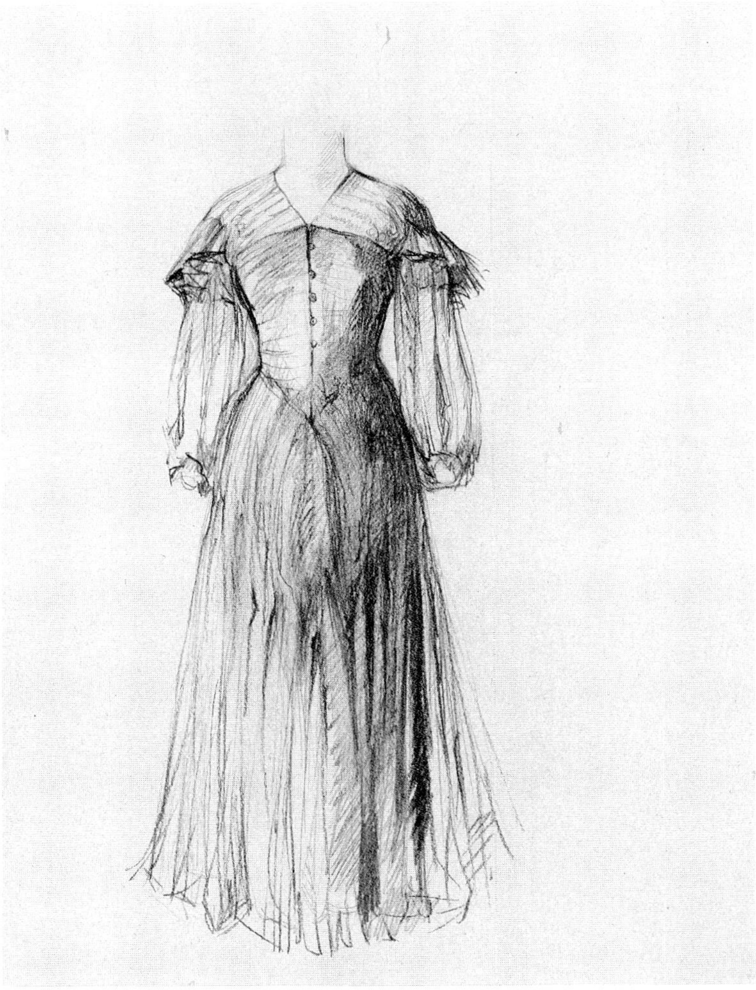

89

ROBE DU SOIR
Vers 1936

« CHANEL, n° 46479 »

Bustier, en dentelle noire de Caudry, souligné par un ruban de gros grain formant un nœud à la pointe du décolleté et un autre à la taille d'où part un travail de quilles en dentelle donnant l'ampleur de la jupe.
FIBRE ARTIFICIELLE, SOIE.
DENTELLE MÉCANIQUE.

Don de Mme J. Despas en souvenir de sa mère Mme I. Despas, 1982.
Inv. U.C.A.D. 52833

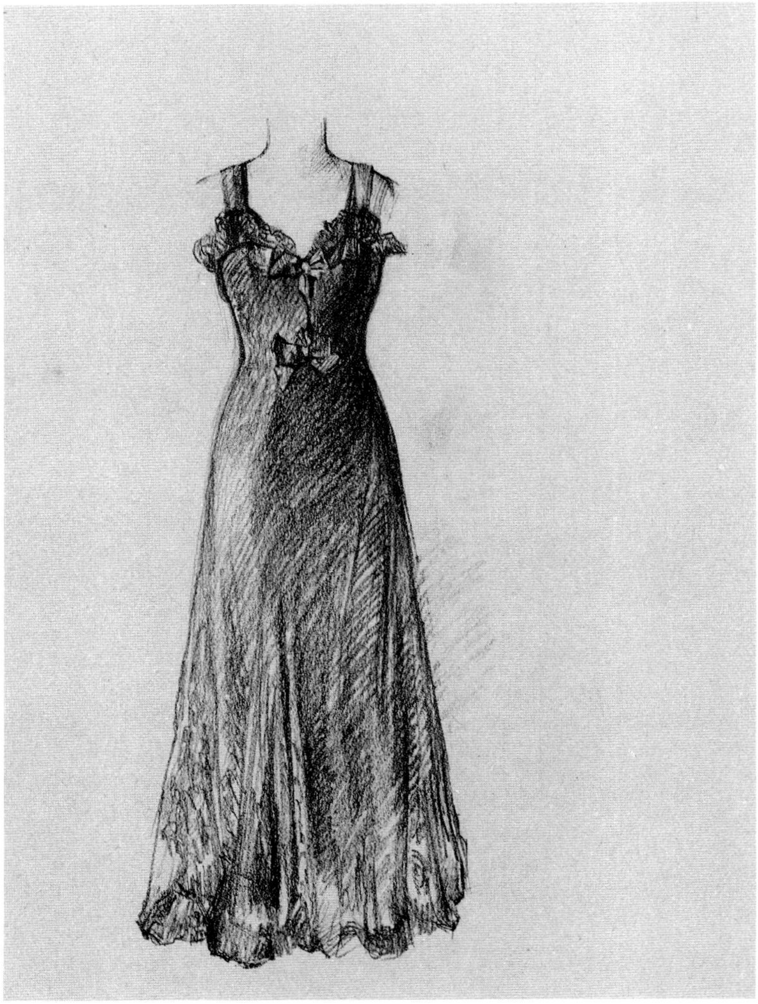

90

ROBE DU SOIR
Vers 1938

« CHANEL, n° 48820 »

Tulle bleu nuit pailleté à partir de la taille d'un motif ruisselant (mauve), que l'on retrouve sur le bustier pour en souligner la forme.

FIBRE ARTIFICIELLE.
BRODERIE D'APPLICATION.

Don de Mme J. Despas en souvenir de sa mère Mme I. Despas, 1982.
Inv. U.C.A.D. 52832

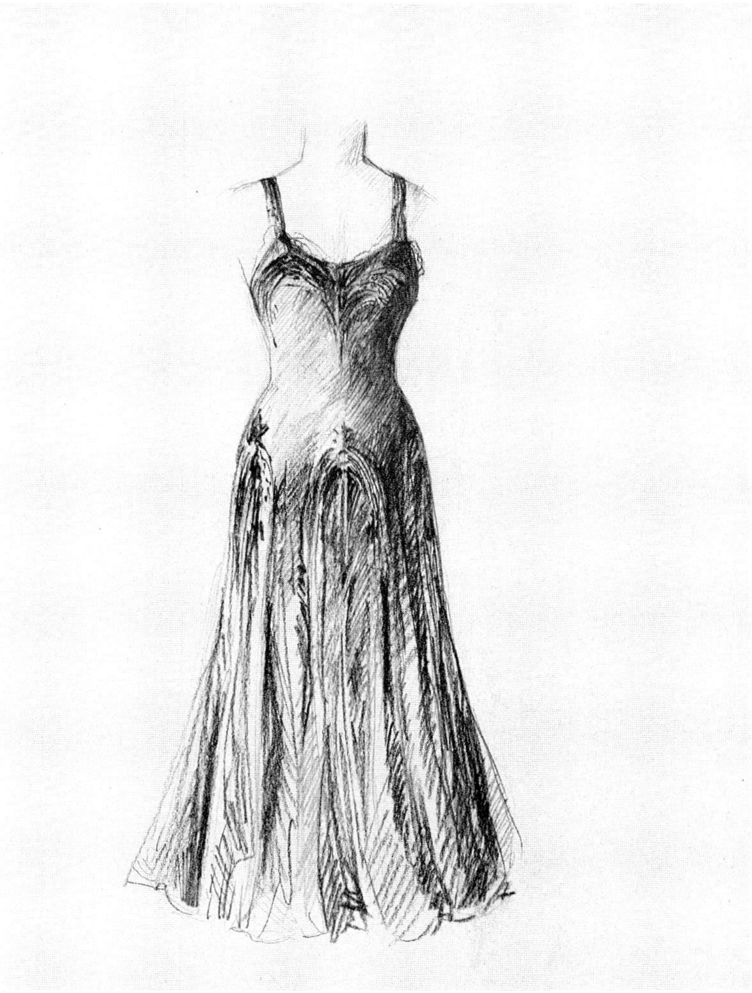

91

ROBE DU SOIR
Vers 1938

« CHANEL, n° 49077 »

Robe droite en tulle noir sur lequel se détachent, en bandes horizontales, des morceaux de ruban de satin noir coupés en biais, donnant l'idée de plumes.

SOIE, FIBRE ARTIFICIELLE.
BRODERIE D'APPLICATION.

Don de Mme J. Despas en souvenir de sa mère Mme I. Despas, 1982.
Inv. U.C.A.D. 52834

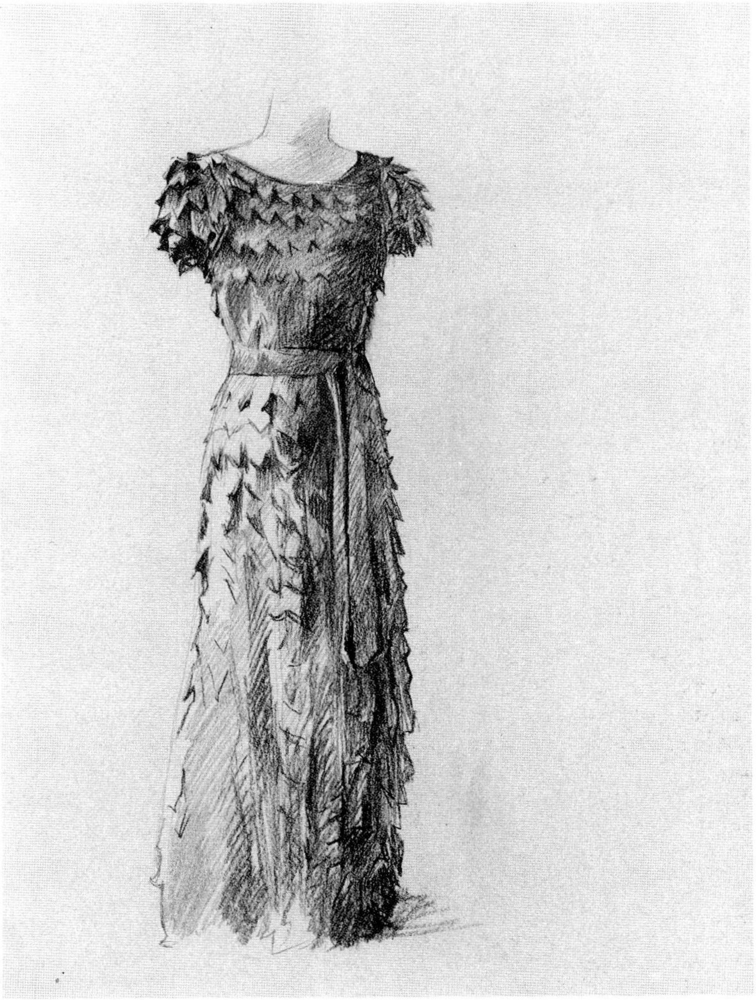

92

VESTE
Vers 1937

« SCHIAPARELLI, 31, place Vendôme, Paris »

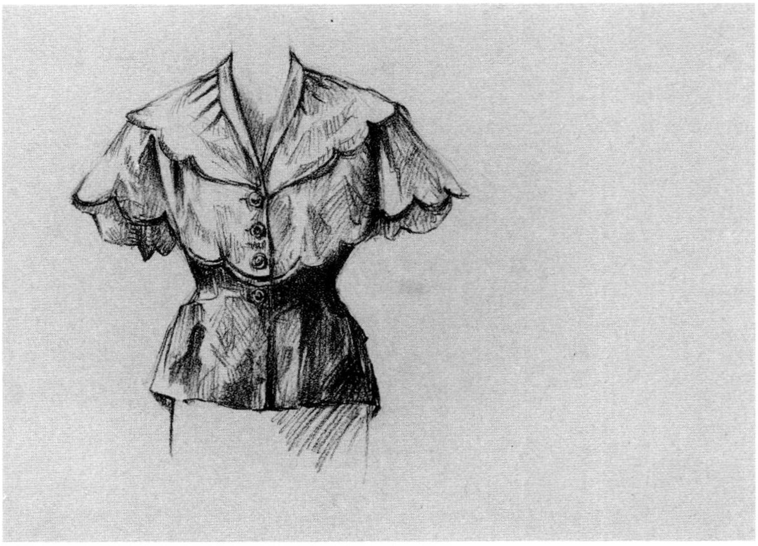

Satin jaune d'or découpé en pèlerine, agrémenté d'une collerette et se rattachant sur un corselet de satin bleu marine formant basque, broderie de fils métalliques bleu et or et de motifs de paillettes.

SOIE, MÉTAL.

BRODERIE D'APPLICATION ET POINT COUCHÉ.

Don de Mme E. Schiaparelli, 1973.
Inv. U.F.A.C. 73.21.56

93

VESTE
1938

« SCHIAPARELLI, 31, place Vendôme, Paris »

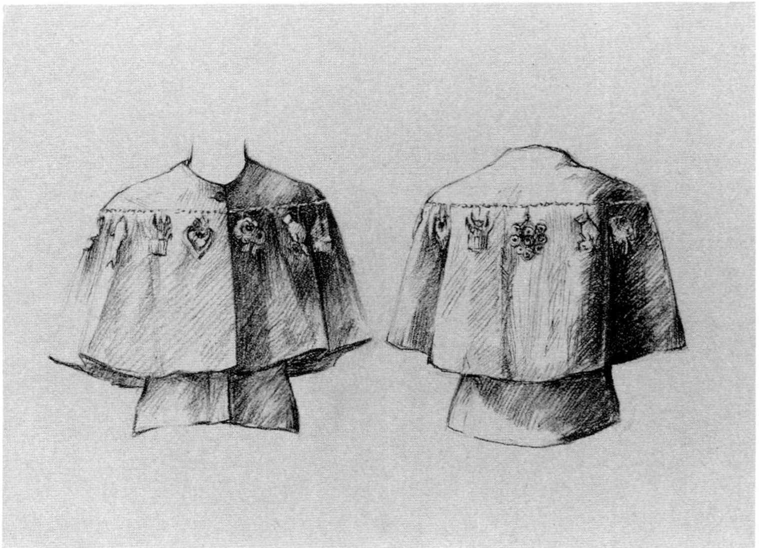

Cape de drap noir sur un gilet corselet brodé de motifs en fils d'or et perles de couleurs rattachés à une frise d'or.

LAINE, MÉTAL (OR).

Don de Mme E. Schiaparelli, 1973.
Inv. U.F.A.C. 73.21.46

94

BOLÉRO
1938

« SCHIAPARELLI, 31, place Vendôme, Paris »

Satin mauve clair brodé de motifs d'or et de chevaux de cirque.
SOIE.

Don de Mme E. Schiaparelli, 1973.
Inv. U.F.A.C. 73.21.50

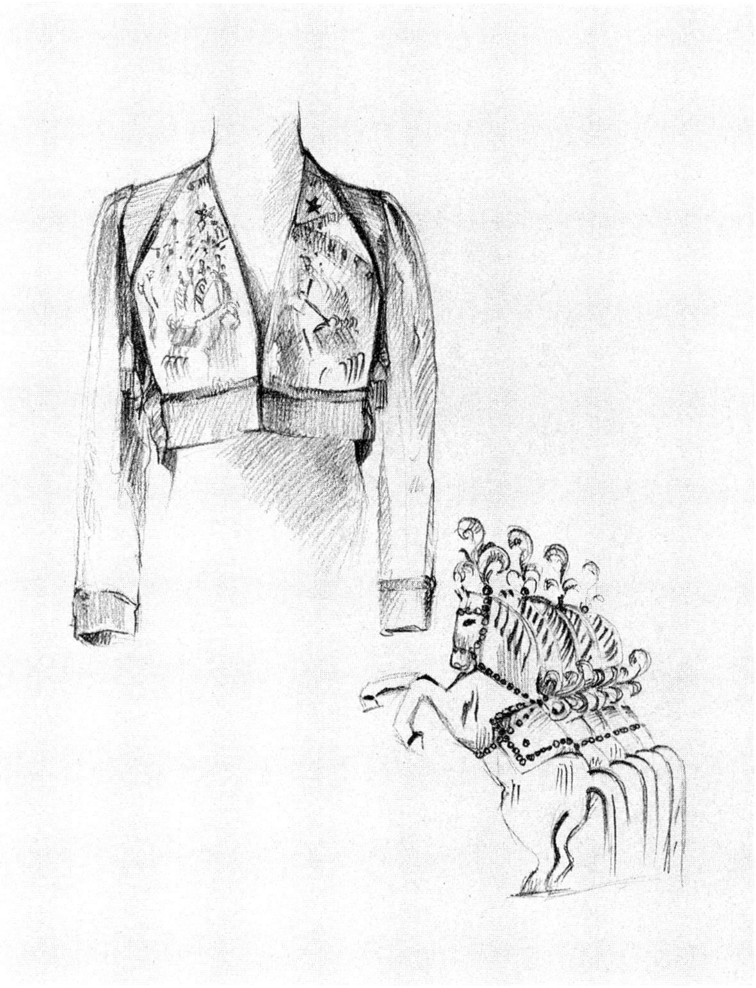

95

VESTE
Printemps 1938

« SCHIAPARELLI, 31, place Vendôme, Paris »

Velours violet orné de grosses broderies or et pierres rouges et roses, cinq boutons ronds avec inclusion de petites fleurs roses.
SOIE, MÉTAL (OR).

Don de Mme E. Schiaparelli, 1973.
Inv. U.F.A.C. 73.21.68

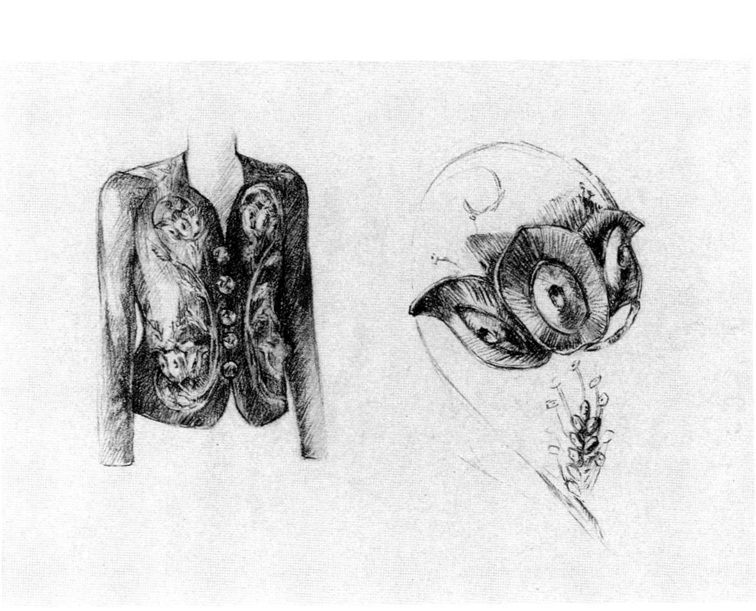

96

VESTE
Printemps 1938

« SCHIAPARELLI, 31, place Vendôme, Paris »

Velours noir côtelé doublé rose vif, col officier, gros boutons à motif floral.
COTON, SOIE, MÉTAL, RÉSINE.
INCLUSION.

Don de Mme E. Schiaparelli, 1973.
Inv. U.F.A.C. 73.21.55

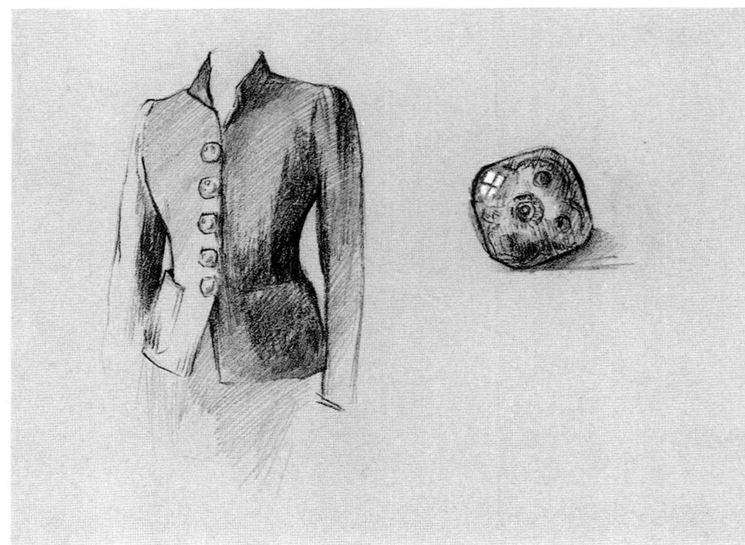

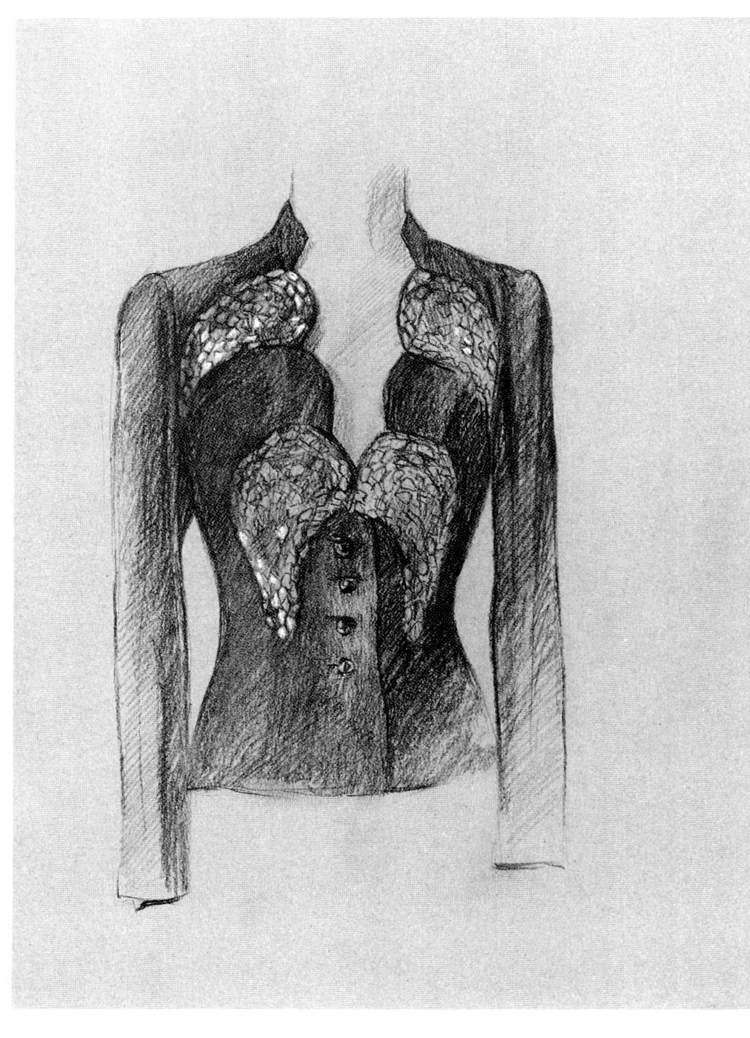

97

VESTE
Été 1938

« SCHIAPARELLI, 31, place Vendôme, Paris »

Lainage noir garni sur le devant de quatre motifs de paillettes polychromes évoquant un vitrail.
LAINE.

Don de Mme E. Schiaparelli, 1973.
Inv. U.F.A.C. 73.21.38

98

BOLÉRO
Été 1938

« SCHIAPARELLI, 31, place Vendôme, Paris »

Soutache rose à décor en demi-cercles avec motifs d'éléphants et d'acrobates.
SOIE.

Don de Mme E. Schiaparelli, 1973.
Inv. U.F.A.C. 73.21.48

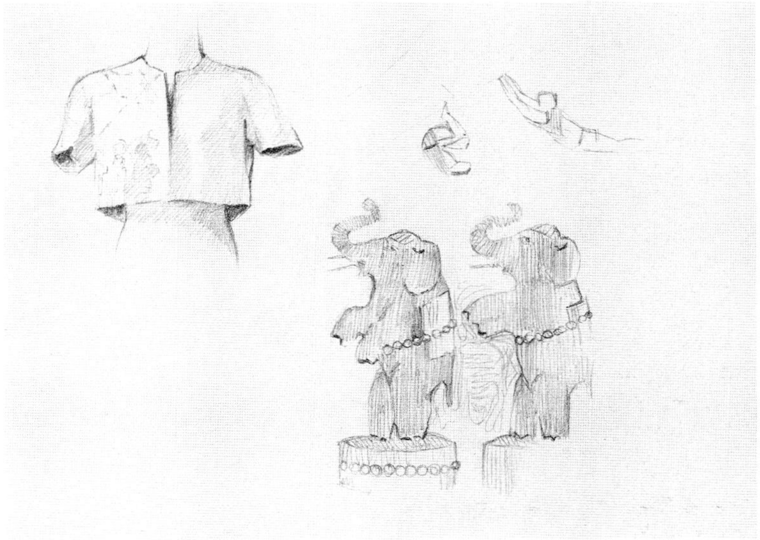

99

VESTE
Hiver 1938-1939

« SCHIAPARELLI, 31, place Vendôme, Paris »

Velours noir, épaules et poches brodées d'un motif de feuillages et de baies, boutons représentant une cavalière.
SOIE.
BRODERIE D'APPLICATION ET POINT LANCÉ.

Don de Mme E. Schiaparelli, 1973.
Inv. U.F.A.C. 73.21.62

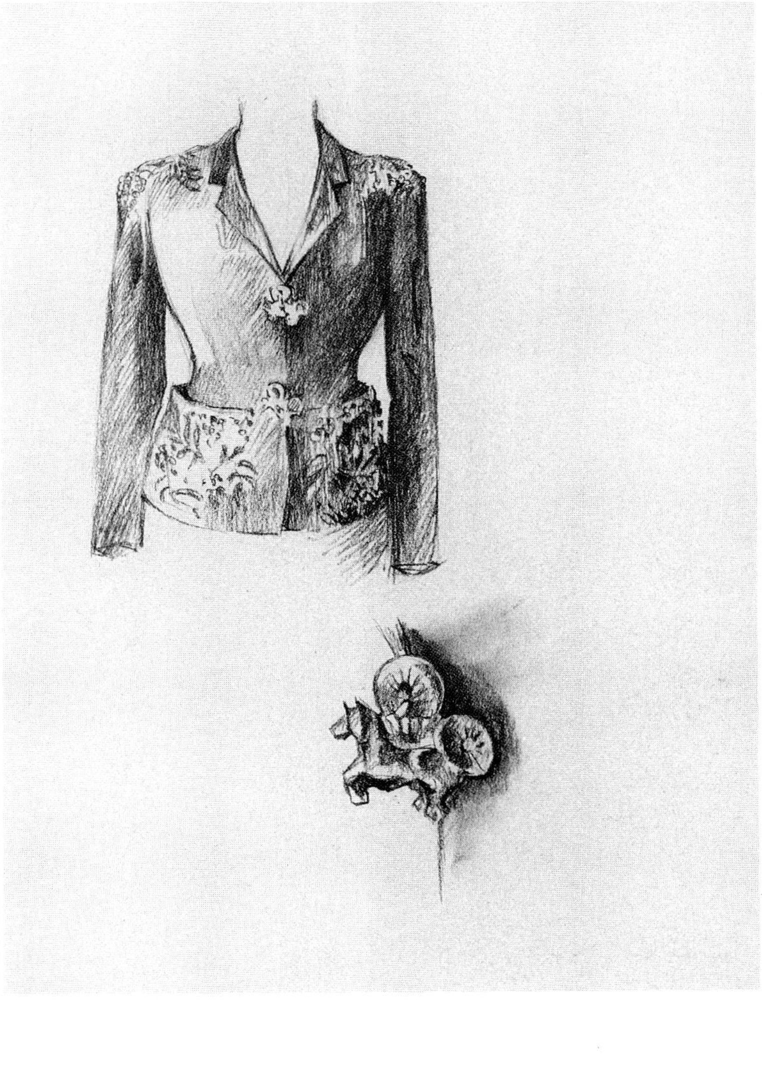

100

VESTE
Hiver 1938-1939

« SCHIAPARELLI, 31, place Vendôme, Paris »

Faille vert absinthe doublée de crêpe de Chine violet, emmanchures, revers et poches bordés de ganses vertes et or, guirlande de fleurs brodées sur les bords et les poches, boutons boules alternativement violets et roses.

SOIE, MÉTAL (OR).

BRODERIE D'APPLICATION, POINTS LANCÉ ET DE NŒUD.

Don de Mme A. Lopez-Willshaw, 1968.
Inv. U.F.A.C. 68.38.9

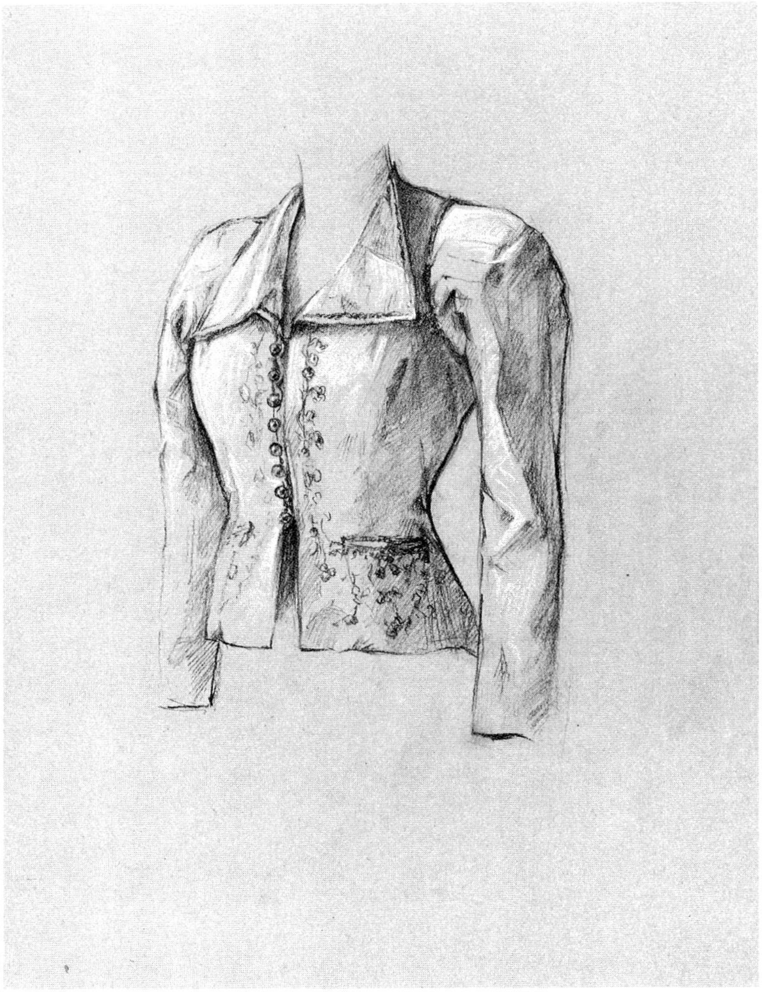

101

VESTE
1941

« SCHIAPARELLI, 31, place Vendôme, Paris »

Soie noire brodée de sarments de vigne et de grappes de raisins en soie bleue et fil d'or.

SOIE, MÉTAL (OR).

Don de Mme E. Schiaparelli, 1973.
Inv. U.F.A.C. 73.21.65

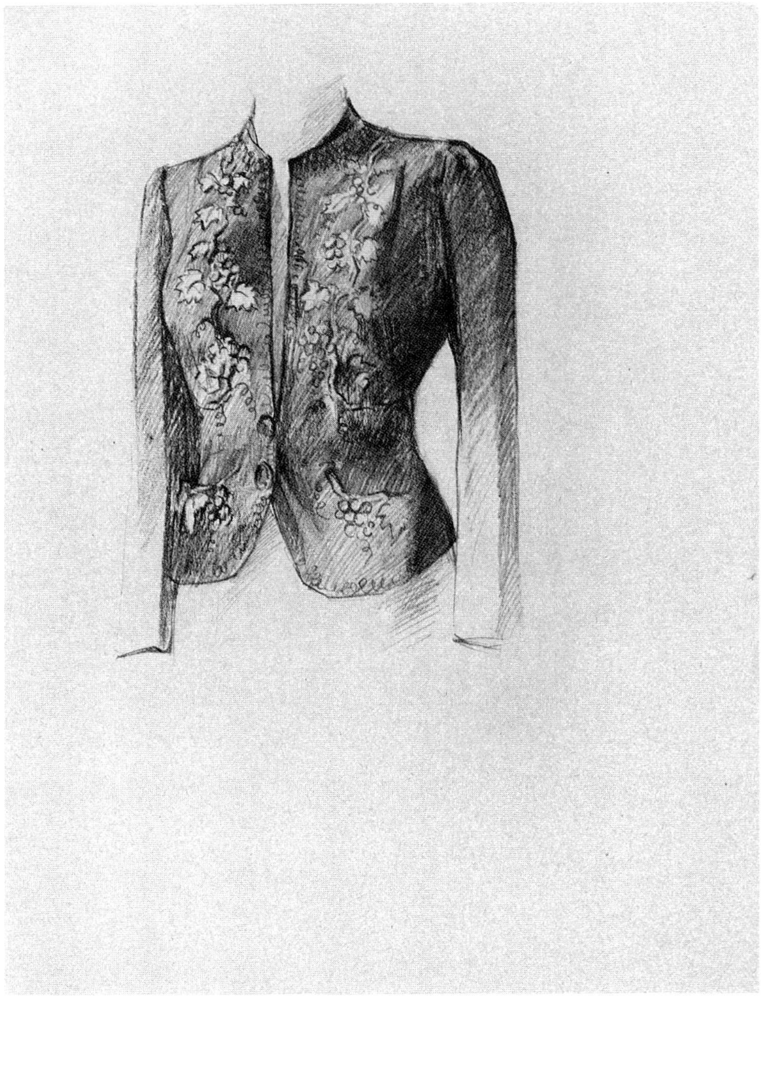

102

VESTE
1946

« SCHIAPARELLI, 31, place Vendôme, Paris »

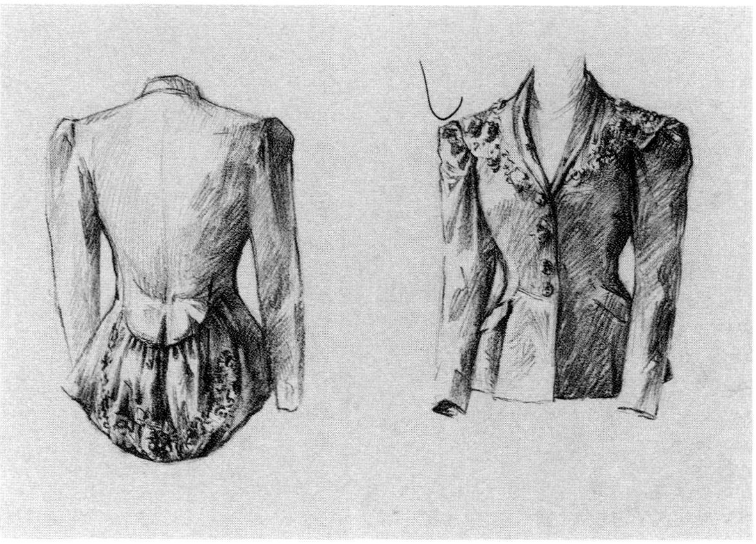

Veste avec basque froncée derrière en tournure, empiècement sur le devant et basque brodés de fil de métal et paillettes rehaussées de boules perlées.
SOIE.
BRODERIE EN APPLICATION ET POINT COUCHÉ.

Don de Mme E. Schiaparelli, 1973.
Inv. U.F.A.C. 73.21.59

103

VESTE
Automne-hiver 1946

« SCHIAPARELLI, 31, place Vendôme, Paris »

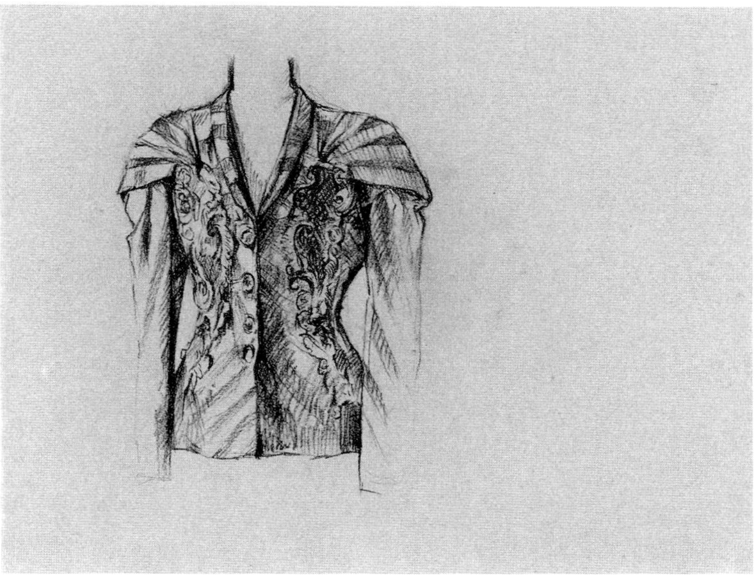

Pékin rose et vert, manches dont l'ampleur en haut est ramenée en gros plis sous un empiècement de broderies et paillettes « clair de lune » garnissant le devant.
SOIE.

Don de Mme E. Schiaparelli, 1973.
Inv. U.F.A.C. 73.21.60

104

VESTE
Hiver 1947

« SCHIAPARELLI, 31, place Vendôme, Paris »

Velours côtelé vert foncé coupé à la taille, basque arrondie fermée par six brandebourgs de fil d'or.
SOIE, MÉTAL (OR).

Don de Mme E. Schiaparelli, 1973.
Inv. U.F.A.C. 73.21.66

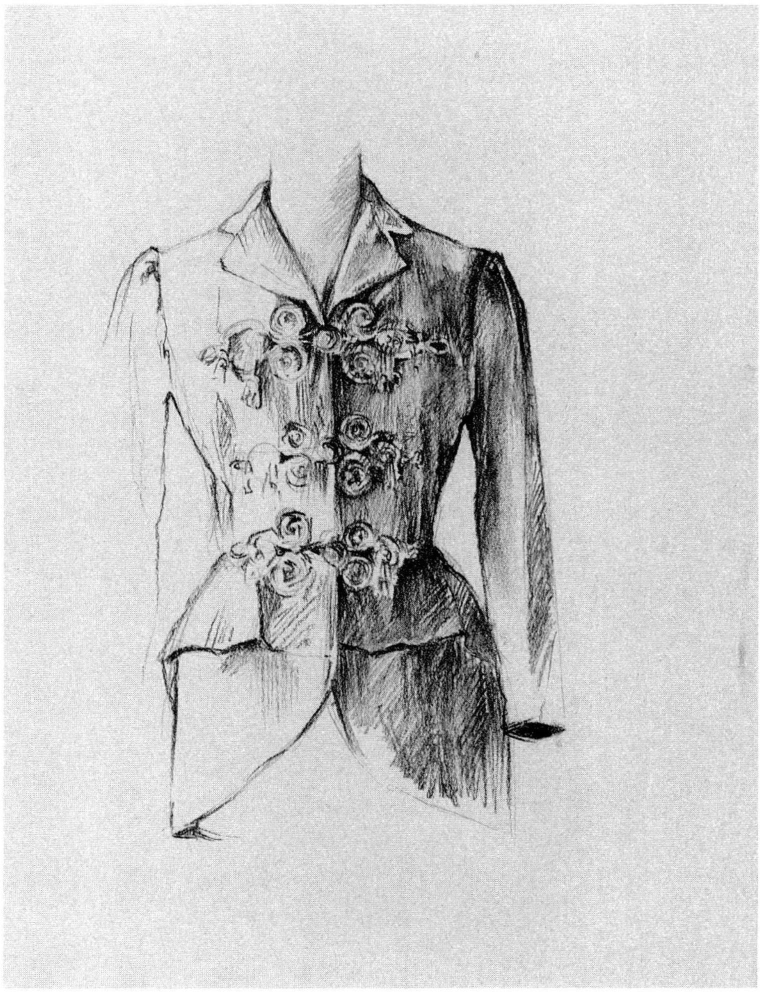

105

VESTE
1949

« SCHIAPARELLI, 31, place Vendôme, Paris »

Velours grenat orné d'un motif ondé de paillettes de tons dégradés, montées sur une ganse noire.
SOIE.

Don de Mme E. Schiaparelli, 1973.
Inv. U.F.A.C. 73.21.37

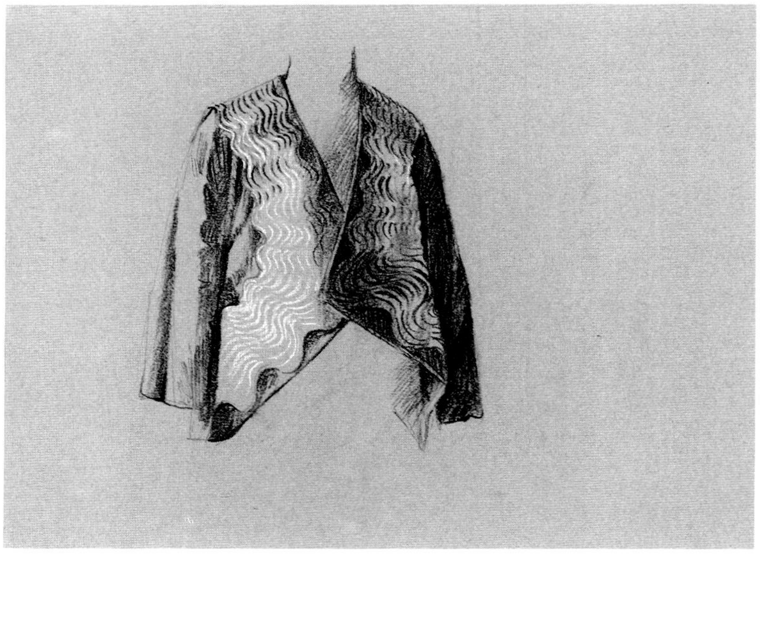

106

VESTE
Printemps 1950

« SCHIAPARELLI, 31, place Vendôme, Paris »

Satin paille à motifs de marrons en vison, agrémenté de feuilles en chenille et fil de métal et rehaussé de perles. Veste coupée en forme de frac.

SOIE, PERLE.

BRODERIE EN APPLICATION, DE LESAGE.

Don de Mme E. Schiaparelli, 1973.
Inv. U.F.A.C. 73.21.54

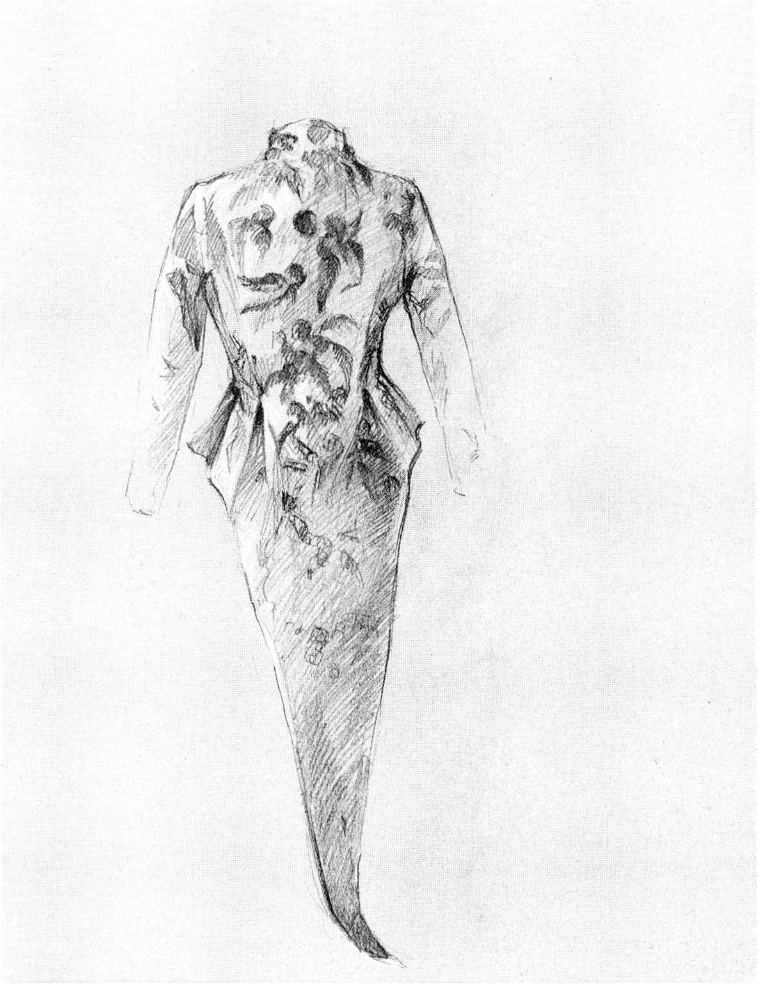

107

ROBE
1951

« SCHIAPARELLI, 31, place Vendôme, Paris »

Satin blanc orné de lourdes broderies d'or rehaussées de perles, à motif cachemire.

SOIE.

Robe portée par Mme Schiaparelli.

Don de Mme E. Schiaparelli, 1973.
Inv. U.F.A.C. 73.21.30

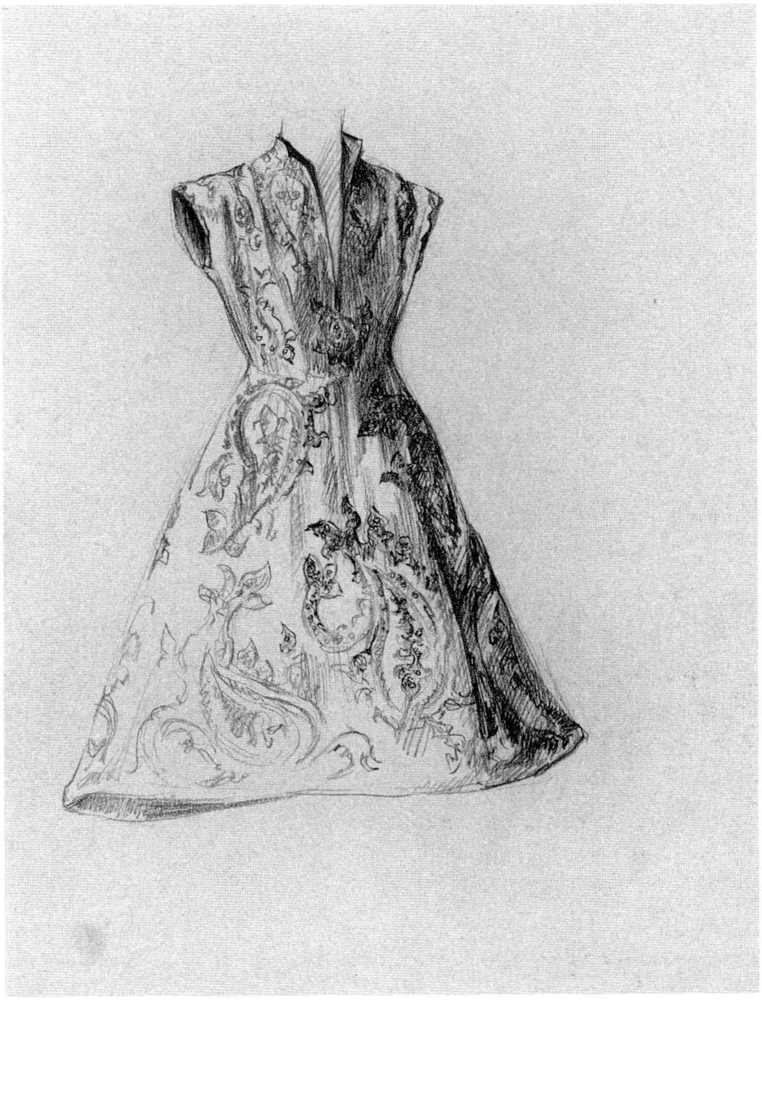

REMERCIEMENTS

L'exposition « Moments de Mode » a été inaugurée en même temps que le Musée des Arts de la Mode par M. François Mitterrand, Président de la République, en présence de M. Jack Lang, Ministre de la Culture. L'exposition « Moments de Mode » a été organisée à l'initiative de l'Union des Arts Décoratifs — Président : Robert Bordaz, Délégué général : Daniel Janicot —, grâce au concours du Ministère de la Culture et en particulier de la Direction des Musées de France — M. Hubert Landais, Directeur — et de la Délégation aux Arts Plastiques — M. Claude Mollard, Délégué —, et en association avec l'Union Française des Arts du Costume présidée par M. Jacques Dransard.

L'architecture du musée est due à MM. Daniel Kahane, architecte en chef des Monuments Historiques, et Jacques Grange, décorateur, qui ont bénéficié des conseils amicaux de M. Jean Prouvé.

Exposition « Moments de Mode »

Commissaire général : Mme Edmonde Charles-Roux.

Metteur en scène : M. Alfredo Arias.

Conservateurs :
UCAD : Mme Nadine Gasc, Conservateur, Chef du département Textile et Mode, assistée de Mmes Liliane Schildge, Véronique Belloir et Sylvie Turgis;
UFAC : Mlle Yvonne Deslandres, Délégué général de l'UFAC, Conservateur, assistée de Mlle Florence Muller.

Les costumes et accessoires présentés dans l'exposition appartiennent aux collections de l'UCAD et de l'UFAC. La sélection a été placée sous la responsabilité de Mme Edmonde Charles-Roux, de MM. Alfredo Arias, Rostislav Doboujinsky, Fabio Palamidese et de Mmes Claudie Gastine et Sabine Dutilh.

Le Musée des Arts de la Mode remercie en particulier pour les prêts qu'ils ont bien voulu consentir les institutions et établissements suivants :

Bibliothèque du Muséum d'Histoire Naturelle :
M. Laissus, Conservateur en chef;

Château de Versailles :
M. P. Lemoine, Conservateur en chef;

Musée de Château-Chinon :
M. P. Signé, Maire de Château-Chinon,
M. Serge Renimel, Conservateur départemental;

Musée de la Chaussure, Romans :
Mlle M.-J. Bossan, Conservateur;

Musée de l'Armée :
Colonel P. Willing, Conservateur;

Musée Français de la Photographie :
M. A. Fage, Conservateur;

Musée de l'Empéri, Salon-de-Provence :
M. R. Brunon, Conservateur;

Musée de la Mode et du Costume :
M. Guillaume Garnier, Conservateur;

Les Ateliers du Costume :
Mme Danièle Boutard;

Mlle M. Delpierre, ancien Conservateur en chef du Musée de la Mode et du Costume;

M. R. Filliou, Collectionneur de cycles anciens.

Les décors de l'exposition et les mannequins ont été conçus sous la responsabilité de M. Alfredo Arias, assisté de M. Larry Hager, par Mmes Claudie Gastine, Sabine Dutilh et MM. Rostislav Doboujinsky et Fabio Palamidese, scénographes.

Pour les décors du XVIIIe siècle :

M. Rostislav Doboujinsky, Mlle Sabine Dutilh.

Constructeurs : Société AGECOP, Productions Hubert Nicolas.

Animations mécaniques : Société STATIQUE et DYNAMIQUE.

Gravure sur verre : Atelier Bernard Pictet.

Peintres, décorateurs : Véronique Genet, Tony Alcock, Philip Alcock, Antoine Bursacchi, Vianey Brintet.

Création des mannequins : Atelier Lorenzi.

Pour les décors du XIXe siècle :

Mme Claudie Gastine.

Création des mannequins : Michel Lorenzi.

Assistant de décoration : Giacomo Carcano.

Constructeur du décor : Antoine Berthet.

Peintres, décorateurs : Noëlle Ginefri, Alain Baliteau.

Sculpture décorative : Véronique Genet.

Décoration textile : Sophia Keskic.

Pour les décors du XXe siècle :

M. Fabio Palamidese.

Création des mannequins : Daniel Cendron assisté de Lionel Bel, Fery Boudrot.

Constructeur : Société AGECOP.

Peintre, décorateur : Laurent Beuffe assisté de Gilles.

Mécanique tandem : Société STATIQUE et DYNAMIQUE.

La restauration des costumes et accessoires a été confiée à Mmes Isabelle Bédat, Béatrice Girault-Kurtzemann et Sauvaget-Aubin, et aux Ateliers Lesage, brodeur. Certains accessoires ont été réalisés par les Ateliers du Costume. Les perruques ont été confiées à la Société Denis Poulin, les chaussures à la Société CTS.

L'éclairage a été confié à M. André Diot.

Les équipements de scénographie ont été conçus par MM. Jacques Dubreuil et Yves Samson.

L'exposition a été réalisée grâce à la participation de :

l'Union des Arts Décoratifs :
M. Guy Mourlon, Secrétaire général;
M. François Mathon, adjoint au Secrétaire général;
Mme Sonia Edard, responsable du service photographique;
M. Gilles Plaisant, responsable du service des éditions;
Mme Marie Martin, coordination;
les Ateliers de l'UCAD;

le Musée des Arts de la Mode :
M. Pierre Provoyeur, Conservateur en chef;
M. Alain Simonneau, chargé des relations publiques et des relations de presse;
Mme Martine Jouhair, secrétariat;

le Musée des Arts Décoratifs :
Mme Yvonne Brunhammer, Conservateur en chef;
Mme Marie-Noël de Gary, conservateur;
M. Gérard Mabille, conservateur;

la Bibliothèque des Arts Décoratifs :
Mme Geneviève Bonté, Conservateur en chef;

l'Union Française des Arts du Costume :
Mme Anne-Marie Legars, Déléguée générale adjointe, Mlles Paule de Laître et Emmanuelle Montet.

Le Musée des Arts de la Mode exprime sa gratitude envers :
la Société Chanel;
M. Louis Féraud;
la Compagnie Internationale des Wagons-Lits;
les magasins « le Printemps »;
la Société Française de Production.

Enfin, cette exposition n'a été rendue possible que par le soutien constant du Comité de développement et de promotion du textile et de l'habillement (DEFI), en particulier de MM. Léon Cligman, Président, Xavier Larère, Délégué général, et Sylvain Quoirez, Directeur de la communication.

Maquette Jacques Maillot

Achevé d'imprimer le 20 décembre 1985
sur les presses de l'imprimerie
Hertig à Bienne.